本书得到国家社会科学基金一般项目"数字技术驱动的全球创新网络重塑对中国制造业价值链升级的影响研究"（项目编号：23BJL055）的资助

经管文库 · 经济类

前沿 · 学术 · 经典

# 金融科技对中国企业外贸
# 高质量发展的影响研究

STUDY ON THE IMPACT OF FINTECH ON
THE HIGH-QUALITY FOREIGN TRADE
DEVELOPMENT OF CHINESE ENTERPRISES

杨晓亮 著

经济管理出版社
ECONOMY & MANAGEMENT PUBLISHING HOUSE

**图书在版编目（CIP）数据**

金融科技对中国企业外贸高质量发展的影响研究 / 杨晓亮著. -- 北京：经济管理出版社，2024. -- ISBN 978-7-5096-9807-5

Ⅰ. F830；F279.2

中国国家版本馆 CIP 数据核字第 2024B0Q779 号

组稿编辑：王　洋
责任编辑：王　洋
责任印制：许　艳
责任校对：王淑卿

出版发行：经济管理出版社
　　　　　（北京市海淀区北蜂窝 8 号中雅大厦 A 座 11 层　100038）
网　　址：www.E-mp.com.cn
电　　话：（010）51915602
印　　刷：唐山玺诚印务有限公司
经　　销：新华书店
开　　本：720mm×1000mm/16
印　　张：14.5
字　　数：252 千字
版　　次：2024 年 8 月第 1 版　　2024 年 8 月第 1 次印刷
书　　号：ISBN 978-7-5096-9807-5
定　　价：98.00 元

# 前　言

　　当前，数字经济在我国经济发展中最为活跃，与经济社会的各个领域不断融合演变。特别是数字技术在金融领域的应用步伐加快，金融科技所包含的底层技术及其衍生的新业态尤为引人注目。中国人民银行发布的《金融科技（FinTech）发展规划（2019-2021 年）》指出："金融科技是技术驱动的金融创新，旨在运用现代科技成果改造或创新金融产品、经营模式、业务流程等，推动金融发展提质增效。"据《中国金融科技运行报告（2020）》显示，2015～2019 年全球金融科技投融资金额从 649 亿美元增至 1503 亿美元，年均增速达 23.4%。中国内地金融科技投融资发展迅速，在 2018 年达到高峰，约 250 亿美元，已成为全球重要的区域科技创新中心。数字技术驱动下的金融科技发展为促进中国企业对外贸易增添了新动力，成为数字经济时代背景下提升国民福利、推动中国对外贸易高质量发展的新引擎。

　　与此同时，中国实施出口导向战略时间已久，出口贸易在整体经济和企业发展中居于举足轻重的地位。近年来，中国出口贸易总额仍呈现出快速增长态势，并且在 2007 年以前出口贸易依存度（出口贸易额占国内生产总值的比重）上升趋势明显。尽管受到 2008 年"次贷危机"的影响，2009 年后出口依存度有所下降，但是仍然保持在平均 20%的水平之上。扩大进口贸易已经成为国家政府的一项长期外贸战略（魏浩和李晓庆，2019）。伴随着经济由高速增长转向高质量发展的推进，中国的进口贸易也实现了从关注量的提高到重视质的提升（徐大策和李磊，2021）。在此背景之下，如何优化中国企业进出口贸易结构、提升进出口产品质量、增强中国出口贸易企业的国际竞争力从而实现外贸的高质量发展，是值得学术界深入讨论和研究的热点问题。

满足人民日益增长的美好生活需要不仅体现在进口贸易规模的扩大上,而且体现在进口产品质量的提升上(张夏等,2022)。在企业进口贸易高质量发展方面,本书以中国企业进口贸易结构和产品质量为落脚点,考察金融科技的影响效果与作用机制。

出口贸易稳定增长是实现对外贸易高质量发展的前提和基本内涵,如何推动出口贸易增长一直是国际贸易研究中的重要议题(张帆等,2024)。在企业出口贸易高质量发展方面,本书首先着重探讨了金融科技对单产品企业和多产品企业出口贸易结构的影响及其作用机制。

现阶段,加大力度破局出口贸易"大而不强"的境况是建设中国式现代化的关键任务,寻求突破出口产品质量升级难关新引擎的重要性不言而喻(刘文革等,2024)。因此,加快提升中国产品出口质量,对于培育出口竞争新优势及构建高水平对外开放新格局具有重要的现实意义(蒋灵多等,2024)。基于上述原因,本书探讨了金融科技对中国企业出口产品质量的影响及其作用机制。

随着我国经济转入高质量发展新阶段,出口贸易迫切需要转向出口高质量发展模式,持续提升出口产品技术复杂度(戴魁早等,2023)。在数字服务迅猛发展和制造业转型升级的大背景下,制造业出口技术复杂度是衡量产品出口竞争力和制造业发展的重要指标(邸俊鹏和韩雨飞,2023)。以金融科技为视角,本书考察了其对中国制造业企业出口技术复杂度的影响及其作用机制。

加成率作为经济学的重要概念,一般用价格与边际成本之比表示,衡量企业的成本加成定价能力和市场竞争能力(祝树金等,2018)。产品加成率的高低直接决定了一国或地区在全球价值链分配中的收益,能否保持较高的产品加成率是衡量出口企业国际竞争力的重要标志之一(许明和李逸飞,2020)。因此,本书亦探讨了金融科技对中国企业出口产品加成率的影响及作用机制。

自从世界经济进入全球价值链(Global Value Chains,GVC)时代,中国企业通过积极参与全球价值链生产分工体系实现出口规模迅猛增长。然而,以企业出口国内增加值率(Domestic Value Added Ratio,DVAR)来衡量,我国真实贸易利益却仍处于较低水平(Koopman等,2012;Upward等,2013;Kee和Tang,2016)。

因此，在中国数字经济蓬勃发展和向全球价值链中高端环节攀升的过程中，金融科技如何赋能中国企业提高出口国内增加值率？打开二者作用机制的"黑箱"，对于增强金融服务实体经济的能力，推动中国贸易高质量发展具有重要的理论和现实意义。

本书以发表于国内贸易类核心刊物《国际经贸探索》上的学术论文《金融科技与出口产品质量——来自中国上市公司的经验证据》为基础，从进口和出口两个方向深入到中国企业外贸高质量发展的内涵，具体包括进出口贸易结构、进出口产品质量、出口产品技术复杂度、出口产品加成率以及出口国内增加值率，探讨金融科技对中国企业外贸高质量发展的影响及其作用机制，并从政府、产业和企业三个层面提出了政策建议，以期为政府制定政策、产业结构升级和企业科学决策提供智力支持和决策支撑。

本书主要特色体现在如下四个方面：第一，在分析框架上，本书将金融科技和企业外贸高质量发展纳入统一研究框架，深入挖掘金融科技对企业外贸高质量发展影响及作用机制，丰富了与数字经济、金融与贸易相关的研究文献，为增强金融服务实体经济的能力、实现外贸高质量发展等提供理论依据；第二，在作用机制上，本书将金融科技的"双效应"（数字技术赋能效应和数据要素配置效应）与企业外贸高质量发展相结合，深化了对金融与贸易关系的认识；第三，在指标测度上，已有文献多使用单一维度指标衡量金融科技，本书使用主成分分析法和熵值法（Entropy Method）构造综合指标，以期更合理地测度地区金融科技发展水平，增强实证检验的可信性，从而为企业生产决策与政府制定政策提供参考；第四，已有文献大多使用2000～2013年中国工业企业与海关贸易匹配数据进行实证检验。本书首次利用2011～2016年中国上市公司和海关贸易合并数据，更为准确地评估了金融科技对中国企业外贸高质量发展的影响效果，并使用中介效应模型检验了多个影响渠道，对于深刻认识数字经济与贸易高质量发展的关系有着重要的现实意义。

在本书撰写过程中得益于师生亲友的诸多指导和帮助，包括天津财经大学经济学院院长齐俊妍教授，笔者的博士生导师、天津财经大学经济学院副院长耿伟教授，天津外国语大学图书馆王明研究员，笔者的硕士研究生程晓楠、冯凤杰，此处寥寥数语难表感激之情。感谢国家社会科学基金一般项目"数字技术驱动的全球创新网络重塑对中国制造业价值链升级的影响研究"（23BJL055）资助出版。

由于笔者水平有限，加之撰写时间仓促，故书中疏漏和不足之处在所难免，恳请广大读者批评指正。

杨晓亮

2024 年 5 月 25 日于天津财经大学

# 目　录

# 第一章　金融科技与中国企业外贸发展现状及研究进展

当前，数字经济在我国经济发展中最为活跃，与经济社会的各个领域不断融合演变。特别是数字技术在金融领域的应用步伐加快，金融科技所包含的底层技术及其衍生的新业态尤为引人注目。中国人民银行发布的《金融科技（FinTech）发展规划（2019-2021年）》指出："金融科技是技术驱动的金融创新，旨在运用现代科技成果改造或创新金融产品、经营模式、业务流程等，推动金融发展提质增效。"① 与此同时，中国实施出口导向战略时间已久，出口贸易在整体经济和企业发展中居于举足轻重的地位。近年来，中国出口贸易总额仍呈现出快速增长之势，并且在2007年以前出口贸易依存度（出口贸易额占国内生产总值的比重）上升趋势明显。尽管受到2008年"次贷危机"的影响，2009年后出口依存度有所下降，但是仍然保持在平均20%的水平之上②。在此背景之下，如何增强中国出口贸易企业的国际竞争力、增加出口企业的真实贸易利益以及实现出口贸易的高质量发展，是值得学术界深入讨论和研究的热点问题。

---

① 中国人民银行，http：//www.pbc.gov.cn。
② 国家统计局，https：//www.stats.gov.cn。

# 第一节  金融科技与中国企业外贸发展现状

## 一、中国金融科技的发展概况

金融科技的核心是用云计算、大数据、区块链、人工智能等技术驱动金融创新，提升金融产业整体效率，主要包括大数据金融、人工智能金融、区块链金融和量化金融四个核心部分。《中华人民共和国国民经济和社会发展第十四个五年规划和 2035 年远景目标纲要》中明确提出，要"稳妥发展金融科技，加快金融机构数字化转型"，"创新直达实体经济的金融产品和服务"，"增强金融服务实体经济能力"[①]。因此，金融科技通过何种渠道作用于实体经济，如何有效释放金融科技对中国经济高质量发展的助推力量，成为研究金融科技的焦点所在。近二十年间，中国金融业发展迅速，增加值逐年攀升。图 1-1 显示了 2004~2023 年

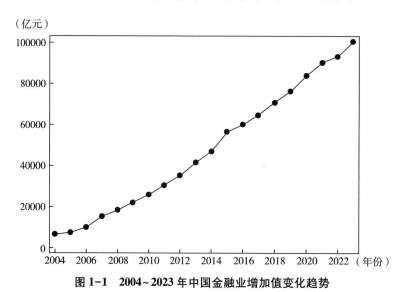

**图 1-1  2004~2023 年中国金融业增加值变化趋势**

资料来源：国家统计局，https：//www.stats.gov.cn。

---

① 中国政府网，https：//www.gov.cn。

中国金融业增加值的变化趋势，从 2004 年的 6600.2 亿元增加到 2023 年的 100676.6 亿元，增长了 15.25 倍，年均增速 76%。而在过去的十年里，中国的金融科技行业也经历了快速的发展和变革，主要表现在以下几个方面：

（一）移动支付的崛起

中国成为全球最大的移动支付市场，主要由支付宝和微信支付两大主导平台推动。移动支付的普及和便利性改变了人们的支付习惯，从线下现金支付转向了移动支付，推动了消费行为的变革。根据中国人民银行的数据，2019 年中国移动支付市场交易规模达到了约 200 万亿元，比 2018 年增长了 8.4%。支付宝和微信支付是主要的移动支付平台，占据了绝大部分市场份额。

①移动支付用户规模的增长。随着智能手机的普及和移动支付技术的发展，中国的移动支付用户规模呈现爆发式增长。根据中国互联网络信息中心的数据，截至 2020 年底，中国移动支付用户达到了 8.5 亿人，占总人口的比例超过 60%[1]。②移动支付交易规模的扩大。中国移动支付交易规模也在过去的十年里迅速扩大。根据中国人民银行的数据，截至 2020 年底，中国移动支付交易规模达到约 417.56 万亿元[2]。③支付宝和微信的崛起。支付宝和微信是中国最大的两个移动支付平台，在过去的十年里取得了巨大的成功。根据支付宝和腾讯的数据，截至 2020 年底，两个移动支付平台皆拥有超过 8 亿活跃用户[3]。④二维码支付的普及。中国在移动支付领域的一个重要特点是二维码支付的普及。二维码支付成为中国人民生活中的常见支付方式，无论是在商场、超市、餐厅还是个人之间的转账支付，都广泛使用二维码支付。

（二）互联网金融的快速发展

互联网金融在中国得到广泛的发展和应用。在线借贷平台、个人理财平台和众筹平台等不断涌现，为个人和小微企业提供了更多的融资渠道。根据中国互联网金融协会的数据，2019 年中国互联网金融市场交易规模达到了约 21.5 万亿元，比 2018 年增长了约 17.1%[4]。互联网金融平台包括个人理财、在线借贷与众筹平

---

①　中国互联网络信息中心，https：//www.cnnic.net.cn。
②　中国人民银行，http：//www.pbc.gov.cn。
③　支付宝，https：//www.alipay.com/；腾讯，https：//www.tencent.com。
④　中国互联网金融协会，https：//www.nifa.org.cn。

台等。

①网络借贷平台的兴起。近年来，中国的网络借贷平台（P2P）快速发展。根据中国银行业协会的数据，截至 2020 年底，中国网络借贷平台数量超过 5000 家，累计交易金额超过 10 万亿元①。②互联网保险的崛起。中国的互联网保险行业也经历了快速发展。根据中国保险行业协会的数据，截至 2020 年底，中国互联网保险市场规模约为 1.27 万亿元②。③互联网理财产品的推广。互联网金融促进了理财产品的创新和推广。根据中国互联网金融协会的数据，截至 2020 年底，中国互联网理财市场规模超过 20 万亿元③。

（三）区块链技术的应用探索

中国政府高度重视区块链技术的发展，并将其作为国家战略进行推动。中国的区块链技术在供应链金融、数字货币、智能合约等领域得到广泛应用。根据中国电子商务研究中心发布的数据，截至 2020 年底，中国区块链企业数量超过 1.7 万家，涉及金融、供应链、溯源和知识产权等多个领域④。

①政府支持和推动。中国政府高度重视区块链技术的发展，并提出了一系列政策和措施来支持和推动其应用。根据中国国家互联网信息办公室发布的数据，截至 2020 年底，中国已经有 30 个省级政府发布了区块链相关政策文件⑤。②金融领域的应用。中国的金融机构积极探索区块链技术在金融领域的应用。根据中国人民银行的数据，截至 2020 年底，中国已经有超过 60 家银行开展了区块链相关业务，涉及银行间清算、跨境支付和供应链金融等领域⑥。③供应链管理和溯源。区块链技术在供应链管理和产品溯源方面的应用也得到了推广。根据中国电子商务研究中心的数据，截至 2020 年底，中国已经有超过 100 个区块链溯源项目在推进，涵盖了食品、药品与农产品等多个领域⑦。④公共服务领域的应用。中国政府在公共服务领域也积极探索区块链技术的应用。例如，区块链技术被应用于电子证照、公共资源交易、公益事业管理等领域。根据中国区块链技术与产

① 中国银行业协会，https：//www.china-cba.net。
② 中国保险行业协会，https：//www.iachina.cn。
③ 中国互联网金融协会，https：//www.nifa.org.cn。
④⑦ 中国电子商务研究中心，https：//www.100ec.cn。
⑤ 中国国家互联网信息办公室，https：//www.cac.gov.cn。
⑥ 中国人民银行，http：//www.pbc.gov.cn。

业发展论坛的数据,截至 2020 年底,中国已经有超过 30 个省级政府部门开展了区块链应用项目①。⑤数字身份和个人隐私保护。区块链技术被用于数字身份认证和个人隐私保护。根据中国互联网络信息中心的数据,截至 2020 年底,中国已经有超过 10 个省级政府发布了数字身份相关政策文件②。

（四）人工智能和大数据的应用

人工智能和大数据技术在金融科技领域得到广泛应用。风险评估、信用评分、反欺诈、客户服务等方面的技术应用不断涌现,提高了金融服务的效率和个性化程度。根据中国互联网金融协会的数据,2019 年中国金融科技领域的人工智能和大数据企业数量超过 1000 家③。这些企业在风险评估、信用评分与反欺诈等方面提供技术支持。

①人工智能市场规模的持续增长。根据国际数据公司（IDC）的报告,2019 年中国人工智能市场规模达到约 97.9 亿美元,2020 年达到约 119.3 亿美元④。②大数据应用的普及。中国的大数据应用在各个行业得到了广泛普及和应用。根据中国国家信息中心发布的数据,截至 2020 年,中国大数据产业规模约为 7.8 万亿元,大数据相关企业数量超过 7000 家⑤。

（五）金融科技投资

近年来,中国的金融科技投资经历了快速增长和变化,根据零壹财经的数据,2020 年中国金融科技领域的投资金额超过 600 亿元⑥。

①金融科技投资规模和投资项目数量迅速增加。中国金融科技领域的投资规模在过去十年里呈现出迅猛增长的趋势。根据中国人民银行金融科技研究院的数据,2011~2020 年,中国金融科技领域的投资金额从不到 10 亿元增长到约 1500 亿元;截至 2020 年底,中国金融科技领域的投资项目数量超过了 3000 个⑦。②投资领域广泛涵盖。中国金融科技领域的投资涵盖了多个子领域,包括支付、借贷、

①　中国区块链技术与产业发展论坛,https：//www.cbdforum.cn。
②　中国互联网络信息中心,https：//www.cnnic.net.cn。
③　中国互联网金融协会,https：//www.nifa.org.cn。
④　国际数据公司（International Data Corporation,IDC）,https：//www.idc.com。
⑤　中国国家信息中心,http：//www.sic.gov.cn。
⑥　零壹财经,https：//www.01caijing.com。
⑦　中国人民银行金融科技研究院,http：//www.pbc.gov.cn。

投资理财、区块链等。其中，支付和借贷是最受关注和投资的领域之一。根据中国人民银行金融科技研究院的数据，截至 2020 年底，支付和借贷领域的投资占比分别约为 30%和 20%①。③投资主要分布在初创阶段和成长阶段。初创阶段的投资主要集中在种子轮和天使轮，而成长阶段的投资主要集中在 A 轮和 B 轮。根据中国人民银行金融科技研究院的数据，截至 2020 年底，种子轮和天使轮的投资占比约为 50%，A 轮和 B 轮的投资占比约为 30%②。

此外，中国政府注重金融监管科技的发展，以提高金融监管的有效性和效率。监管沙盒、监管科技平台、监管数据分析等工具的应用，为监管机构提供了更好的监管手段。金融科技与传统金融机构、科技公司之间的合作与创新不断加强。金融科技公司与银行、保险等传统金融机构合作，推动金融服务的创新和升级。需要注意的是，金融科技行业的发展也面临一些挑战，如数据隐私与安全、监管政策等。

## 二、中国企业进口贸易的发展现状

在中国数字经济快速发展的同时，中国贸易也由高速增长转向高质量发展新阶段。2019 年，国务院发布的《关于推进贸易高质量发展的指导意见》中明确提出，要强化科技创新，优化贸易结构，提高贸易发展质量和效益③。在过去的 20 年里，中国的进口贸易经历了一系列的变化和发展。以下是近些年中国进口贸易发展的概况。

（一）进口总额稳步增长

中国的进口总额在过去 20 年里保持了稳定的增长态势如图 1-2 所示。2023 年中国的进口总额为 179842 亿元，比 2004 年增长了近 4 倍。这显示出中国对外开放的态势和进口需求的增长。

（二）进口商品结构调整

中国进口商品的结构发生了显著变化，从传统的原材料和资源型产品向高技术、高增加值产品转变。进口商品范围涵盖了机电设备、高技术产品、汽车、能

---

①② 中国人民银行金融科技研究院，http：//www.pbc.gov.cn。
③ 中国政府网，https：//www.gov.cn。

源产品与农产品等，其中工业制成品进口额最大，设备进口额其次，最低为化学品进口额，如图 1-3 所示。

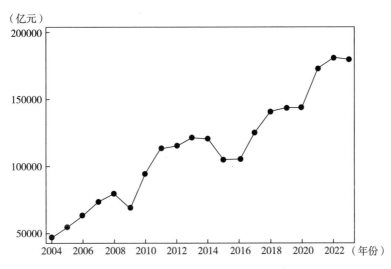

**图 1-2　2004~2023 年中国进口总额变化趋势**

资料来源：国家统计局，https：//www.stats.gov.cn。

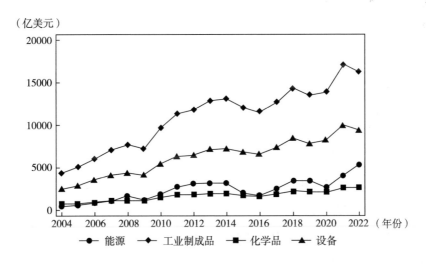

**图 1-3　2004~2022 年中国主要进口商品变化趋势**

资料来源：国家统计局，https：//www.stats.gov.cn。

（三）进口来源地变化

亚洲国家（如日本、韩国、东盟国家）仍然是中国的重要进口来源地，而欧洲国家（如德国、荷兰、法国）和美国也在中国的进口贸易中占有重要地位，图 1-4 所示。

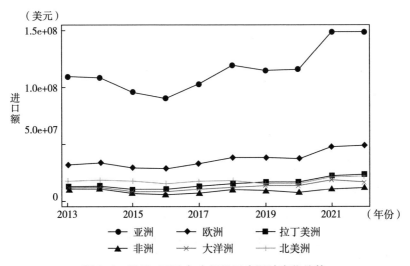

**图 1-4　2013~2022 年中国进口来源地变化趋势**

资料来源：国家统计局，https：//www.stats.gov.cn。

（四）自由贸易区建设

近十年来，中国开放新高地"多点开花"，全国设立 21 个自贸试验区及海南自由贸易港，提供了更便利的进口政策和贸易环境，吸引了更多的外国商品进入中国市场①。

### 三、中国企业出口贸易的发展现状

在过去的 20 年里，中国的出口贸易经历了一系列的变化和发展。

（一）出口总额稳步增长

中国的出口总额在过去 20 年里保持了稳定增长的态势。2023 年出口总额为237726 亿元，比 2004 年增长了近 5 倍（见图 1-5）。这显示出中国作为全球制造业和出口大国的地位和实力。

---

① 中国政府网，https：//www.gov.cn。

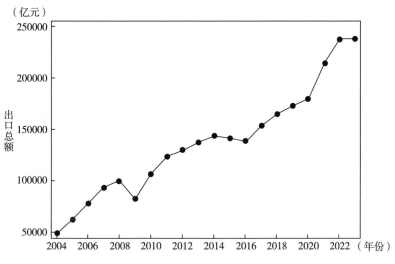

**图 1-5 2004~2023 年中国出口总额变化趋势**

资料来源：国家统计局，https：//www.stats.gov.cn。

中国的出口贸易一直保持着较大的顺差，即出口超过进口。2023 年中国的贸易顺差为 57883 亿元，比 2004 年增长 21 倍多。进出口总额从 2004 年的 95539.1 亿元增加到 2023 年的 417568 亿元，扩大了 4 倍之多（见图 1-6）。

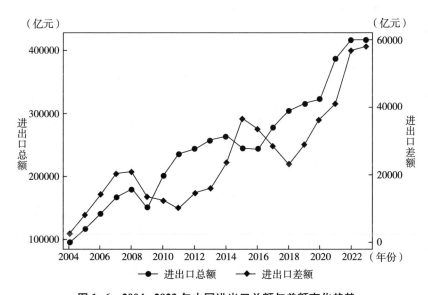

**图 1-6 2004~2023 年中国进出口总额与差额变化趋势**

资料来源：国家统计局，https：//www.stats.gov.cn。

**（二）出口商品结构调整**

中国出口商品的结构发生了显著变化，从传统的低增加值产品向高技术、高增加值产品转变。出口商品范围涵盖了机电产品、高科技产品、纺织品、服装、家具、玩具、电子产品等，其中工业制成品出口额最大，设备出口额其次，最低为化学品，如图 1-7 所示。

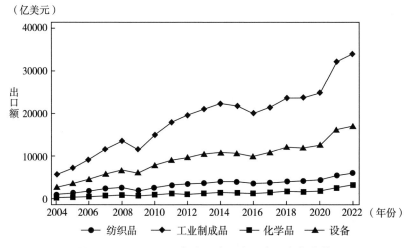

图 1-7　2004~2022 年中国主要出口商品变化趋势

资料来源：国家统计局，https://www.stats.gov.cn。

**（三）主要出口目的地变化**

中国的主要出口市场在过去 10 年里有所变化，美国、欧盟国家、东盟国家、日本仍然是中国的主要出口市场，但中国也在积极开拓新兴市场，如中东、非洲和拉美等地区（见图 1-8）。

**（四）跨境电商的快速发展**

近年来，中国的跨境电商出口迅速增长。2023 年，中国跨境电商进出口2.38 万亿元，增长 15.6%，比全国进出口增长速度高出 15.4 个百分点。跨境电商主体不断增长，全国有外贸进出口实绩的企业达 64.5 万家，其中，跨境电商主体超过 10 万家。跨境电商占我国货物贸易进出口比重从 2015 年的 1%，增长到 2023 年的 5.7%[①]。

---

① 中国电子商务研究中心，https://www.100ec.cn。

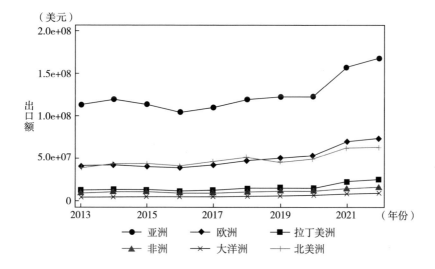

图 1-8　2013～2022 年中国出口目的地变化趋势

资料来源：国家统计局，https：//www.stats.gov.cn。

　　跨境电商平台为中国企业提供了更便捷的出口渠道，促进了中国产品的国际销售。自 2015 年起，商务部先后设立了 165 个跨境电商综试区，鼓励各试点在监管、标准、信息化等方面积极探索创新①。目前，跨境电商综试区内企业的跨境电商贸易规模占全国的比重超过 95%。

# 第二节　金融科技与中国企业外贸的研究进展

## 一、金融科技经济后果的研究进展

　　关于金融科技经济后果的研究，本书主要从金融科技对企业与金融机构两个方面进行梳理。

---

①　中国政府网，https：//www.gov.cn。

（一）金融科技对企业经济后果的影响

现有文献关于金融科技对企业经济后果的影响研究，聚焦于缓解企业融资约束、提高企业创新和生产率水平、优化企业债务和资本结构以及推动企业股利发放等。关于缓解企业融资约束的研究，基于整个银行业体系的视角而言，金融科技有助于促进银行系统对中国小微企业的信贷供给，从而缓解其融资约束（盛天翔和范从来，2020）。主要原因在于，金融科技的快速发展实现了数字化信息对传统"软信息"的替代，大大提高了银行系统对小微企业的信息甄别能力，从而发挥"破壁效应"，即金融科技打破中小企业融资的"空间壁垒"（李文芳和胡秋阳，2024）。关于提高企业创新水平的研究认为，金融科技主要通过"促进短期效应"和"抑制长期效应"两方面影响企业金融资产跨期配置的行为和效率，从而提高了企业创新投资水平（何涌等，2024）。在对企业创新类型的影响上，通过缓解企业融资约束和提高企业税收返还，金融科技显著促进了企业总体创新水平的提升（李春涛等，2020），并且相对于企业的绿色创新水平，金融科技对企业非绿色创新水平的推动作用更大（高瑜等，2024）。此外，通过"融资优化效应""知识积累效应"与"数字化转型效应"，金融科技能够显著提升企业"突破性创新"水平（徐照宜等，2023）。关于提高企业生产率水平的研究发现，金融科技的"赋能"极大地降低了金融机构与企业之间的信息不对称，不仅能在"量"上缓解企业融资约束，而且还能在"质"上提高银行信贷资源配置效率，从而显著促进企业全要素生产率水平的提高（宋敏等，2021）。关于优化企业债务结构的研究显示，金融科技能够显著提高债务市场的"竞争中性"，增强中小企业以及非国有企业信贷能力，从而助力企业精准去杠杆（王红建等，2024）。关于优化企业资本结构的研究表明，通过有效减缓企业在市场上的金融摩擦，金融科技可以显著推动企业资本结构的调整进程，促进企业资本结构的优化（程悦等，2024）。关于推动企业股利发放的研究认为，通过"外源融资效应"和"公司治理效应"，金融科技显著推动了企业发放现金股利意愿的增加以及促进企业对现金股利支付水平的提升（杨菁菁等，2024）。此外，金融科技发展还能够显著促进专精特新"小巨人"企业的成长（冯学良等，2023），改善实体企业投资效率，提升产能利用效率（王红建等，2023a），激发数字技术创新活跃度，从而有效加快企业数字化转型进程（吴非等，2023），提升企业全要素生产率，进而促进企业对外直接投资（韩丰泽和戴金平，2022）。

（二）金融科技对金融机构经济后果的影响

通过梳理已有研究文献，本书认为金融科技对银行等金融机构经济后果的影响主要表现在扩大金融机构业务规模和提升业务能力、降低金融机构风险承担水平和提高金融机构管理效率等。

关于扩大金融机构业务规模的研究发现，金融科技显著改变了商业银行存款分布和增长趋势，提升了平台理财的规模和增速（贾盾和韩昊哲，2023）。通过"市场竞争效应"和"技术赋能效应"，金融科技的发展显著促进了银行信贷供给的增加（董晓林等，2023）。金融科技不仅扩大了金融服务的包容性，而且提高了商业银行的盈利性和成长性，实现了普惠金融的商业发展可持续性（李建军和姜世超，2021）。关于提高金融机构业务能力的研究表明，通过创新银行经营模式和丰富银行金融产品，金融科技显著提升了商业银行的盈利能力（余丽霞和李政翰，2023）。由于"技术溢出效应"大于"市场挤出效应"，金融科技能够显著地提升银行流动性创造能力（盛天翔等，2022）。关于降低金融机构风险承担水平的研究认为，通过降低资金入口成本和改善资金出口结构，商业银行发展金融科技能显著降低其风险承担水平（晏景瑞和朱诗怡，2024）。通过降低商业银行与企业间的信息不对称程度，提升商业银行的项目筛选能力，金融科技显著地降低了商业银行风险的承担水平（胡婧和张璇，2023）。关于提高金融机构经营效率的研究显示，金融科技有助于实现对技术创新预算约束的科学管理，从而显著提高了商业银行的自主研发能力和经营效率（王小彩和杨涛，2024）。金融科技通过促进金融创新、改善信贷质量与提高盈利能力，从而提升商业银行的技术效率（王小梅等，2023）。通过提高商业银行的经营管理水平、优化商业银行的人力资本结构和提升商业银行的创新能力，金融科技显著促进了商业银行全要素生产率水平的提升（胡国晖和朱露露，2023）。通过提高商业银行风险承担能力和降低贷款集中度，金融科技显著促进了商业银行信贷配置效率（刘方等，2022）。此外，通过"信息效应"降低抵押品在债务契约中的重要性，金融科技对实体经济运行发挥了"稳定器"的作用（王红建等，2023b）。

除上述对企业行为和金融机构的影响之外，在区域层面，通过"绿色创新效应""环保投资效应"和"创业活力效应"，金融科技能够提升城市包容性绿色全要素生产率（宋清华和周学琴，2024）。在产业层面，通过发挥需求侧的"恩格尔效应"和供给侧的"鲍莫尔效应"，金融科技显著促进了"双进程"——产业结构高级化与产业结构合理化（李海奇和张晶，2022）。在市场方面，金融科技平台对于分析师市场呈现出"替代效应"（丁娜等，2020）。通过宏观层面"关注效应"、中观层面"补助效应"和微观层面"信息效应"，金融科技显著提高了中国资本市场信息效率（杨松令等，2021）。

### 二、中国企业外贸发展影响因素的研究进展

关于中国企业外贸发展影响因素的研究进展，本书拟从进口贸易和出口贸易两个方向展开。

（一）进口贸易

对于进口贸易的影响因素梳理，本书从进口贸易结构和进口产品质量两方面展开。

1. 进口贸易结构

魏浩和郭也（2016）认为，外商直接投资、企业对外直接投资和出口固定贸易成本等因素是影响中国企业进口贸易的重要因素。此外，已有文献还从知识产权保护、区域贸易协定、技术性贸易壁垒和关税政策等方面分析其对企业进口贸易结构的影响。具体而言，提升知识产权保护水平能够促进中国技术密集型产品进口扩展边际的增长，但对进口集约边际的影响不显著（孙玉红等，2020）。区域贸易协定条款深度指数的提升显著促进了中国企业进口集约边际的增长，但对进口扩展边际的影响不显著（岳文和许思雨，2022）。技术性贸易壁垒显著地促进了中国企业进口种类扩张和进口数量增长，但对进口价格的影响不显著（童伟伟，2020）。对非洲国家的零关税政策显著地促进了中国从受惠国进口的扩展边际，但抑制了进口集约边际（孙志娜，2019）。通过"贸易成本效应"和"供给冲击效应"，外部不确定性上升显著地促进了企业进口市场扩展边际，但抑制了企业进口市场集约边际（魏浩和王超男，2023）。与本书主题密切相关的是关于企业融资约束的影响。陈梅等（2017）研究表明，融资约束显著制约了中国企业进口总额的增加、进口扩展边际的扩张以及进口集约边际的深化。

2. 进口产品质量

施炳展和曾祥菲（2015）研究发现，2000~2006年，中国企业进口产品质量呈上升趋势，低质量进口企业退出和持续进口企业的质量升级是主要动因。已有研究从对外直接投资、产业政策、汇率制度、双边关系和知识产权保护等角度考察了其对进口产品质量的影响。通过"学习效应"和"关联效应"，企业对外直接投资显著促进了进口产品质量的提升（徐大策和李磊，2021）。通过促进"学习效应"和"竞争效应"，跨境电商产业政策显著推动了中国进口产品质量的提升（周科选等，2023）。通过汇率成本渠道和企业创新替代渠道，双边汇率制度稳定显著促进了企业进口产品质量的提升（张夏等，2022）。通过提高利润、加强竞争和降低管制强度，双边关系改善显著促进了企业进口产品质量的升级（孙俊成等，2023）。魏浩和李晓庆（2019）研究显示，知识产权保护仅显著提升了中等技术产品的进口质量，而对高、低技术产品的进口质量影响皆不显著。

（二）出口贸易

关于出口贸易影响因素的研究进展，本书从出口贸易结构、出口产品质量、出口技术复杂度、出口产品加成率和出口国内增加值率五个方面展开。

1. 出口贸易结构

出口贸易结构主要包括出口扩展边际和出口集约边际。现有文献对于出口边际的研究，包括单产品和多产品企业两个视角。

对于单产品企业，根据 Melitz（2003）的定义，将企业是否选择出口的决策称之为企业间的出口扩展边际（Extensive Margin），也可表述为出口概率、出口可能性；将企业年度出口额的变化称为企业内的出口集约边际（Intensive Margin），通常用出口额的自然对数或者去规模化的出口密集度表示。

对于单产品企业出口边际影响因素的研究，主要包括融资约束、信息化、政府补贴、服务业开放、高铁开通以及反倾销等。具体地，张杰等（2013a）研究发现，融资约束抑制了中国企业出口扩展边际，但却促进了出口集约边际的上升。李坤望等（2015）运用2002~2004年世界银行对于中国12400家企业的调查数据研究表明，企业信息化密度与地区信息基础设施水平提高显著地促进了中国出口企业的二元边际。张杰和郑文平（2015）研究认为，政府补贴与中国企业出口扩展边际之间呈现出显著的"倒U形"关系，但对出口集约边际不存在显著影响。Girma 等（2010）研究表明，生产性政府补贴显著地促进了中国企业出口，但对"在位"企业出口扩展边际的促进作用远大于"潜在"企业。孙浦阳等（2018）研究发现，服务业开放显著地提高了下游制造业企业出口二元边际。唐宜红等（2019）考察了高铁开通对中国企业出口集约边际的影响，发现开通高铁城市的企业出口额提高了 0.127 倍。Eaton 等（2004）利用法国企业贸易数据的研究发现，与集约边际相比，扩展边际是贸易成本变动引致出口变动的更重要因素。鲍晓华和陈清萍（2019）研究证实，对华反倾销显著地抑制了中国下游出口企业的二元边际，并且这种"抑制效应"将持续存在 3~5 年。

对于多产品企业出口研究的理论方面，Mayer 等（2014）为考察出口市场竞争与多产品企业出口产品组合之间的关系，构建了一个多产品企业的垄断竞争模型。理论研究发现，企业集中力量出口具有核心竞争优势的产品，是其在竞争更加激烈的市场中的最佳策略。

在多产品企业指标测算方面，钟腾龙等（2018）利用 2000~2013 年高度细分的中国海关贸易数据，从企业—产品—目的地维度分解与测算企业出口二元边际，刻画了多产品企业的出口增长动态。

在多产品企业出口边际的影响因素方面，国内学者还从生产率、产业集聚、互联网、电子商务平台应用、产品关联以及市场邻近等视角进行了考察。彭国华和夏帆（2013）利用中国微观企业数据描绘了多产品出口企业的行为模式，发现生产率显著地促进了多产品企业的出口二元边际。张国峰等（2016）研究发现，产业集聚的沟通外部性会显著促进多产品企业的出口二元边际，并且行业对沟通的依赖性越强，则促进作用越大。施炳展（2016）、李兵和李柔（2017）研究表明，互联网显著促进了中国多产品企业的出口二元边际。岳云嵩和李兵（2018）研究发现，对电子商务平台的合理应用显著地促进了中国多产品企业的出口二元边际。孙天阳等（2018）研究表明，与当地其他企业的产品关联和市场邻近，有助于促进中国多产品企业的出口扩展边际，意味着企业在拓展出口市场时存在着"相互依赖"效应。

近期文献从国内外环境因素和企业内部因素等方面考察了对出口贸易结构的影响。在国外环境因素方面，目的国经济政策不确定性显著抑制了企业出口扩展边际，但对集约边际的影响效应不显著（张本照等，2022）。在国内环境因素方面，国内贸易壁垒下降带来的国内市场整合会促使出口企业在收缩产品出口集约边际的同时扩大出口扩展边际（余壮雄等，2022）；高铁开通对中国制造业企业出口决策和出口规模均具有显著的促进作用（郭娟娟和杨俊，2022）；产业政策显著提升了国家层面的集约边际和产品层面的扩展边际，但对国家层面的扩展边际和产品层面的集约边际的影响不显著（张鹏杨等，2019）。地区制度环境优化对企业出口扩展边际及出口集约边际的增长均会产生显著的正向促进效应（吴飞飞等，2018），而劳动力成本对中国制造业企业出口二元边际具有显著负效应（陈雯和孙照吉，2016）。企业内部因素方面，应用互联网技术显著提升了企业出口扩展边际，但对集约边际没有显著影响（闫林楠等，2022），企业产品跳跃距离凸显了信息不对称和外部不确定性对出口集约边际的抑制作用，但对扩展边际的影响不显著（陈紫若和刘林青，2022）。

2. 出口产品质量

已有对出口产品质量的影响因素研究非常丰富，本书从"引进来"、"走出去"、国内建设与数字经济四个方面对近期文献进行梳理。

"引进来"方面，通过"产品转换效应""中间品效应"和"创新效应"，国际人才流入显著地促进了中国企业出口产品质量的提升（魏浩和周亚如，2024）；通过"生产率提升效应""产品转换效应"和"创新激励效应"，国外技术引进显著地促进了企业出口产品质量的升级（卿陶，2023）。

"走出去"方面，通过降低贸易成本、增强创新能力和缓解融资约束，中欧班列显著提升了企业的出口产品质量（李长英和王曼，2023）。

国内建设方面，通过"政策创新效应"和"进口中间品质量提升效应"，低碳城市试点政策显著地提升了企业的出口产品质量（朱亚君等，2023）；通过提高企业生产率水平、激励市场竞争的筛选机制与增强产业集聚程度，本地市场规模扩大推动了企业进行产品质量升级（孔令池等，2023）；通过提高固定成本投入效率和提升企业生产率，国内价值链培育能够显著地促进企业出口产品质量的升级（史本叶和马晓丽，2023）。

数字经济方面，通过"生产率效应""创新效应""价格效应"与"信息效应"，信息化建设显著地促进了企业出口产品质量的提升（王冠宇和马野青，2023）；通过提升企业管理效率与人力资本水平，数字化转型显著地促进了出口产品质量的提高（祝树金等，2023）；国内与国际工序智能化对出口产品质量的影响表现出显著的差异性，前者具有持续的"提升效应"，而后者经历了由"促进效应"转为"锁定效应"的"倒U形"变化，拐点约在2008年价值链重塑前后（韩亚峰等，2022）；通过缓解融资约束和促进技术创新，数字金融显著推动了企业出口产品质量升级（耿伟等，2021）。

3. 出口技术复杂度

党的十九大报告明确指出，要"拓展对外贸易，培育贸易新业态新模式，推进贸易强国建设"①。2018年中国又一次成为世界上最大的出口贸易国，出口额达1.904万亿美元②。快速扩大的出口贸易规模对推动中国经济持续稳定增长、促进就业岗位数量增加和提高人民生活水平皆起到了举足轻重的作用。然而，在中国制造业的出口产品数量持续增加的同时，出口竞争能力是否也得到了同步提升？如果答案是否定的，那么，究竟什么原因造成了"量"与"质"的脱离？对中国制造业出口竞争能力问题的探讨与研究是学术界的一个热点问题，具有重要的理论意义和现实意义。出口技术复杂度反映了某个国家或地区出口产品的技术含量，是一个国家或地区的出口产品竞争力以及国际分工地位的重要衡量指标。

基于中观行业或宏观国家层面出口技术复杂度指标，学者们研究了贸易方式、外商直接投资、基础设施、金融发展、制度质量以及离岸生产性服务中间投入对出口技术复杂度的影响。Amiti和Freund（2008）认为，比重较大的加工贸易是中国出口技术复杂度较高的主要原因。随后，Van Assche和Gangnes（2010）在剔除了加工贸易的影响之后测算出口技术复杂度，结果表明：中国电子产品行业出口结构并未出现明显升级。Xu和Lu（2009）研究发现，积极引进来自发达国家的外商直接投资，其比重的增加能够显著地提升中国产业的出口技术复杂度。李惠娟和蔡伟宏（2016）利用行业面板数据分析表明，离岸生产性服务中间投入显著地提升了制造业的出口技术复杂度，并且对不同技术密集度的行业具有差异性影响。使用跨国数据进行实证分析，王永进等（2010）研究发现，基础设

---

① 中国政府网，https：//www.gov.cn。
② 国家统计局，https：//www.stats.gov.cn。

施的完善将显著地促进一国出口技术复杂度的提升。齐俊妍等（2011）研究认为，通过解决逆向选择问题，金融发展显著地促进了一个国家或地区的出口技术复杂度。戴翔和金碚（2014）采用跨国面板数据研究发现，制度质量显著促进了一国出口技术复杂度的提升，并且制度质量越高，分工的促进作用就越大。

基于微观企业层面出口技术复杂度指标，学者们研究了进口贸易自由化、知识产权保护、企业研发、政府补贴、CEO 特征以及环境规制等因素对中国企业出口技术复杂度的影响。盛斌和毛其淋（2017）研究发现，进口贸易自由化显著地促进了企业出口技术复杂度的提升，且中间品贸易自由化的促进作用大于最终品。李俊青和苗二森（2018）基于不完全契约的现实背景分析了知识产权保护对企业出口技术复杂度的作用机制，认为加强知识产权保护会促进企业出口技术复杂度提升。毛其淋和方森辉（2018）研究结果表明，企业研发显著促进了企业出口技术复杂度的提升，并且地区知识保护强化了企业研发对出口技术复杂度的提升作用。余娟娟和余东升（2018）研究发现，政府补贴对中国企业出口技术复杂度的提升具有显著的抑制作用。但同时也发现，制造业行业的竞争程度越高，越有助于推动中国企业出口技术复杂度的提升。李宏等（2019）利用上市公司数据，实证分析了 CEO 特征与企业出口技术复杂度之间的关系。高翔和袁凯华（2020）研究表明，通过加速企业内部产品转换和企业退出两个渠道，清洁生产显著地促进了企业出口技术复杂度的提升。

近期文献对企业出口技术复杂度的影响因素研究，主要聚焦于政策因素，如通过人力资本投资和自主创新路径，知识产权保护显著促进了企业出口技术复杂度的提升（李俊青和苗二森，2018；方杰炜和施炳展，2022）；通过"成本效应"和"创新激励效应"，行政审批中心的设立显著提升了制造业企业出口技术复杂度（杨青龙和张欣悦，2022）；通过"研发激励效应"和"成本扭曲效应"，政府补贴显著抑制了企业出口技术复杂度的提升，但行业竞争显著促进了企业出口技术复杂度的提升（余娟娟和余东升，2018）；出口退税改善了企业出口和利润绩效，促进了企业对新产品的研发创新活动，从而提升了企业出口技术复杂度（夏飞等，2020）；通过"资源再配置效应"，清洁生产环境规制显著促进了出口技术复杂度的提升（高翔和袁凯华，2020）。此外，企业研发显著促进了企业出口技术复杂度的提升，并且地区知识保护强化了企业研发对出口技术复杂度的提升作用（毛其淋和方森辉，2018）。通过激发企业自主创新能力，企业全球价值链嵌入度的提高显著促进了企业出口技术复杂度的提升（郑丹青，2021）。通过促进企业创新和优化企业要素配置结构，人工智能显著促进了企业出口技术复杂度的提升（张兵兵等，2023）。通过提升企业生产率和促进出口产品多样化，数字产品进口显著提升了企业出口技术复杂度（于欢等，2022）。

4. 出口产品加成率

企业加成率是指企业价格与边际成本之比，一般用来度量企业的市场势力和盈利能力，一直是国内外学术界研究的热点。目前，国内外学者对企业加成率影响因素的研究已相当丰富。那么，金融科技如何影响出口企业加成率？又如何影响以加成率分散度为表征的资源配置效率？对这一问题的回答有助于厘清金融科技对微观出口企业加成率的影响及作用机制，对于提高企业盈利能力、优化资源配置以实现中国出口贸易高质量发展，具有重要的理论意义与现实意义。

目前，国内外学者对企业加成率影响因素的研究已相当丰富（钱学锋和范冬梅，2015），比如市场竞争程度（Hoekman 等，2001；Tybout，2003；Konings 等，2005；Gorg 和 Warzynski，2006；Altomonte 和 Barattieri，2007）、政府政策（Konings 和 Vandenbussche，2005；Blonigen 等，2007；De Loecker 和 Warzynsky，2012；De Loecker 等，2016；毛其淋和许家云，2017）、贸易成本（Melitz 和 Ottiviano，2008；Gorg 等，2010；Cook，2011）和目的地市场特征（Simonovska，2015）等。

本书主要聚焦于对中国出口企业加成率影响因素的梳理，包括竞争效应与选择效应、人民币汇率、产品质量、外部需求、产品创新、出口模式、政府补贴和人口集聚等因素。刘啟仁和黄建忠（2015）研究表明，高出口密度企业的加成率显著低于内销企业，其原因在于出口市场的"竞争效应"大于"选择效应"。许明和李逸飞（2018）研究认为，选择效应对中国出口企业加成率的提升作用有限，而竞争效应则抵消了部分选择效应，二者的相互作用导致出口企业实际加成率仅高于基准加成率 0.0711。许家云和毛其淋（2016）研究发现，人民币升值显著抑制了出口企业加成率，并且企业的出口依赖程度越高，对加成率的抑制效应越大。许明和邓敏（2016）认为，通过产品价格和边际成本渠道，提高企业产品质量将显著地提升中国出口企业加成率。黄先海等（2016）发现，在较低生产率水平下的"最优出口产品质量选择"，引致中国出口企业阶段性"低加成率陷阱"现象。陈晓华等（2017）研究表明，"外需疲软"对出口企业的"倒逼"作用将有助于提升其加成率，而外需充足则可能会令出口企业滋生加成率"提升惰性"。诸竹君等（2017）研究发现，出口企业产品创新行为引致出口产品质量升级，从而显著地提升了出口企业加成率。诸竹君等（2019）认为，由于存在"需求冲击适应效应"和"出口中学效应"，企业出口模式的选择将显著影响中国出口企业的加成率。高翔和黄建忠（2019）研究表明，政府补贴与中国出口企业加成率变动之间呈现出显著的"倒U形"关系。黄先海等（2019）研究显示，由于人口集聚的"出口拥堵效应"大于"集聚经济效应"，从而显著地抑制了中国出口企业加成率的提升。此外，还有学者关注多产品出口企业的产品加成率，如祝树金等（2018）的研究表明，中间品贸易自由化显著地提升了中国多产品出口企业的产品加成率，并且相对于非核心产品，其对核心产品加成率的促进效应尤为显著；而祝树金等（2019）研究发现，融资约束显著地抑制了多产品出口企业的产品加成率，并且相对于非核心产品，其对核心产品加成率的抑制效应更甚。

近期文献对出口企业加成率的影响因素研究，主要可以归纳为宏观外部因素、中观行业因素和微观企业因素三个方面。在宏观外部因素方面，韩民春和袁瀚坤（2022）研究发现，通过提升产品质量，服务业对外开放显著促进了出口企业加成率的提升，人民币升值通过"价格竞争效应"与"规模效应"降低了出口企业的加成率（许家云和毛其淋，2016）。李昭华和方紫薇（2021）研究表明，基于"成本不完全传递效应"，环境信息披露政策显著降低了出口企业的加成率水平。由于"出口产品质量效应"和"中间品效应"的存在，加入世界贸易组织后较长时间内中国出口企业加成率对不确定性表现出普遍的反应延迟（谢杰等，2021）。通过"集聚经济效应"和"出口拥堵效应"，区域人口集聚会显著影响出口企业加成率，当后者大于前者时会抑制加成率的提升（黄先海等，2019）。在中观行业因素方面，耿伟和王亥园（2019）研究显示，通过促进产品质量升级，制造业投入服务化水平显著促进了出口企业加成率的提升。通过提高企业出口产品价格和降低劳动力成本，工业机器人应用显著提升了出口企业加成率（范冬梅和李莹，2023）。在微观企业因素方面，许明和邓敏（2018）研究认为，通过强化"质量效应"与"选择效应"，提高劳动报酬会间接促进出口企业加成率的提升。产品创新带来的出口产品质量改善是出口企业加成率提升的关键（诸竹君等，2017）。通过产品价格和边际成本，产品质量显著提升了出口企业加成率（许明和邓敏，2016）。

5. 出口国内增加值率

20 世纪 90 年代以来，新一代信息通信技术的迅猛发展以及贸易壁垒逐步取消，以全球价值链为表征的国际生产分工在全世界铺陈开来，各国在全球贸易中的真实贡献已经难以由传统的贸易总量指标准确体现。倘若仍以传统的贸易总量指标来反映中国在国际出口贸易市场上的表现，将很可能夸大中国出口贸易企业的贡献率（李昕和徐滇庆，2013）。企业出口国内增加值率（Domestic Value Added Ratio in Exports，DVAR）是核算一国参与国际贸易过程中真实贸易利得的有效途径，因此国内外学者提出用出口国内增加值率来衡量各国的真实贸易情况。

关于企业出口国内增加值率的测度，Dean 等（2011）和 Koopman 等（2014）从中观行业层面做出了卓越的贡献，而 Upward 等（2013）、张杰等（2013b）以及 Kee 和 Tang（2016）利用中国工业企业数据库和海关贸易数据库的匹配数据，对企业层面的出口国内增加值率的测度进行了探索和完善，为本书的研究奠定了坚实的实证分析基础。

随着指标测度问题的解决，国内外学者开始关注企业出口国内增加值率的影响因素。从正向作用来看，包括中间品贸易自由化、外商直接投资进入、人民币汇率、要素市场扭曲、政府补贴、产业集聚和互联网等因素。Kee 和 Tang（2016）利用中国微观数据研究表明，2000~2007 年，企业出口国内增加值率由 65%上升到 70%，而中间品贸易自由化、外商直接投资自由化和人民币汇率贬值皆是重要影响因素。毛其淋和许家云（2019）研究认为，资源再配置效应是贸易自由化促进中国行业出口国内增加值率增长的重要途径。张杰等（2013b）研究表明，除了引入外商直接投资外，对发展中国家和新兴市场国家的出口亦有助于促进中国企业出口国内增加值率的提升。高翔等（2018）研究发现，由于正向作用的"相对价格效应"大于负向作用的"成本加成效应"，要素市场扭曲显著提高了中国企业出口国内增加值率。许家云和徐莹莹（2019）研究表明，政府补贴显著地提高了中国企业出口国内增加值率。邵朝对和苏丹妮（2019）研究发现，企业贸易方式转变引致的结构效应，是产业集聚显著促进行业出口国内增加值率增长的重要途径。耿伟和杨晓亮（2019b）利用微观企业数据进行研究证实，通过降低企业生产成本和促进研发创新，互联网显著地促进了中国企业出口国内增加值率。

从负向作用来看，包括融资约束、制造业上游垄断、国内市场分割以及劳动力成本上升等因素。具体地，吕越等（2017）研究表明，融资约束显著地抑制了中国企业出口国内增加值率的扩展边际，但却显著地促进了集约边际。李胜旗和毛其淋（2017）研究发现，中国上游行业的垄断显著地抑制了下游企业出口国内增加值率的提升，但中间投入品贸易自由化有利于缓解这一抑制作用。吕越等（2018）研究表明，中国国内市场分割显著地抑制了企业出口国内增加值率的提升，并且中间品贸易自由化和上游垄断会强化这一抑制作用。耿伟和杨晓亮（2019a）利用中国城市最低工资与微观企业数据研究证实，"成本拉升效应"和"相对价格效应"是劳动力成本上升显著抑制中国企业出口国内增加值率提升的两个重要渠道。此外，从非线性影响来看，许和连等（2017）研究发现，制造业投入服务化显著地促进了中国一般贸易企业出口国内增加值率的提升，但对加工贸易和混合贸易企业表现为"U形"影响，因而总体上呈现出二者之间的"U形"关系。

近期对国内增加值率影响因素的研究非常丰富，本书从"外循环""内循环"与数字经济发展三个方面对近期文献进行梳理。在"外循环"方面，盛斌等（2024）研究表明，通过提升企业成本加成率和降低国内中间品相对价格，服务业开放显著促进了企业出口国内增加值率的提升。由于出口规模的促进作用占主导，从而缓解了竞争效应的抑制作用，因而外部市场需求增加显著提升了企业出口国内增加值率（佟家栋等，2023）。外资自由化政策引致的外资流入，在短期内引起"中间品市场竞争效应"，导致其出口国内增加值率的下降，而长期的"中间品供给扩张效应"，抵消了对出口国内增加值率的负面影响（蒋殿春和鲁大宇，2023）。在"内循环"方面，宋灿和孙浦阳（2023）研究发现，通过"中间品替代效应"，较高的市场可达性加剧了国内中间品市场的竞争激烈程度，从而降低了国内中间品的相对价格，进而促进了企业出口国内增加值率的提升。经由"银行竞争"和"银企距离"的传导路径，通过发挥"创新促进效应"，银行分支机构扩张显著促进了企业出口国内增加值率的提升（盛斌和王浩，2022）。通过缓解融资约束和提高资本劳动比率，增值税转型政策显著促进了企业出口国内增加值率的提升（刘玉海等，2020）。在数字经济发展方面，吴楚豪和唐婧（2024）研究发现，由于产品替代能力较弱和技术进步较慢，中国企业无法发挥数字技术经济"赋能效应"，影响了企业出口国内增加值率的提升速度。通过技术外溢增强企业创新能力，数字产品进口显著促进了企业出口国内增加值率的提升，但同时由于进口中间品比例的增加，抑制了企业出口国内增加值率的提升（郝能等，2023）。通过"成本加成效应"和"相对价格效应"，数字经济和贸易数字化都显著促进了企业出口国内增加值率的提升（刘信恒，2023；刘会政等，2022）。

### 三、金融科技与中国企业外贸关系的研究进展

聚焦于金融科技与中国企业外贸关系的研究文献较少。辛大楞和邓祥莹（2021）研究表明，金融科技缓解了企业所面临的融资约束，从而提升了制造业企业嵌入全球价值链的概率。杨晓亮（2022）研究表明，金融科技显著促进了中国企业出口产品质量的提升，缓解融资约束和优化信息匹配是金融科技提升企业出口产品质量的两个可能渠道。

### 四、文献评述

基于对金融科技与中国企业外贸发展研究进展的梳理，本书发现已有文献较少关注金融科技对企业贸易行为的影响（辛大楞和邓祥莹，2021；杨晓亮，2022），对如何影响企业对外贸易高质量发展的研究则更为鲜见，亟待拓展与深化。此外，已有研究关于金融科技的测度多为使用单一维度的指标，但其仅能捕捉金融科技的部分特征，无法全面反映金融科技的经济效应，亟须构建多维度综合指标以更加全面地衡量金融科技发展水平。数字技术驱动下的金融科技发展为促进企业外贸高质量发展增添了新动力，成为数字经济时代背景下推动中国对外贸易高质量发展的新引擎。那么，金融科技对企业外贸高质量发展影响究竟有多大？通过哪些渠道产生影响？回答好上述问题，对于实施数字中国战略、推动金

融服务实体经济和促进贸易高质量发展皆具有重要的现实意义。

本书可能在如下方面做出边际贡献：第一，在分析框架上，本书将金融科技和企业外贸高质量发展纳入统一研究框架，深入挖掘金融科技对企业外贸高质量发展影响及作用机制，丰富了与数字经济、金融与贸易相关的研究文献，为增强金融服务实体经济的能力、实现外贸高质量发展等提供理论依据；第二，在作用机制上，本书将金融科技的"双效应"（数字技术赋能效应和数据要素配置效应）与企业外贸高质量发展相结合，深化了对金融与贸易关系的认识；第三，在指标测度上，已有文献多使用单一维度指标衡量金融科技，本书使用主成分分析法和熵值法（Entropy Method）构造综合指标，以期更合理地测度地区金融科技发展水平，增强实证检验的可信性，从而为企业生产决策与政府制定政策提供参考；第四，已有文献大多使用 2000~2013 年中国工业企业与海关贸易匹配数据进行实证检验。本书首次利用 2011~2016 年中国上市公司和海关贸易合并数据，更为准确地评估了金融科技对中国企业外贸高质量发展的影响效果，并使用中介效应模型检验了多个影响渠道，对于深刻认识数字经济与贸易高质量发展的关系有着重要的现实意义。

# 第三节　本章小结

首先，本章从移动支付、互联网金融、区块链技术、人工智能和大数据的应用和金融科技投资等方面分析了中国金融科技的发展现状。其次，从总额、商品结构调整、来源地或目的地变化、自贸区建设和跨境电商发展等维度分析了中国对外贸易的发展现状。再次，从企业和金融机构两个方面对金融科技经济后果的研究文献进行了梳理。最后，从进口和出口两个方向对中国企业外贸影响因素研究文献进行了梳理，评述了已有研究的不足，总结了可能存在的边际贡献。

# 第二章　金融科技影响中国企业外贸高质量发展的理论机制

本章首先论述了"双效应"（数字技术赋能效应和数据要素配置效应）的内涵，其次依托于"双效应"考察了金融科技对进出口贸易结构、进出口产品质量、出口技术复杂度、出口产品加成率以及出口国内附加值率等外贸高质量发展核心指标的影响效果及作用机制，并提出待检验的研究假说。

## 第一节　数字技术赋能效应

金融科技的数字技术赋能效应，主要体现在"数量"上，即通过融资约束机制，金融科技能降低企业平均的融资约束水平，有助于增加企业研发投入、提高创新能力，从而促进企业外贸高质量发展。

首先，金融科技能够积极推动外部融资普惠化、降低融资门槛（Buchak 等，2018），还能够挖掘更全面的用户信息（Lin 等，2013）、利用非财务信息辅助审贷（Huang 等，2018）、加快信贷审批程序（Fuster 等，2019），从而降低企业融资成本、缓解融资约束（李春涛等，2020），进而增加企业的技术产出（唐松等，2020）、促进企业创新。其次，金融科技能够为企业提供多样化的金融服务产品（刘少波等，2021），利用其开放和共享的特点为企业提供便捷的融资渠道，提高企业的融资可获性（Cole 等，2019）。再次，金融科技可以使传统的金融服务打破时间和空间的约束（Lu，2018），扩大金融业务的覆盖广度。最后，金融科技的发展会倒逼传统金融机构进行变革以提高其竞争力，进而提升金融效率（陈中飞和江康奇，2021），缓解企业面临的融资约束，降低融资成本，支持企业开展投资经营活动，对企业外贸高质量发展产生正向的促进作用。

# 第二节　数据要素配置效应

金融科技的数据要素配置效应，主要体现在"质量"上，即通过数据信息匹配机制，金融科技能够纠正金融资源错配、提升信贷配置效率，有助于提高企业全要素生产率进而促进企业外贸高质量发展。

一方面，金融科技将前沿技术与金融深度结合，可以广泛而迅速地收集银行和企业的各类数据，并进一步加工整合，赋能商业银行挖掘潜在客户，促进金融服务与客户之间实现有效对接，提升对客户的服务水平（张德茂和蒋亮，2018）。金融科技能够提高信息匹配范围、匹配速度和匹配效率，帮助商业银行提高信贷需求甄别和风险管理能力（盛天翔和范从来，2020），提升信贷配置效率（宋敏等，2021），有助于原本较难获取银行信贷的企业增加研发或设备的资金投入，进而提高企业生产效率。

另一方面，金融科技能够拓宽信息来源渠道，提供更全面、易获取、低延时的数据信息，提高信息的可获得性和准确性（Sutherland，2018），缓解银企间的信息不对称（Sedunov，2017）。提高信贷资源配置效率可以降低企业的融资成本，节省信贷融资的中介费用，激励企业增加创新和固定资产投资，提高其出口产品加成率水平。此外，对企业自身而言，在金融科技的支持下，企业可以提高其整合解析信息的能力，从而更有效地判断技术创新和市场潜力等方面的情况（唐松等，2020），提高其决策效率，进而促进企业外贸高质量发展。

# 第三节　理论机制与研究假说

结合金融科技的"双效应"（数字技术赋能效应和数据要素配置效应），本章基于进口和出口两个方向，从贸易结构、贸易质量等多个维度，探析金融科技对外贸高质量发展的影响及作用机制，并提出相应的研究假说。

## 一、金融科技与中国企业进口贸易结构

借鉴已有文献，企业进口的二元边际公式如下：

$$IM_{cj} = \frac{\sum_{n \in N_{cj}} P_{cj} \times Q_{cj}}{\sum_{n \in N_{cj}} P_{cr} \times Q_{cr}} \tag{2-1}$$

$$IM_{cj} = \frac{\sum_{n \in N_{cj}} P_{cr} \times Q_{cr}}{\sum_{n \in N_{cj}} P_{cr} \times Q_{cr}} \tag{2-2}$$

$$Rat_{cj} = IM_{cj} \times EM_{cj} \tag{2-3}$$

式中，$c$、$j$ 和 $r$ 分别代表进口国、出口国和所有参与贸易活动的国家；$IM$ 和 $EM$ 分别代表进口的集约边际和扩展边际；$Rat$ 代表进口国从某国的进口占该进口国从全世界进口的比重，可以表示为进口的集约边际与进口扩展边际的乘积。

金融科技的"数字技术赋能效应"有助于缓解进口企业的融资约束，促进企业进口产品种类多元化和来源国市场多元化，推动了进口贸易额的增长，因此优化了以产品、来源国衡量的进口扩展边际，以及以平均进口额衡量的进口集约边际。

金融科技的"数据要素配置效应"有助于缓解进口企业的信息不对称，降低其信息收集、沟通协调等贸易成本，从而促进企业进口产品种类多元化和来源国市场多元化，推动了进口贸易额的增长，因此优化了进口扩展边际和集约边际。

基于上述分析，本书提出：

H1：金融科技能够促进企业进口贸易结构的优化。

## 二、金融科技与中国企业进口产品质量

金融科技的"数字技术赋能效应"有助于缓解国内企业的融资约束，促进国内企业产品创新，以替代价格昂贵的高质量进口。参与到进口产品替代战略中的企业越多，"竞争效应"就越大，国内产品的质量提升速度也就越快。在国内产品质量越来越高的背景下，低质量的进口产品将无法进入，高于国内质量的产品将大量涌入，从而导致进口产品的平均质量逐步提升。

金融科技的"数据要素配置效应"有助于缓解进口企业的信息不对称，推动进口企业更精准地了解国外产品的质量信息，通过"学习效应"不断提升本国产品的质量，通过"关联效应"不断促进国内产业升级，实现高级化和合理化发展。同样在国内产品质量越来越高的背景下，低质量的进口产品将无法进入，高于国内质量的产品将大量涌入，从而导致进口产品的平均质量逐步提升。

基于上述分析，本书提出：

H2：金融科技能够促进企业进口产品质量的提升。

## 三、金融科技与中国企业出口贸易结构

借鉴 Bernard 等（2011）的方法，多产品企业的总出口额分解如下：

$$EXP_{it} = D_{it} \times N_{it} \times C_{it} \times \bar{E}_{it} \tag{2-4}$$

式中，$i$ 和 $t$ 分别表示企业和年份；$D$ 表示企业出口目的地的个数；$N$ 表示企业出口产品的种类个数；$C$ 表示企业出口覆盖率；$\bar{E}$ 表示企业产品—目的地的平均出口额。前三项为出口扩展边际，第四项为出口集约边际。

金融科技的"数字技术赋能效应"缓解了出口企业的融资约束，有助于企业克服出口固定成本，提高出口可能性，增加出口贸易额，优化了以出口概率衡量的扩展边际和以出口额衡量的集约边际。同时，充裕的资金有助于出口企业进行产品创新，从而实现出口产品种类多元化；也有助于企业开拓国际市场，实现出口目的国市场多元化，进而推动了出口贸易额的增长，因此优化了以产品、目的国衡量的出口扩展边际，以及平均出口额衡量的出口集约边际。

金融科技的"数据要素配置效应"缓解了出口企业的信息不对称，降低了

其信息收集、沟通协调等贸易成本，从而促进了企业出口产品种类多元化和目的国市场多元化，推动了出口贸易额的增长，因此优化了出口扩展边际和集约边际。

基于上述分析，本书提出：

H3：金融科技能够促进企业出口贸易结构的优化。

**四、金融科技与中国企业出口产品质量**

金融科技的"数字技术赋能效应"降低了企业融资成本、缓解融资约束（李春涛等，2020），进而增加企业的技术产出（唐松等，2020）、促进企业创新。质量升级是企业创新活动的结果（戴觅和余淼杰，2012；Antoniades，2015；Crowley 和 McCann，2017）。一方面，企业创新可以直接提升出口质量（Fan 等，2018）；另一方面，企业创新通过降低生产成本，进而提升产品质量（宋跃刚和郑磊，2020）。由此可见，金融科技通过缓解企业融资约束促进其出口产品质量的提升。

金融科技的"数据要素配置效应"有助于原本较难获取银行信贷的企业增加研发或设备的资金投入，进而提高企业生产效率。而企业生产效率提高对产品质量提升具有决定性作用（Feenstra 和 Romalis，2014）。企业为生产既定质量产品必须额外付出成本（Baldwin 和 Harrigan，2011；张夏等，2020），而生产率提升可以降低企业边际成本，从而提高企业利润率，继而企业可以选择产品质量改进的最佳水平（Antoniades，2015）。因此，金融科技通过提高金融机构与企业的信息匹配提升信贷配置效率，从而促进企业出口产品质量的提升。

基于上述分析，本书提出：

H4：金融科技能够促进企业出口产品质量的提升。

**五、金融科技与中国企业出口技术复杂度**

将金融科技纳入到 Hausmann 等（2007）模型中，本书构建了一个简单的模型来考察金融科技对企业出口技术复杂度的影响及作用机制，并提出了待检验的理论假说。假定在一个可以生产多种商品的部门中，每一种商品都是由生产率水平 $\theta$ 来确定的。部门中企业生产的商品范围是由 0 到 $h$ 的连续区间给出的，即

$\theta \in [0, h]$，如图 2-1 所示。通过假设这个范围的上边界 $h$ 来捕捉比较优势，$h$ 代表技术或人力资本水平。因此，$h$ 值更高的企业可以生产出生产率或技术复杂度更高的产品。

**图 2-1　产品空间**

资料来源：Hausmann 等（2007）。

为获得一定生产率水平的产品，需要企业进行研发投入。但在事前，企业仅知道生产率 $\theta$ 在 $[0, h]$ 范围内是均匀分布的，不知道最终得到的是高生产率还是低生产率的产品。亦即 $\theta$ 只有在投入完成后才会被发现。然而，一旦发现了与产品相关的 $\theta$，它就变成了共同知识（common knowledge），其他企业也可以自由地（模仿）生产同样的产品，而不需要承担额外的"发现"（discovery）成本。但模仿企业的生产率会略低于"发现"企业。假设模仿企业的生产率相当于"发现"企业的 $\alpha$ 倍（$0<\alpha<1$），且每个企业只能选择一种生产方式，那么在"发现"生产率 $\theta$ 之后，它可以选择坚持原来的生产方式，即"发现"生产，或者模仿其他企业的生产方式，即模仿生产。

企业 $i$ 会将其生产率 $\theta_i$ 与已发现的最高生产率 $\theta^{max}$ 的产品进行比较，因为除此之外都将产生更少的利润。因此，生产决定将取决于 $\theta_i$ 是否比 $\alpha\theta^{max}$ 更小或更大。如果 $\theta_i \geqslant \alpha\theta^{max}$，企业 $i$ 将会坚持自己的生产方式；否则他会模仿 $\theta^{max}$ 生产。因此，如图 2-1 所示的粗线部分给出了企业的生产能力范围。

显然，部门中最高生产率水平 $\theta^{max}$ 将是企业研发创新能力 $m$ 的递增函数。由于 $\theta$ 位于区间 $[0, h]$，因此它还将取决于 $h$，即技术或人力资本水平。由于 $\theta$ 是均匀分布的，因此可以得到一个简单的表达式：

$$\theta^{max} = \frac{hm}{m+1} \tag{2-5}$$

式（2-5）表明，随着 $m$ 的增加，$\theta^{max}$ 接近 $h$，即 $\lim\limits_{m \to \infty} \theta^{max} = h$。

Hausmann 等（2007）认为，在实证研究中可利用出口统计数据计算最高生产率产品（$\theta^{max}$）的代理变量。这一方法旨在获取与一国出口相关的生产率水平。关注出口是一种明智的策略，因为可以预期一国会出口那些最高生产率的产品。例如，考虑一个世界经济模型，各国仅在产品空间中位置不同（见图2-1）。在这个模型中，比较优势和绝对优势是一致的，而出口最高生产率商品的国家恰恰因为出口这些商品能够获取更加丰厚的利润。因此在实证研究中可以使用企业出口技术复杂度作为最高生产率（$\theta^{max}$）的代理指标。

对式（2-5）求偏导数可得：

$$\frac{\partial \theta^{max}}{\partial m} = \frac{h}{(m+1)^2} > 0 \tag{2-6}$$

$$\frac{\partial \theta^{max}}{\partial h} = \frac{m}{m+1} > 0 \tag{2-7}$$

式（2-6）表明，企业出口技术复杂度随其研发创新能力的上升而上升；式（2-7）表明，企业出口技术复杂度随其人力资本水平的上升而上升。

接下来，分析金融科技对企业研发创新能力和人力资本水平的影响。金融科技的"数字技术赋能效应"有助于企业融资成本的下降、融资约束的缓解（李春涛等，2020），进而增加企业的技术产出（唐松等，2020）、促进企业创新。此外，企业资金的充裕可以为人才引进、优化人力资本结构奠定物质基础。金融科技的"数据要素配置效应"有助于原本较难获取银行信贷的企业增加研发或设备的资金投入，进而提高企业生产效率，降低企业生产成本，从而提高企业利润率，继而缓解企业内源性融资约束，从而促进企业的研发创新和人力资本优化。令金融科技为 $w$，则有：

$$\frac{\partial m}{\partial w} > 0 \tag{2-8}$$

结合式（2-6）和式（2-8），可得：

$$\frac{\partial \theta^{max}}{\partial w} = \frac{\partial m}{\partial w} \frac{\partial \theta^{max}}{\partial m} > 0 \tag{2-9}$$

式（2-9）表明，金融科技能够提升企业研发创新能力，继而激发了企业提升出口技术复杂度。

此外，金融科技能够提升出口企业的人力资本水平，即：

$$\frac{\partial h}{\partial w} > 0 \qquad\qquad (2\text{-}10)$$

结合式（2-7）和式（2-10），可得：

$$\frac{\partial \theta^{\max}}{\partial w} = \frac{\partial h}{\partial w}\frac{\partial \theta^{\max}}{\partial h} > 0 \qquad\qquad (2\text{-}11)$$

式（2-11）表明，金融科技提升企业人力资本水平，从而激发企业提升出口技术复杂度。

结合式（2-9）和式（2-11），最终可得：

$$\frac{\partial \theta^{\max}}{\partial w} = \frac{\partial h}{\partial w}\frac{\partial \theta^{\max}}{\partial h} + \frac{\partial m}{\partial w}\frac{\partial \theta^{\max}}{\partial m} > 0 \qquad\qquad (2\text{-}12)$$

式（2-12）表明，金融科技通过提升研发创新能力和人力资本水平，从而激发企业提升出口技术复杂度。

基于上述分析，本书提出：

H5：金融科技能够促进企业出口技术复杂度的提升。

## 六、金融科技与中国企业出口产品加成率

本书将金融科技纳入到 Melitz 和 Ottaviano（2008）模型，考察金融科技对出口企业加成率的影响及其作用机制，并提出了待检验的理论假说。

通过一个基准商品 0 和一系列差异化商品 $i$（$i \in \Omega$）来定义消费者偏好，$\Omega$ 表示差异化商品种类的集合。因此，消费者的效用函数为：

$$U = q_0 + \alpha \int_{i \in \Omega} q_i \, di - \frac{1}{2}\gamma \int_{i \in \Omega} (q_i)^2 \, di - \frac{1}{2}\eta \left( \int_{i \in \Omega} q_i \, di \right)^2 \qquad (2\text{-}13)$$

其中，$q_0$ 和 $q_i$ 分别为基准商品 0 和第 $i$ 种商品的消费量；$\alpha$ 为与需求相关的参数；$\gamma$ 为非基准商品中产品差异化的程度；$\eta$ 为差异化商品与基准商品的替代程度，并且 $\alpha$、$\gamma$ 和 $\eta$ 皆大于 0。

由式（2-13）给定的消费者效用函数，可得第 $i$ 种商品的定价上限：

$$p_i \leq 1/(\eta N + \gamma)(\gamma \alpha + \eta N \bar{p}) \equiv p_{\max} \qquad\qquad (2\text{-}14)$$

式中，$N$ 为产品种类；$\bar{p}$ 为平均价格，且 $\bar{p} = (1/n) \int_{i \in \Omega^*} p_i \, di$；$p_{\max}$ 为最高定价，即需求为 0 时的价格。对式（2-14）求偏导数可得：

$$\partial p_{\max}/\partial \overline{p} = \eta N/(\eta N + \gamma) > 0 \qquad (2\text{-}15)$$

式（2-15）表明，随着平均价格上升，价格上限也被拉升。与 Melitz 和 Ottaviano（2008）模型类似，将商品 $i$ 的需求弹性表示为：

$$\varepsilon_i \equiv \left| (\partial q_i/\partial p_i)/(p_i/q_i) \right| = \left[ (p_{\max}/p_i) - 1 \right]^{-1} \qquad (2\text{-}16)$$

求式（2-16）偏导数得：

$$\partial \varepsilon_i/\partial p_{\max} = -\left[ (p_{\max}/p_i) - 1 \right]^2/p_i < 0 \qquad (2\text{-}17)$$

式（2-17）的含义为，随着价格上限的提高，需求弹性将会下降。而商品 $i$ 的生产企业加成率 $\mu_i$ 与需求弹性 $\varepsilon_i$ 的关系可以表示为 $\mu_i = (1 - |\varepsilon_i|^{-1})^{-1}$，求偏导数得：

$$\partial \mu_i/\partial \varepsilon_i = -(|\varepsilon_i| - 1)^2 < 0 \qquad (2\text{-}18)$$

式（2-18）意味着，当需求弹性上升时，将会降低企业加成率。

综合式（2-15）至式（2-18）可得：

$$\partial \mu_i/\partial \overline{p} = (\partial p_{\max}/\partial \overline{p})(\partial \varepsilon_i/\partial p_{\max})(\partial \mu_i/\partial \varepsilon_i) > 0 \qquad (2\text{-}19)$$

据式（2-19）可知，商品 $i$ 的平均价格与其生产企业的加成率为正相关关系，即当平均价格上升时，将推动价格上限的提升，进而降低需求弹性，从而提高企业加成率。这一结论与加成率的定义一致，即：

$$\mu_i = p_i/c_i \qquad (2\text{-}20)$$

由式（2-20）可知，当企业提升商品 $i$ 的定价时，加成率会随之提高；当企业生产商品 $i$ 的边际成本上升时，加成率会随之下降。

本书的主旨是考察金融科技对企业加成率的影响及作用机制。令金融科技为 $w$。基于前文分析，金融科技的"数字技术赋能效应"和"数据要素配置效应"能够出口产品质量。在出口市场中，产品质量与出口价格成正比（王珊珊等，2021），提升产品质量是企业提高出口定价能力的主要手段，高质量产品可以帮助企业制定更高的价格。金融科技对企业技术创新存在显著的促进作用（王小燕等，2019），技术创新既可以促进企业升级出口产品质量（宋跃刚和郑磊，2020），从而提升出口定价能力。而加成率可以表示为产品价格和边际成本之比。金融科技提升出口定价能力进而提高产品加成率，即：

$$\frac{\partial \mu_i}{\partial w_i} = \frac{\partial p_i}{\partial w_i} \frac{\partial \mu_i}{\partial p_i} > 0 \qquad (2\text{-}21)$$

式（2-21）表明，其他条件不变时，金融科技提高了企业的产品定价能力，从而提高了企业加成率。

出口产品成本是影响出口产品加成率的另一重要因素。金融科技的"数字技术赋能效应"和"数据要素配置效应"亦可以提高企业的全要素生产率（宋敏等，2021；Luo 等，2022），降低生产边际成本，最终提高企业出口产品的加成率。首先，金融科技的广泛应用与蓬勃发展有利于完善金融体系，缓解融资约束，为企业提供高效透明的融资路径，节省中介费用，帮助企业获得开展投资活动所需的资金。一方面，提高资金的可获得性便于企业增加固定资产投资（冯智杰和刘丽珑，2021），扩大生产规模，产生规模效益。另一方面，资金的流入促进企业扩大对高质量人力资本与生产技术的投资，促进科技向生产力转化（巴曙松等，2020），改进生产技术，提高全要素生产率（Hall 等，2010），降低生产的边际成本，带来更高的加成率。其次，金融科技的发展降低了银企间的信息不对称，提高了信息透明度。企业可借此调整投资行为，合理投资固定资产，抑制投资过度和缓解投资不足（何涌和林敏，2023），提高投资效率（林文玲和杨贵兴，2023），优化各项资源配置，进而提高企业的生产效率，降低生产边际成本，提高出口产品加成率，即：

$$\frac{\partial \mu_i}{\partial w_i} = \frac{\partial c_i}{\partial w_i} \frac{\partial \mu_i}{\partial c_i} > 0 \tag{2-22}$$

式（2-22）表明，其他条件不变时，金融科技降低了企业的边际成本，从而提高了企业加成率。综上所述，可得：

$$\frac{\partial \mu_i}{\partial w_i} = \frac{\partial c_i}{\partial w_i} \frac{\partial \mu_i}{\partial c_i} + \frac{\partial p_i}{\partial w_i} \frac{\partial \mu_i}{\partial p_i} > 0 \tag{2-23}$$

式（2-23）意味着，金融科技通过提高企业产品定价能力和降低生产边际成本促进企业加成率的提升。

然而，同样令本书感兴趣的问题是，金融科技对出口和内销企业加成率的影响有何异同？如果影响方向相同，那么孰大孰小？首先，本书拟从理论上寻找答案。令考虑金融科技作用下的企业边际成本为 $c(w)$ 时，由利润最大化条件可知，在国际市场和国内市场上的均衡成本加成率分别可以表示为：

$$\mu_f(w) = \tau(c_f - c(w))/2 ; \quad \mu_h(w) = (c_h - c(w))/2 \tag{2-24}$$

式中，$\mu_f(w)$和$\mu_h(w)$分别表示考虑金融科技作用下企业在国际和国内市场上的加成率；$c_f = \sup\{c: \prod_f > 0\}$代表企业在国际市场存活的成本上限（亦即出口生产率下限$\varphi_f$）；$c_h = \sup\{c: \prod_h > 0\}$代表企业在国内市场存活的成本上限（亦即内销生产率下限$\varphi_h$）；边际成本$c = 1/\varphi$，即生产率$\varphi$的倒数，且生产率由企业随机抽取（draw）得到；$\tau$为企业出口需支付的贸易成本。假设$c_f$、$c_h > c$，企业在国际或国内市场上加成率的大小取决于边际成本$c$、出口成本上限$c_f$或内销成本上限$c_h$以及贸易成本$\tau$。显然，当$c_f$、$c_h$和$\tau$被给定时，边际成本$c$越低，则加成率$\mu_f$和$\mu_h$越高。

由式（2-24）可知，若要$\mu_f(w) > \mu_h(w)$，即国际市场（出口）加成率高于国内市场（内销）加成率，需满足条件：

$$\tau[c_f - c(w)] > [c_h - c(w)] \tag{2-25}$$

不难发现，当$c_f(w) > c_h(w)$且$\tau$较大时，式（2-25）成立。此外，参考Melitz和Ottaviano（2008）模型，企业进入或退出市场的边际成本上限$c_s$可以表示为：

$$c_s = \Psi(L^s)^{-1/(k+2)}, \quad s = h, f \tag{2-26}$$

式（2-26）中，$\Psi = [2\gamma(k+1)(k+2)(1-\tau^{-k})(1-\tau^{-2k})(c_M)^k f_E]^{1/(k+2)}$，并且$k > 0$表示企业抽取（draw）生产率时的帕累托分布（Pareto distributions）离散系数，$c_M$表示分布区间上限，$f_E$表示企业进入市场的固定成本。此外，$L^f$和$L^h$分别为国际和国内市场规模。此外，假定$L^f > L^h$，即通常情况下，国际市场规模大于国内市场规模（黄先海等，2016）。由式（2-26）可得，企业进入或退出市场的边际成本上限（$c_s$）与市场规模（$L^s$）呈负相关关系，即$\partial c_s/\partial L^s = -1/(k+2)\Psi(L^s)^{-(k+3)/(k+2)} < 0$。由于$L^f > L^h$，所以国际市场中的边际成本上限$c_f$较低，这意味着国际市场竞争激烈，因而导致出口企业加成率较低，即"竞争效应"（competitive effect）；与此相反，内销企业加成率较高（刘啟仁和黄建忠，2015）。

实证中，可以通过检验企业在国际和国内市场上的定价差异来反映"竞争效应"是否存在。定价公式可以表示为：

$$p_f(w) = \tau[c_f + c(w)]/2; \quad p_h(w) = [c_h + c(w)]/2 \tag{2-27}$$

由式（2-27）可知，国际市场的"竞争效应"导致 $c_f$ 较低而 $c_h$ 较高，则当贸易成本 $\tau$ 足够小时，出口定价 $p_f$ 会低于内销定价 $p_h$。一般而言，企业层面的价格由出口与内销份额加权得到，即企业平均价格为：

$$\bar{p}(w) = s_f p_f(w) + (1-s_f) p_h(w) \tag{2-28}$$

式（2-28）中，$s_f$ 为出口份额。纯出口企业（$s_f=1$）的价格为 $p_f(w)$，内销企业（$s_f=0$）的价格为 $p_h(w)$。因此，$s_f$ 越大，价格 $\bar{p}(w)$ 更偏向于由出口定价 $p_f(w)$ 给出。若给定企业自身的边际成本且当贸易成本足够小时，"竞争效应"就越大，便越容易引发企业在国际市场上竞相压价，导致企业的出口价格低于内销价格。并且出口份额越大，企业出口定价就越低。

然而，出口通常需要支付较高的贸易成本 $\tau$。只有生产率水平较高或边际成本上限 $c_f$ 较低的企业，才能克服这一成本进入国际市场。而生产率水平较低或边际成本上限 $c_f$ 较高的企业可能被迫退出国际市场，从而致使出口企业具有更高的平均生产率 $\bar{\varphi}$ 或更低的平均边际成本 $\bar{c}$。由式（2-24）可知，出口企业更高的平均生产率会带来国际市场上的更高出口加成率 $\mu_f$，即"选择效应"（selection effect）。若给定企业自身的边际成本和贸易成本且当进入或退出机制通畅时，"选择效应"更大。

金融科技能够促进企业进行研发创新行为，降低企业边际成本，容易引发较高生产率的企业进入国际市场，从而导致出口企业具有更高的平均生产率，这又会带来国际市场上更高的出口定价。并且出口份额越大，企业出口定价就越高。与定价相似，企业层面的加成率可由企业出口和内销份额加权平均得到，即：

$$\bar{\mu}(w) = s_f \mu_f(w) + (1-s_f) \mu_h(w) \tag{2-29}$$

式中，$\mu_f(w)$ 为纯出口企业（$s_f=1$）的加成率，$\mu_h(w)$ 为内销企业（$s_f=1$）的加成率。

综上所述，给定企业自身的边际成本和贸易成本，当进入或退出机制通畅时，"选择效应"占主导地位，金融科技对出口企业加成率的影响较大；当进入或退出机制受阻时，"竞争效应"占主导地位，金融科技对内销企业加成率的影响较大。并且出口份额越大，上述影响也越大。

基于上述分析，本书提出：

H6：金融科技能够促进企业出口产品加成率的提升。

### 七、金融科技与中国企业出口国内增加值率

制造业出口中的国内增加值率（Domestic Value Added Ratio，DVAR）是学术界判断一国在全球价值链（Global Value Chain，GVC）中的层级地位和贸易真实利得的重要标准（Koopman 等，2012；Upward 等，2013；张杰等，2013b；Kee 和 Tang，2016）。从中国企业参与全球价值链的情况来看，中国存在大量以低端要素嵌入的加工贸易，获益有限。在国内产业数字技术融合和全球价值链嵌入的互动过程中，值得关注的问题是：金融科技对身陷全球价值链"低端锁定"的中国企业的出口国内增加值率会产生何种影响？金融科技能否赋能中国出口企业，提高其出口国内增加值率？是否有助于中国制造业转型升级？如果答案是肯定的，背后的作用机制和实现路径又是怎样的？对上述问题的解答有助于探索中国贸易高质量发展的内驱动力。

（一）企业出口国内增加值率的影响因素

本书拟将金融科技纳入到 Kee 和 Tang（2016）异质性企业模型中，考察企业出口国内增加值率的影响因素。参考 Halpern 等（2015）定义生产函数为 Cobb-Douglas 形式：

$$Y = AK^{\alpha}L^{\beta}M^{\gamma} \tag{2-30}$$

式中，$Y$、$A$、$K$、$L$ 和 $M$ 分别表示总产出、标准的希克斯中性效率函数、资本投入、劳动投入与中间品投入；$\alpha$、$\beta$ 和 $\gamma$ 分别表示资本、劳动和中间品的产出弹性，皆大于 0 并且 $\alpha+\beta+\gamma=1$。借鉴 Kee 和 Tang（2016），把中间投入品划分为进口与国内两类，则式（2-30）中 $M$ 可表示为：

$$M = \left( M_i^{\frac{\sigma-1}{\sigma}} + M_d^{\frac{\sigma-1}{\sigma}} \right)^{\frac{\sigma}{\sigma-1}} \tag{2-31}$$

式中，$M_i$ 和 $M_d$ 分别表示进口和国内中间投入品，$\sigma$ 表示两类投入品的替代弹性，且 $\sigma>1$。令企业在某一时期的资本、劳动、进口和国内中间投入品的平均价格依次为 $r$、$w$、$P_i$、$P_d$，可得中间投入品的价格指数表达式为：

$$P_m = \left( P_i^{1-\sigma} + P_d^{1-\sigma} \right)^{\frac{1}{1-\sigma}} \tag{2-32}$$

按成本最小化原则生产的企业单位产出总成本可表示为：

$$C(r,\ w,\ P_i,\ P_d,\ Y)=\frac{Y}{A}\left(\frac{r}{\alpha}\right)^{\alpha}\left(\frac{w}{\beta}\right)^{\beta}\left(\frac{P_m}{\gamma}\right)^{\gamma},\ \gamma=\frac{P_m\times M}{C} \tag{2-33}$$

基于式（2-33）可得生产每单位产品的边际成本表达式：

$$c=\frac{\partial C}{\partial Y}=\frac{1}{A}\left(\frac{r}{\alpha}\right)^{\alpha}\left(\frac{w}{\beta}\right)^{\beta}\left(\frac{P_m}{\gamma}\right)^{\gamma} \tag{2-34}$$

结合式（2-33）与式（2-34），可得：

$$Y=\frac{C}{\frac{1}{A}\left(\frac{r}{\alpha}\right)^{\alpha}\left(\frac{w}{\beta}\right)^{\beta}\left(\frac{P_m}{\gamma}\right)^{\gamma}}=\frac{P_m\times M}{\gamma c} \tag{2-35}$$

联合式（2-35），进口中间品支出在总收益中所占的份额可表示为：

$$\frac{P_i\times M_i}{PY}=\frac{1}{P}\frac{P_i\times M_i}{\dfrac{P_m\times M}{\gamma c}}=\gamma\frac{c}{P}\frac{P_i\times M_i}{P_m\times M} \tag{2-36}$$

式（2-36）中，右侧第二项含义为成本加成率 $\mu\,(=P/c)$ 的倒数；第三项 $\dfrac{P_i\times M_i}{P_m\times M}$ 含义为中间投入品支出中进口所占的比重，可由求解中间投入品支出最小化得到（耿伟和杨晓亮，2019a）：

$$\min P_i\times M_i+P_d\times M_d,\qquad \text{s. t. } M=\left(M_d^{\frac{\sigma-1}{\sigma}}+M_i^{\frac{\sigma-1}{\sigma}}\right)^{\frac{\sigma}{\sigma-1}} \tag{2-37}$$

求解式（2-37），并代入式（2-36），可得：

$$\frac{P_i\times M_i}{PY}=\gamma\times\frac{1}{\mu}\times\left[1+\left(\frac{P_i}{P_d}\right)^{\sigma-1}\right]^{-1} \tag{2-38}$$

由于 $\dfrac{P_i\times M_i}{PY}+\dfrac{P_d\times M_d}{PY}=1$，因此企业出口国内增加值率可表示为：

$$DVAR=1-\frac{P_i\times M_i}{PY}=1-\gamma\times\frac{1}{\mu}\times\left[1+\left(\frac{P_i}{P_d}\right)^{\sigma-1}\right]^{-1} \tag{2-39}$$

由式（2-39）可以观察到，成本加成率（$\mu$）、进口与国内中间品相对价格（$P_i/P_d$）是影响企业出口国内增加值率（$DVAR$）两个重要渠道。对 $\mu$ 和 $P_i/P_d$ 求一阶偏导数得：

$$\frac{\partial DVAR}{\partial\mu}=\gamma\times\frac{1}{\mu^2}\left[1+(P_i/P_d)^{\sigma-1}\right]^{-1}>0 \tag{2-40}$$

$$\frac{\partial DVAR}{\partial (P_i/P_d)} = \frac{\gamma}{\mu} \times (\sigma - 1) \times (P_i/P_d)^{\sigma-2} \left[ 1 + (P_i/P_d)^{\sigma-1} \right]^{-2} > 0 \qquad (2-41)$$

式（2-40）与式（2-41）表明，$\mu$ 与国内增加值率正相关，$P_i/P_d$ 与国内增加值率正相关。接下来，本章通过对出口企业成本加成率的和中间品使用两个渠道来考察金融科技对企业出口国内增加值率的影响。

（二）金融科技发展阶段功能差异性

金融科技是用云计算、大数据、区块链以及人工智能等一系列数字技术驱动的金融创新，目前在中国主要表现为金融科技公司与传统金融机构的合作（宋敏等，2021），前者运用数字技术为后者提供技术咨询、数据处理以及技术转让等服务。经由金融科技"赋能"的传统金融机构为解决银行与客户间信息不对称问题提供了更高效、更智能的技术解决方案（Gomber 等，2017），提高了金融业整体的运营效率。

然而，数字技术与金融业的融合过程并非一蹴而就。金融科技发展的不同阶段体现出来的主要功能也存在差别。当数字技术在金融领域的应用还处在较低水平、金融科技公司数量较少、为金融机构提供的业务范围有限时，金融科技的主要作用体现在"普惠性"上：一方面，人工智能、大数据等技术在传统金融机构的应用显著提高了金融服务的可得性与"定制性"，使之前传统金融机构无法兼顾的"长尾市场"也纳入客户范畴，能够更大规模聚集社会闲散资金；另一方面，智能化运营以高效便捷的方式获取企业有效信息，降低交易成本，使更多企业以较低的利息成本获得更多可用资金，从而在"量"上缓解企业融资约束，即金融的普惠性。当数字技术与金融业融合的广度和深度不断拓展时，金融科技的主要功能则体现在提升金融效率上。算法的演进、云计算金融平台和量化金融的应用，可有效整合多个信息系统，识别和分析海量数据，从而甄别研发能力强、创新价值大的优质企业并获得融资倾斜（唐松等，2019），而其他企业可获得的融资将被大幅压缩。信贷资金的集中、精准投放，是在"质"上优化信贷资源配置（宋敏等，2021）。

综上所述，金融科技发展水平较低时，主要功能在于从"量"上普惠性地缓解企业融资约束；金融科技发展水平较高时，主要功能在于从"质"上高效率地优化信贷资源配置。

（三）金融科技与出口企业成本加成率

考虑中国贸易现实，加工贸易与一般贸易企业的出口国内增加值率存在明显差异（Kee 和 Tang，2016；胡浩然和李坤望，2019），分开讨论对于理解中国出口企业国内增加值率至关重要（戴觅等，2016）。一般贸易企业具备较强的创新能力，但融资约束抑制了研发创新。企业融资约束得以缓解后更有可能将所融资金投入研发部门，一方面加强研发创新提升产品质量，增强定价能力进而提高其成本加成率（De Loecker 和 Warzynski，2012）；另一方面通过增加对先进机器设备等固定资产投资，有利于提升全要素生产率，降低生产边际成本进而提高其成本加成率。高水平金融科技"质"的影响会进一步强化这种促进作用。故金融科技对一般贸易企业的成本加成率产生正向影响，令 $\delta$ 表示金融科技发展水平、$o$ 表示一般贸易两类企业，故有 $\partial\mu^o/\partial\delta>0$。结合式（2-39），则有：

$$\frac{\partial DVAR^o}{\partial\delta}=\frac{\partial\mu^o}{\partial\delta}\frac{\partial DVAR^o}{\partial\mu^o}>0 \tag{2-42}$$

式（2-42）的经济含义为：金融科技通过提升一般贸易企业的成本加成率促进其出口国内增加值率上升。

强融资约束会使企业在贸易方式选择上放弃流动性需求更大的一般贸易（刘晴等，2017）。对于专注加工组装环节的加工贸易企业而言[1]，金融科技"量""质"的影响具有较大的差异性。当金融科技发展处于低水平时，"量"的效应有助于缓解其外源融资约束，但"普惠性"的特征并不足以弥补产品创新不确定性引致的风险，因而加工贸易企业更可能将资金用于生产规模的扩张。随着产品供给持续增加，市场竞争加剧可能导致产品价格下跌，因而成本加成率随之下降（De Loecker 和 Warzynski，2012）；当金融科技发展达到较高水平时，"质"的效应会将信贷资源集中于创新意愿较强的优质加工贸易企业，增加其固定资产投资进行技术升级，提升全要素生产率（侯层和李北伟，2020；宋敏等，2021），从而降低边际生产成本、提高加成率；技术升级还可以提升产品质量、实现产品升级，增强产品定价能力、提高加成率。综上所述，金融科技对加工贸易企业的成本加成率产生"先抑制后提升"的"U 形"影响，令上标 $p$ 表示加工贸易企

---

[1] 由于混合贸易企业无论是加工密集度还是出口国内增加值率均与加工贸易企业较为接近（邵朝对和苏丹妮，2019），故本章将混合贸易企业归为加工贸易企业。

业，即：

$$\frac{\partial^2 \mu^p}{\partial \delta^2} > 0 \tag{2-43}$$

联合式（2-40），则有：

$$\frac{\partial^2 DVAR^p}{\partial \delta^2} = \frac{\partial^2 \mu^p}{\partial \delta^2} \frac{\partial DVAR^p}{\partial \mu^p} > 0 \tag{2-44}$$

式（2-44）意味着：金融科技通过对加工贸易企业成本加成率"U形"的影响进而作用于企业出口国内增加值率。

对于国内中间品生产企业而言[1]，金融科技"量"的影响主要在于普惠性地降低企业融资成本，促进其扩大生产规模，竞争效应引致价格下降有助于对同类进口中间品的替代；而"质"的影响主要在于大规模的信贷资金集中于研发能力强的优质企业，促进中间品研发创新，从而增加种类和提升质量，竞争力的提升有助于对高质量进口中间品的替代。通常经济模型中假定国外因素为常数或参照，本章亦延续这一设定[2]，则有：

$$\frac{\partial (P_i / P_d)}{\partial \delta} > 0 \tag{2-45}$$

式（2-45）的经济含义为：金融科技发展促进了国内中间品对进口中间品的替代能力，即提升了进口与国内中间品的相对价格。

一般贸易企业参与了价值链的多个环节，出口市场主要依靠自身开拓，因而对于中间品的使用遵循"价格优先"原则，因此金融科技"量""质"的效应都会使企业选择更多的国内中间品替代进口中间品。令 $\lambda$ 表示国内中间品的使用比率，当金融科技引致中间品的相对价格上升时，则有：

$$\frac{\partial \lambda^o}{\partial (P_i / P_d)} > 0 \tag{2-46}$$

因此，对于一般贸易企业，金融科技促进了其对国内中间品的使用比率，即：

---

① 金融科技对最终品生产企业的影响逻辑与中间品基本一致，不再赘述。

② 进口中间品价格主要由国际市场的供求决定，通常认为一国难以对其产生决定性影响。金融科技在信息匹配方面的功能有助于企业搜索到最优中间品价格，但并不能对价格造成实质性影响。因此本章假定进口中间品价格为常数具有合理性，并不影响本章的研究结论。

$$\frac{\partial \lambda^o}{\partial \delta} = \frac{\partial (P_i/P_d)}{\partial \delta} \frac{\partial \lambda^o}{\partial (P_i/P_d)} > 0 \qquad (2\text{-}47)$$

结合式（2-41），则有：

$$\frac{\partial DVAR^o}{\partial \delta} = \frac{\partial \lambda^o}{\partial \delta} \frac{\partial (P_i/P_d)}{\partial \lambda^o} \frac{\partial DVAR^o}{\partial (P_i/P_d)} > 0 \qquad (2\text{-}48)$$

式（2-48）意味着：金融科技通过提高进口与国内中间品的相对价格，促使一般贸易企业增加国内中间品使用比率，进而提升其出口国内增加值率。

中国加工贸易的发展伴随着外资企业的进入，利用劳动力要素价格低和出口市场成熟的优势，使加工贸易企业聚焦于加工装配环节，具有原材料与市场"两头在外"的特点。对出口产品质量的要求约束了加工贸易企业生产时所使用的中间品质量，故当国内中间品质量低于进口时，遵循"质量优先"原则；当国内中间品质量与进口相当时，遵循"价格优先"原则。因此，当金融科技低水平发展时，国内中间品的质量可能无法满足加工贸易企业的需求，国内中间品使用比率不变甚至下降；只有当金融科技高水平发展时，国内中间品的质量将会大幅提升及价格相似或更低，对进口中间品的替代效应增强，才可能提高国内中间品的使用比率，逐步向一般贸易方式转型升级（胡浩然和李坤望，2019）。因此，对于加工贸易企业，有：

$$\frac{\partial^2 \lambda^p}{\partial (P_i/P_d)^2} > 0 \qquad (2\text{-}49)$$

式（2-49）的经济含义为：当进口与国内中间品的相对价格上升时，加工贸易企业的国内中间品使用比率呈现出"U形"变化。换言之，金融科技对加工贸易企业国内中间品使用比率呈现出"先不变（或下降）后上升"的"U形"影响。即：

$$\frac{\partial^2 \lambda^p}{\partial \delta^2} = \frac{\partial (P_i/P_d)}{\partial \delta} \frac{\partial^2 \lambda^p}{\partial (P_i/P_d)^2} > 0 \qquad (2\text{-}50)$$

结合式（2-50），则有：

$$\frac{\partial^2 DVAR^p}{\partial \delta^2} = \frac{\partial^2 \lambda^p}{\partial \delta^2} \frac{\partial^2 (P_i/P_d)}{\partial \lambda^p} \frac{\partial DVAR^p}{\partial (P_i/P_d)} > 0 \qquad (2\text{-}51)$$

式（2-51）意味着：金融科技通过提高进口与国内中间品的相对价格，对加工贸易企业国内中间品使用比率呈现出"先不变（或下降）后上升"的"U形"影响，进而对出口国内增加值率产生"U形"非线性影响。

综合式（2-43）与式（2-48），则有：

$$\frac{\partial DVAR^o}{\partial \delta}=\frac{\partial \mu^o}{\partial \delta}\frac{\partial DVAR^o}{\partial \mu^o}+\frac{\partial \lambda^o}{\partial \delta}\frac{\partial (P_i/P_d)}{\partial \lambda^o}\frac{\partial DVAR^o}{\partial (P_i/P_d)}>0 \qquad (2-52)$$

式（2-52）意味着：对于一般贸易企业，金融科技通过成本加成率和中间品相对价格渠道对企业出口国内增加值率产生正向线性影响。

综合式（2-45）和式（2-51），则有：

$$\frac{\partial^2 DVAR^p}{\partial \delta^2}=\frac{\partial^2 \mu^p}{\partial \delta^2}\frac{\partial DVAR^p}{\partial \mu^p}+\frac{\partial^2 \lambda^p}{\partial \delta^2}\frac{\partial^2 (P_i/P_d)}{\partial \lambda^p}\frac{\partial DVAR^p}{\partial (P_i/P_d)}>0 \qquad (2-53)$$

式（2-53）意味着：对于加工贸易企业，金融科技通过成本加成率和中间品相对价格渠道对企业出口国内增加值率产生"U形"非线性影响。

基于上述分析，本书提出：

H7：金融科技对于一般贸易企业出口国内增加值率为正向影响，对于加工贸易企业出口国内增加值率产生"U形"影响，故金融科技对企业出口国内增加值率的影响取决于二者的综合效应。

# 第四节　本章小结

基于文献的梳理，本书得出"数字技术赋能效应"和"数据要素配置效应"是金融科技影响中国企业外贸高质量发展的两个重要渠道。从进口和出口两个方向深入到外贸高质量发展的内涵，包括进出口贸易结构、进出口产品质量、出口产品技术复杂度、出口产品加成率以及出口国内增加值率，提出金融科技影响企业外贸高质量发展的7个研究假说，具体为：假说H1金融科技能够促进企业进口贸易结构的优化；假说H2金融科技能够促进企业进口产品质量的提升；假说H3金融科技能够促进企业出口贸易结构的优化；假说H4金融科技能够促进企业出口产品质量的提升；假说H5金融科技能够促进企业出口技术复杂度的提升；假说 H6 金融科技能够促进企业出口产品加成率的提升；假说 H7 金融科技对于一般贸易企业出口国内增加值率为正向影响，对于加工贸易企业出口国内增加值率产生"U 形"影响，故金融科技对企业出口国内增加值率的影响取决于二者的综合效应。

# 第三章 金融科技与中国企业进口贸易结构

当前，数字经济在我国经济发展中最为活跃，与经济社会的各个领域不断融合演变。特别是数字技术在金融领域的应用步伐加快，金融科技所包含的底层技术及其衍生的新业态尤为引人注目。《中国金融科技运行报告（2020）》显示，2015~2019年全球金融科技投融资金额从649亿美元增至1503亿美元，年均增速达23.4%。中国内地金融科技投融资发展迅速，在2018年达到高峰，约250亿美元，已成为全球重要的区域科技创新中心①。数字技术驱动下的金融科技发展为提升企业进口贸易结构增添了新动力，成为数字经济时代背景下提升国民福利、推动中国对外贸易高质量发展的新引擎。那么，金融科技对企业进口贸易结构影响效果究竟有多大？通过哪些渠道产生影响？回答好上述问题，对于实施数字中国战略、促进贸易高质量发展、加快实现共同富裕皆具有重要的现实意义。

## 第一节 扩展边际还是集约边际

金融科技是否优化了中国企业进口贸易结构？基于进口扩展边际和集约边际

---

① 杨涛，贲圣林，杨东，等. 中国金融科技运行报告（2020）[M]. 北京：社会科学文献出版社，2020.

两个维度进行考察，金融科技对二者的影响效果是否显著？影响方向是否相同？如果方向相同的话，相对而言影响效果孰大孰小？

为了回答上述问题，本书利用 CSMAR 上市公司数据库和中国海关贸易数据库，对 2011～2016 年金融科技、进口扩展边际（采用产品—进口来源国对数衡量）和进口集约边际（采用产品—进口来源国平均进口额衡量）进行测算后[1]，首先，本书图 3-1 呈现了金融科技与中国企业进口扩展边际对比的时间趋势。通过对比发现，2011～2016 年金融科技曲线呈稳步上升趋势。其中，仅 2014 年相对 2013 年金融科技指数有所下降，但仍然高于 2012 年水平，可以认为是金融科技发展过程中的正常调整。而企业进口扩展边际曲线则呈"M 形"波动上升趋势。其中产品—来源国对数在 2014 年和 2016 年皆较前一年有所下降，但皆高于 2012 年水平，由于企业进口的目的，或者是进口消费品用于提升居民福利，或者是进口中间品与资本品用于生产为本国或外国消费者福利，那么可支配收入或可动用的资金起到关键作用。除 2016 年外，金融科技与中国企业进口扩展边际的变化趋势基本一致。基于"共同"上升趋势的基本特征，本书预期金融科技与企业进口扩展边际具有正相关关系。

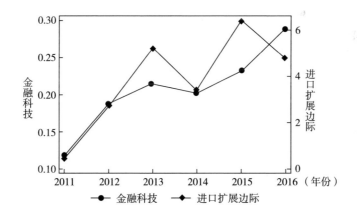

**图 3-1　2011～2016 年金融科技与企业进口扩展边际时间趋势对比**

资料来源：CSMAR 上市公司数据库、中国海关贸易数据库。

其次，本书图 3-2 呈现了金融科技与中国企业进口集约边际对比的时间趋势

---

[1]　详见本章第二节。

图。通过对比发现，企业进口集约边际曲线亦呈"M 形"波动上升趋势，与企业进口扩展边际曲线的趋势基本一致。同样基于"共同"上升趋势的基本特征，金融科技与中国企业进口集约边际可能具有正相关关系。

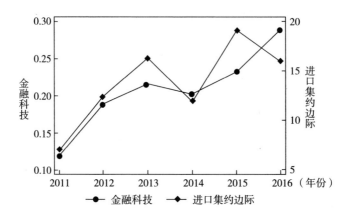

**图 3-2　金融科技与企业进口集约边际时间趋势对比**

资料来源：CSMAR 上市公司数据库、中国海关贸易数据库。

再次，图 3-3 显示了金融科技与中国企业进口扩展边际之间关系的线性拟合图。通过观察发现，金融科技与中国企业进口扩展边际之间关系的拟合线向右上方倾斜，意味着金融科技可能显著促进了中国企业进口扩展边际的提升，其结果与前文时间趋势对比结果相互印证，初步验证了研究假说 H1。

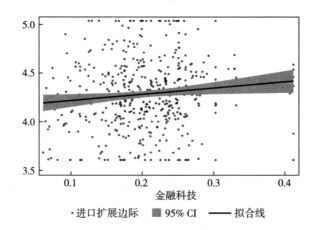

**图 3-3　金融科技与企业进口扩展边际线性拟合图**

资料来源：CSMAR 上市公司数据库、中国海关贸易数据库。

最后，图3-4显示了金融科技与中国企业进口集约边际之间关系的线性拟合图。通过观察发现，金融科技与中国企业进口集约边际之间关系的拟合线亦向右上方倾斜，意味着金融科技可能显著地促进了中国企业进口集约边际的提升，其结果与前文时间趋势对比结果相互印证，部分验证了研究假说1。然而，通过对比图3-3和图3-4，本书亦发现，与企业进口扩展边际拟合曲线相比，企业进口集约边际的拟合线截距项较小，拟合曲线斜率较低，表现出较为平缓的特征，因此本书预期金融科技对中国企业进口扩展边际的影响将大于对进口集约边际。接下来，本书将使用更为精确的计量方法检验金融科技对中国企业进口贸易结构的影响效果及作用机制。

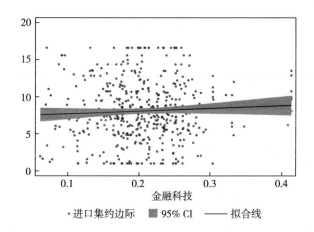

**图3-4　金融科技与企业进口集约边际线性拟合图**

资料来源：CSMAR上市公司数据库、中国海关贸易数据库。

# 第二节　对进口贸易结构的影响效果检验

## 一、计量模型设定

借鉴已有研究，本书计量模型设定如下：

$$IMPS_{jicht} = \alpha_0 + \alpha_1 \times FinTech_{jt} + \gamma \times FC_{jit} + \delta \times RC_{jt} + \varphi_{ich} + \varphi_t + \varepsilon_{jicht} \qquad (3-1)$$

式中，$j$、$i$、$c$、$h$ 和 $t$ 分别为地区、企业、进口来源国、HS8 位码产品和年份；$IMPS$ 为企业进口贸易结构；$FinTech$ 为地区金融科技发展水平；$FC$ 和 $RC$ 分别为企业和地区层面的控制变量；$\varphi_{ich}$ 和 $\varphi_t$ 分别为企业—来源国—产品固定效应和年份固定效应；$\varepsilon_{jicht}$ 为随机扰动项；$\alpha_1$ 是本书最为感兴趣的部分，当 $\alpha_1$ 显著大于 0 时，意味着金融科技显著促进了企业进口产品结构的优化。

**二、变量选取与测度**

（一）金融科技发展水平（FinTech）

已有研究关于金融科技的测度指标多为单一维度指标，如李春涛等（2020）通过网络爬虫技术用百度新闻高级检索金融科技相关关键词（包括大数据金融、人工智能金融、区块链金融和量化金融四个方面的 48 个关键词）的结果数量构建城市金融科技发展指数（以下简称热词指标）；宋敏等（2021）使用金融科技公司数量构建城市金融科技发展指标（以下简称科企指标），以及郭峰等（2020）使用北京大学普惠金融指数中的城市金融深度指数衡量（以下简称北普指标）。为了合理测度城市金融科技发展，本书综合考虑以上三类指标，参考赵涛等（2020）的方法，对其标准化后利用主成分分析方法进行降维处理，获得 208 个城市的金融科技综合指标，记为 FinTech。

（二）企业进口贸易结构（IMPS）

借鉴已有文献，使用两种方式衡量。其一为扩展边际（EXMI），即企业进口产品—来源国对的数量，取自然对数进入计量方程。其二为集约边际（INMI），即企业进口产品—来源国对的平均进口额，取自然对数进入计量方程。

（三）控制变量

1. 企业层面控制变量

企业规模（Fsize），取自然对数的企业年末总资产；企业年龄（Fage），取自然对数的企业上市年数；企业现金流（Fcash），企业经营活动中产生的现金流量净值与年末总资产的比值；企业资产负债率（Flev），企业年末总负债与总资产之比；企业资产回报率（Froa），企业年末净利润与总资产之比；企业董事会独立性（Find），独立董事占董事会人数的比重；民营企业虚拟变量（Fpoe），即按照上市公司股权性质分类，当企业类型为民营企业时取值为 1，否则为 0。

2. 城市层面控制变量

城市金融发展水平（Cfdev），城市金融业产值占 GDP 的比重；城市经济发展水平（Cedev），城市 GDP 增长率；城市空间关联水平（Cf200），城市周边 200 千米以内非本市金融科技公司数目，加 1 后取自然对数。

（四）中介变量

1. 企业融资约束（SA）

参考 Hadlock 和 Piere（2010）的做法，使用如下公式测度：

$$SA = -0.737 \times Fsize + 0.043 \times Fsize^2 - 0.04 \times Fage \tag{3-2}$$

以 SA 指数为企业融资约束的代理指标。SA 指数为负，取值越大，意味着企业面临的融资约束程度越高。

2. 银企信息不对称（ASY）

参考于蔚等（2012），选取流动性比率、非流动性比率和反转指标的第一主成分作为代理指标，其值越大意味着信息不对称越严重。

（五）数据说明

本书实证部分使用了 2011～2016 年多个数据库的合并数据。其中，企业层面指标测度数据来自国泰安（CSMAR）和万得（Wind）上市公司数据；产品层面指标测度数据来自中国海关贸易数据库；城市层面指标测度数据来自《中国城市统计年鉴》。在匹配上市公司与海关贸易数据时，借鉴寇宗来和刘学悦（2020）方法，综合使用精确匹配和模糊匹配两种方法。此外，参照已有研究，本书删除了金融类公司样本和主要变量缺失的样本，并对所有连续变量进行双侧 1% 的缩尾处理。表 3-1 呈现了主要变量的描述性统计。

表 3-1　主要变量描述性统计

| 变量 | 观测值 | 均值 | 标准差 | 最小值 | 中值 | 最大值 |
|---|---|---|---|---|---|---|
| EXMI | 1794 | 3.242 | 1.683 | 0.000 | 3.367 | 7.994 |
| INMI | 1794 | 13.023 | 1.571 | 6.028 | 13.086 | 19.860 |
| FinTech | 1794 | 0.222 | 0.064 | 0.062 | 0.225 | 0.413 |
| Fsize | 1794 | 23.911 | 1.179 | 19.731 | 24.089 | 26.054 |

续表

| 变量 | 观测值 | 均值 | 标准差 | 最小值 | 中值 | 最大值 |
|---|---|---|---|---|---|---|
| Fage | 1794 | 1.916 | 0.749 | 0.000 | 1.946 | 3.178 |
| Fcash | 1794 | 0.041 | 0.065 | −0.164 | 0.040 | 0.235 |
| Flev | 1794 | 0.401 | 0.206 | 0.048 | 0.382 | 0.883 |
| Froa | 1794 | 0.041 | 0.044 | −0.118 | 0.036 | 0.193 |
| Fgro | 1794 | 0.145 | 0.342 | −0.486 | 0.100 | 3.705 |
| Find | 1794 | 0.369 | 0.052 | 0.333 | 0.333 | 0.571 |
| Fpoe | 1794 | 0.639 | 0.480 | 0.000 | 1.000 | 1.000 |
| Cfdev | 1794 | 0.127 | 0.032 | 0.026 | 0.134 | 0.171 |
| Cedev | 1794 | 0.111 | 0.025 | 0.035 | 0.115 | 0.173 |
| Cf200 | 1794 | 4.649 | 1.723 | 0.693 | 4.898 | 9.321 |

资料来源：笔者计算整理。

### 三、实证分析汇报

前文典型化事实显示了金融科技对企业进口贸易结构影响的初步结果，接下来进行更为精确的计量分析。

（一）基准回归分析

表3-2显示了金融科技对企业进口贸易结构影响的基准回归结果。第一列和第三列是在控制了企业—来源国—产品固定效应和年份固定效应后，仅考虑金融科技与企业进口贸易结构之间关系的估计结果。不难发现金融科技显著地促进了企业进口扩展边际的优化，而企业进口集约边际的估计系数虽然为正，但在10%的水平不显著异于0，即金融科技未能显著促进企业进口集约边际的优化。第二列和第四列是加入了所有控制变量后的估计结果，与未加入控制变量时的估计结果基本一致。之所以金融科技未能显著促进企业进口集约边际的优化，可能的原因是，中国进口企业更加注重进口产品和市场的多元化，进口额的增速低于产品与市场的增速，因而对产品—来源国平均进口额的影响不显著。

表3-2　金融科技对企业进口贸易结构的影响

| 变量 | (1) | (2) | (3) | (4) |
| --- | --- | --- | --- | --- |
| | EXMI | EXMI | INMI | INMI |
| FinTech | 1.8994** | 1.5908** | 0.1019 | 0.0270 |
| | (2.57) | (2.05) | (0.09) | (0.03) |
| Fsize | | 0.1352 | | -0.2621 |
| | | (0.99) | | (-1.40) |
| Fage | | -0.4113*** | | -0.4013* |
| | | (-3.26) | | (-1.90) |
| Fcash | | -0.5733 | | -1.1829* |
| | | (-1.07) | | (-1.94) |
| Flev | | 0.3368 | | 1.9847*** |
| | | (1.04) | | (4.03) |
| Froa | | 1.2730 | | 2.9554** |
| | | (1.16) | | (2.21) |
| Fgro | | -0.0630 | | -0.1694 |
| | | (-0.97) | | (-1.24) |
| Find | | 0.0131 | | -1.4413 |
| | | (0.02) | | (-1.36) |
| Fpoe | | 0.2090 | | 0.1584 |
| | | (0.65) | | (0.58) |
| Cfdev | | -1.6492 | | 0.2058 |
| | | (-0.37) | | (0.05) |
| Cedev | | 1.5376 | | 2.0789 |
| | | (0.97) | | (0.92) |
| Cf200 | | 0.3998 | | 0.4262 |
| | | (1.64) | | (1.41) |
| _cons | 4.2648*** | -0.2010 | 13.0164*** | 17.4339*** |
| | (25.74) | (-0.06) | (54.04) | (3.66) |
| Fixed Effect | Yes | Yes | Yes | Yes |
| N | 1794 | 1794 | 1794 | 1794 |
| $R^2$ | 0.96 | 0.96 | 0.90 | 0.90 |

注：*、**和***分别表示10%、5%和1%的显著性水平；Fixed Effect 包括企业—来源国—产品和年份固定效应；括号内为经过城市聚类稳健标准误调整后的 t 值。

（二）内生性问题处理

1．"双向因果"问题

双向因果关系导致的内生性问题会严重地影响实证结论的可信性。尽管本书中金融科技和企业进口贸易结构分别属于地区和企业两个层面，微观企业层面的变量波动很难影响中观地区层面的变量变动，但为了稳健起见，本书使用工具变量法予以控制可能存在的内生性问题。

参照宋敏等（2021）的做法，使用省内 GDP 最接近企业注册地的三个其他城市金融科技发展水平的均值（*Fother*3）作为工具变量。就相关性而言，省内城市 GDP 越相近，则城市在金融机构选址、经济发展水平和经济结构等方面越相似（宋敏等，2021）；就外生性而言，省内 GDP 相近的城市金融科技发展水平很难直接影响目标城市内企业进口贸易结构，即使存在相邻城市可能的"空间溢出效应"，本书亦通过加入变量 Cf200 予以控制。因此，本书选取的工具变量满足相关性和外生性假定。以企业进口扩展边际为例，表 3-3 汇报了使用两阶段最小二乘法（2SLS）进行内生性检验的结果。第一列显示了 2SLS 第一阶段的估计结果，发现工具变量（*Fother*3）显著地促进了目标地区的金融科技发展水平提升，表明二者具有显著的相关性。第二列显示了 2SLS 第二阶段的估计结果，表明金融科技依然显著地促进了企业进口扩展边际的优化。并且通过了无法识别检验和弱工具变量检验，说明了工具变量的有效性。但相较于表 3-2 第二列的基准估计结果，金融科技的系数有所上升，意味着不考虑使用工具变量处理内生性问题，可能会低估金融科技对企业进口扩展边际的影响。考虑到影响滞后性问题，在表 3-3 的后两列汇报了滞后一期的工具变量（Fother3_lag）估计结果，发现核心结论并未实质性改变，意味着本书不存在严重的"双向因果"问题。

表 3-3  基于"双向因果"的内生性问题处理

| 变量 | (1) | (2) | (3) | (4) |
|---|---|---|---|---|
| | *IV* | | *Lag* | |
| | *FinTech* | *EXMI* | *FinTech* | *EXMI* |
| *FinTech* | | 1.6254 *** | | 1.9029 *** |
| | | (8.93) | | (11.28) |

续表

| 变量 | (1) | (2) | (3) | (4) |
|---|---|---|---|---|
| | IV | | Lag | |
| | FinTech | EXMI | FinTech | EXMI |
| Fother3 | 1.0022*** | | | |
| | (52.51) | | | |
| Fother3_lag | | | 0.1357*** | |
| | | | (10.44) | |
| Fsize | 0.0001 | 1.3190*** | −0.0025 | 0.1349 |
| | (0.01) | (3.00) | (−1.00) | (0.99) |
| Fage | −0.0481 | −0.0635 | 0.0012 | −0.4114*** |
| | (−1.83) | (−0.13) | (0.42) | (−3.26) |
| Fcash | 0.0563 | −0.2271 | 0.0085 | −0.5727 |
| | (1.56) | (−0.20) | (1.01) | (−1.07) |
| Flev | −0.0388 | 0.6919 | −0.0202** | 0.3367 |
| | (−1.16) | (0.59) | (−2.51) | (1.04) |
| Froa | −0.2155* | 1.8095 | −0.0124 | 1.2749 |
| | (−2.07) | (0.43) | (−0.97) | (1.16) |
| Fgro | −0.0062** | 0.0285 | 0.0020 | −0.0632 |
| | (−2.89) | (0.29) | (1.45) | (−0.97) |
| Find | 0.0067 | −0.5858 | 0.0325** | 0.0106 |
| | (0.26) | (−0.25) | (2.13) | (0.01) |
| Fpoe | 0.1243*** | 0.3780 | −0.0048 | 0.2089 |
| | (7.99) | (0.73) | (−1.51) | (0.65) |
| Cfdev | −0.1204 | 20.2286 | 0.0470 | −1.6533 |
| | (−0.40) | (1.34) | (0.87) | (−0.37) |
| Cedev | 0.0250 | −2.7203 | 0.0386 | 1.5304 |
| | (0.07) | (−0.26) | (0.94) | (0.96) |
| Cf200 | −0.0070 | −0.7408* | −0.0006 | 0.3989 |
| | (−0.76) | (−2.07) | (−0.13) | (1.63) |
| Fixed Effect | Yes | Yes | Yes | Yes |
| K-P LM | | 148.601 | | 118.015 |
| | | (0.0000) | | (0.0000) |

续表

| 变量 | （1） | （2） | （3） | （4） |
|---|---|---|---|---|
| | *IV* | | *Lag* | |
| | *FinTech* | *EXMI* | *FinTech* | *EXMI* |
| *C-D F* | | 5036.953 | | 1103.662 |
| | | [16.38] | | [16.38] |
| *K-P F* | | 2757.257 | | 1024.477 |
| | | [16.38] | | [16.38] |
| N | 1794 | 1794 | 1413 | 1413 |
| $R^2$ | 0.92 | 0.08 | 0.90 | 0.07 |

注：*、**和***分别表示 10%、5%和 1%的显著性水平；Fixed Effect 包括企业—来源国—产品和年份固定效应；小括号内为经过城市聚类稳健标准误调整后的 t 值。K-P LM 表示无法识别检验的 Kleibergen-Paap rk LM 统计值；C-D F 和 K-P F 表示弱工具变量检验 Cragg-Donald Wald F 和 Kleibergen-Paap rk Wald F 统计值；中括号内为 Stock-Yogo 在 10%水平上的临界值。

2. "测量误差"等内生性问题

测量误差、遗漏重要变量以及样本选择偏差都可能导致内生性问题而影响估计结果的可信性，因此本书进行如下检验：①使用熵值法（Entropy Method）测算金融科技的综合指标作为替代变量，记为 *FinTech*2，结果于第一列呈现；②加入了半径 500 千米内非本城市的金融科技企业数目（*Fin*500）作为控制变量，结果汇报于第二列；③使用 Heckman 两步法处理样本选择偏差问题，估计结果汇报于最后一列。上述检验表明本书的核心结论并未根本改变（见表 3-4）。

表 3-4　基于"测量误差"等内生性问题处理

| 变量 | （1） | （2） | （3） |
|---|---|---|---|
| | *EXMI* | | |
| | 替换自变量 | 控制空间溢出 | 样本选择偏差 |
| *FinTech*2 | 1.7801** | | |
| | (2.34) | | |
| *FinTech* | | 1.5923** | 1.5378* |
| | | (2.04) | (1.95) |
| *Fin*500 | | 0.0000 | |
| | | (0.05) | |
| *invmills* | | | 0.1837 |
| | | | (0.58) |

续表

| 变量 | (1) | (2) | (3) |
|---|---|---|---|
| | *EXMI* | | |
| | 替换自变量 | 控制空间溢出 | 样本选择偏差 |
| Fsize | 0.1301 | 0.1345 | 0.1448 |
| | (0.95) | (0.99) | (1.08) |
| Fage | −0.4018*** | −0.4108*** | −0.4091*** |
| | (−3.11) | (−3.22) | (−3.20) |
| Fcash | −0.5833 | −0.5727 | −0.5985 |
| | (−1.09) | (−1.07) | (−1.11) |
| Flev | 0.3413 | 0.3353 | 0.3452 |
| | (1.05) | (1.03) | (1.05) |
| Froa | 1.2346 | 1.2694 | 1.2407 |
| | (1.12) | (1.15) | (1.17) |
| Fgro | −0.0632 | −0.0629 | −0.0656 |
| | (−0.95) | (−0.96) | (−0.98) |
| Find | 0.0599 | 0.0085 | 0.0286 |
| | (0.07) | (0.01) | (0.03) |
| Fpoe | 0.2172 | 0.2093 | 0.2221 |
| | (0.68) | (0.65) | (0.69) |
| Cfdev | −0.9989 | −1.6642 | −1.5412 |
| | (−0.21) | (−0.37) | (−0.34) |
| Cedev | 1.4676 | 1.5277 | 1.4875 |
| | (0.91) | (0.97) | (0.98) |
| Cf200 | 0.4279* | 0.3993 | 0.3990* |
| | (1.77) | (1.63) | (1.68) |
| _cons | −0.6541 | −0.1800 | −0.5519 |
| | (−0.18) | (−0.05) | (−0.15) |
| Fixed Effect | Yes | Yes | Yes |
| N | 1794 | 1794 | 1794 |
| $R^2$ | 0.96 | 0.96 | 0.96 |

注：*、**和***分别表示10%、5%和1%的显著性水平；Fixed Effect 包括企业—来源国—产品和年份固定效应；括号内为经过城市聚类稳健标准误调整后的 t 值。

# 第三节　基于中介效应的影响机制检验

## 一、中介效应模型

令本书更感兴趣的是，金融科技通过哪些渠道作用于企业进口贸易结构，从而打开作用机制的"黑箱"，以加深对二者之间关系的认知。基于前文的文献梳理，本书借鉴 Baron 和 Kenny（1986）中介效应模型，对企业融资约束和银企信息不对称等中介变量进行检验。具体地：

第一步，考察金融科技对企业进口贸易结构的影响，即计量模型（3-1）。

第二步，考察金融科技对中介变量的影响，计量模型设定如下：

$$Med_{jit} = \alpha_0' + \alpha_1' \times FinTech_{jt} + \gamma \times FC_{jit} + \delta \times RC_{jt} + \varphi_{ich} + \varphi_t + \varepsilon_{jit} \qquad (3-3)$$

式中，$Med$ 代表本书待考察的中介变量，前文已经描述，此处不再赘述。其他指标的含义与式（3-1）一致。

第三步，同时考察金融科技与中介变量对企业进口贸易结构的影响，计量模型为：

$$IMPS_{jicht} = \alpha_0'' + \alpha_1'' \times FinTech_{jt} + \alpha_2'' \times Med_{jit} + \gamma \times FC_{jit} + \delta \times RC_{jt} + \varphi_{ich} + \varphi_t + \varepsilon_{jicht} \qquad (3-4)$$

## 二、作用机制检验

### （一）融资约束渠道

表3-5前两列显示了以 SA 指数作为融资约束指标的中介效应检验结果，表明金融科技显著地降低了企业的融资约束（第一列），并且控制了融资约束后金融科技仍然显著地促进了企业进口贸易结构的提升（第二列）。与表3-2第二列的基准回归相比，表3-5第二列金融科技的估计系数有所下降，意味着融资约束在金融科技与企业进口贸易结构之间可能起着部分中介效应（Baron 和 Kenny，1986）。故降低融资约束是金融科技促进企业进口贸易结构提升的一个渠道。

表3-5 基于融资约束和信息匹配的机制检验

| 变量 | (1) | (2) | (3) | (4) |
|---|---|---|---|---|
| | SA | EXMI | ASY | EXMI |
| FinTech | −0.1333** | 1.5582** | −0.4556** | 1.5049** |
| | (−2.14) | (2.01) | (−2.31) | (2.09) |
| SA | | −0.2450*** | | |
| | | (−5.83) | | |
| ASY | | | | −0.0309*** |
| | | | | (−7.32) |
| Fsize | 0.1902*** | 0.1818 | 0.4940*** | 0.1505 |
| | (4.77) | (1.19) | (6.49) | (1.00) |
| Fage | −0.0679** | −0.4279*** | −0.0773 | −0.4137*** |
| | (−2.24) | (−3.36) | (−0.92) | (−3.32) |
| Fcash | 0.1091 | −0.5465 | −0.0242 | −0.5740 |
| | (1.01) | (−1.01) | (−0.10) | (−1.07) |
| Flev | −0.0183 | 0.3323 | −0.1615 | 0.3318 |
| | (−0.19) | (1.02) | (−0.81) | (1.03) |
| Froa | −0.0299 | 1.2656 | −1.8081*** | 1.2172 |
| | (−0.10) | (1.16) | (−3.04) | (1.09) |
| Fgro | −0.0223 | −0.0685 | 0.0542 | −0.0613 |
| | (−1.12) | (−1.03) | (1.32) | (−0.94) |
| Find | −0.2814 | −0.0558 | −1.3436*** | −0.0283 |
| | (−1.59) | (−0.07) | (−3.58) | (−0.03) |
| Fpoe | 0.0074 | 0.2108 | 0.2794** | 0.2176 |
| | (0.14) | (0.66) | (2.01) | (0.67) |
| Cfdev | −1.6279* | −2.0480 | 0.8297 | −1.6236 |
| | (−1.93) | (−0.47) | (0.36) | (−0.36) |
| Cedev | 0.9936*** | 1.7811 | 0.3771 | 1.5493 |
| | (2.72) | (1.10) | (0.34) | (0.97) |
| Cf200 | −0.0065 | 0.3982 | −0.0475 | 0.3983 |
| | (−0.17) | (1.64) | (−0.45) | (1.63) |
| _cons | −6.5309*** | −1.8012 | −13.5646*** | −0.6196 |
| | (−6.75) | (−0.41) | (−6.54) | (−0.15) |

| 变量 | （1） | （2） | （3） | （4） |
|------|------|------|------|------|
|      | SA | EXMI | ASY | EXMI |
| Fixed Effect | Yes | Yes | Yes | Yes |
| N | 1794 | 1794 | 1794 | 1794 |
| R² | 0.98 | 0.96 | 0.96 | 0.96 |

注：*、**和***分别表示10%、5%和1%的显著性水平；Fixed Effect 包括企业—来源国—产品和年份固定效应；括号内为经过城市聚类稳健标准误调整后的 t 值。

（二）信息不对称渠道

表3-5后两列汇报了以信息不对称（ASY）作为指标的中介效应检验结果。第四列金融科技的估计系数与基准回归相比有所下降，意味着信息不对称在金融科技与企业进口贸易结构之间可能起着部分中介效应。故优化信息匹配是金融科技促进企业进口贸易结构提升的另一个渠道。

# 第四节　对进口贸易结构的差异性影响探讨

从自变量（金融科技）的角度来看，能否体现出金融科技服务于实体经济的"普惠性"作用，是学术界和政府重点关注的内容，通过所有制性质和企业规模的异质性分析，识别金融科技对民营企业、中小企业进口贸易结构的影响方向和影响程度，同样具有重要的现实意义。从因变量（进口贸易结构）的角度来看，金融科技发展对不同产品类型的出口企业的影响可能存在差异性。因此，本书着重从企业性质、企业规模与产品类型三个方面进行异质性分析。

## 一、企业性质

参考杨晓亮等（2021）的方法，国泰安上市公司数据库中按照股权性质的分类，企业类型主要包括国有、民营和外资三类。以国有企业作为对照，分别构建金融科技与民营企业、外资企业的交互项 FinTech×POE、FinTech×FOE，估计结果见表 3-6 第一列。结果表明，相对于国有企业，金融科技对民营企业的进口贸易结构的促进作用更大，外资企业次之。其可能的原因是，对于民营企业而言，金融机构可以通过技术手段深入挖掘财务数据以精准评估其风险，进而助力其获得更多信贷支持（Lee 等，2019），因而促进其进口贸易结构提升的作用更大。

## 二、企业规模

参考杨晓亮（2022）的方法，本书将全样本按照企业企业规模（*Fsize*）从低到高排序后划分为三等份，以小规模企业作为对照，分别构建金融科技与中等规模企业、大规模企业的交互项 *FinTech×Large*、*FinTech×Midd*、*FinTech×Large*、*FinTech×Midd*，估计结果见表 3-6 第二列。结果发现，相对于小规模企业，金融科技对中等规模企业的进口贸易结构具有更显著的促进作用，但对大规模企业的促进作用不显著。其可能的原因是，中小企业受到融资约束的限制更大，因而金融科技的影响也越大。而大企业资金实力较强，金融科技对其影响暂时还不明显。

## 三、产品类型

根据海关贸易数据库中记录的企业出口数据信息，按产品类型划分为资本品、中间品和消费品。以消费品作为对照，分别构建金融科技与资本品和中间品的交互项 *FinTech×IP*、*FinTech×CP*，估计结果见表 3-6 第三列。结果显示，相对于消费品，金融科技对中间品的进口贸易结构的促进作用更大，而资本品企业次之。其可能的原因是，资本品进口需要的资金较为庞大，需要持续的支持；而中间品作为企业生产的关键投入品，短期内金融科技的"赋能"效应更为显著，从而更能推动企业进口贸易结构的提升。

表 3-6　异质性分析

| 变量 | （1） | （2） | （3） |
| --- | --- | --- | --- |
| | *EXMI* | | |
| | 企业性质 | 规模差异 | 产品类型 |
| *FinTech* | 0.4506** | 1.6775* | 0.3615* |
| | （2.36） | （1.92） | （1.89） |

续表

| 变量 | (1) | (2) | (3) |
|---|---|---|---|
| | EXMI | | |
| | 企业性质 | 规模差异 | 产品类型 |
| FinTech×POE | 1.4549* | | |
| | (1.93) | | |
| FinTech×FOE | 0.6392** | | |
| | (2.07) | | |
| FinTech×Large | | 0.1073 | |
| | | (0.16) | |
| FinTech×Midd | | 0.1510** | |
| | | (2.28) | |
| FinTech×IP | | | 0.7382*** |
| | | | (3.26) |
| FinTech×CP | | | 0.2385*** |
| | | | (2.81) |
| Fsize | 0.1522 | 0.1390 | 0.1287 |
| | (1.12) | (0.86) | (0.97) |
| Fage | −0.4380*** | −0.4051*** | −0.3758*** |
| | (−3.47) | (−3.23) | (−3.08) |
| Fcash | −0.5837 | −0.5738 | −0.5266 |
| | (−1.11) | (−1.07) | (−1.00) |
| Flev | 0.4097 | 0.3254 | 0.3412 |
| | (1.25) | (1.00) | (1.06) |
| Froa | 1.3228 | 1.2498 | 1.0846 |
| | (1.20) | (1.17) | (0.98) |
| Fgro | −0.0611 | −0.0627 | −0.0910 |
| | (−0.94) | (−0.96) | (−1.39) |
| Find | 0.0034 | 0.0190 | −0.0633 |
| | (0.00) | (0.02) | (−0.08) |
| Fpoe | 0.2331 | 0.2003 | 0.2418 |
| | (0.73) | (0.61) | (0.76) |
| Cfdev | −2.1588 | −1.7639 | −1.7188 |
| | (−0.48) | (−0.38) | (−0.39) |

续表

| 变量 | (1) | (2) | (3) |
|---|---|---|---|
| | *EXMI* | | |
| | 企业性质 | 规模差异 | 产品类型 |
| *Cedev* | 1.6145 | 1.6005 | 1.0436 |
| | (1.02) | (1.00) | (0.64) |
| *Cf200* | 0.3746 | 0.4013 | 0.3992 |
| | (1.51) | (1.64) | (1.63) |
| _cons | −0.3916 | −0.2951 | −0.0214 |
| | (−0.11) | (−0.07) | (−0.01) |
| Fixed Effect | Yes | Yes | Yes |
| N | 1794 | 1794 | 1794 |
| $R^2$ | 0.96 | 0.96 | 0.96 |

注：*、**和***分别表示10%、5%和1%的显著性水平；Fixed Effect包括企业—来源国—产品和年份固定效应；括号内为经过城市聚类稳健标准误调整后的t值。

# 第五节 本章小结

本章利用2011~2016年中国上市公司与海关贸易数据库的合并数据，考察了金融科技对企业进口贸易结构的影响及其作用机制。主要研究结论如下：①总体上，金融科技显著地促进了企业进口扩展边际的优化，在经过内生性检验、核心指标替换、空间关联控制以及样本选择偏差处理后，本书结论依然稳健；②利用中介效应模型检验影响机制表明，缓解融资约束和优化信息匹配是金融科技促进企业进口扩展边际优化的两个可能渠道；③异质性分析发现，金融科技对民营企业、中等规模企业和中间品的进口扩展边际的优化作用尤为明显。

# 第四章 金融科技与中国企业进口产品质量

扩大进口贸易已经成为国家政府的一项长期外贸战略（魏浩和李晓庆，2019）。伴随着经济由高速增长转向高质量发展的推进，中国的进口贸易也实现了从关注量的提高到重视质的提升（徐大策和李磊，2021）。满足人民日益增长的美好生活需求不仅体现在进口贸易规模的扩大，而且体现在进口产品质量的提升，进口产品质量对于企业自身发展具有举足轻重的作用（张夏等，2022）。全面提升中国进口产品的质量是当前构建更高水平开放经济新体制的重要内容，也是中国外贸高质量发展的必由之路（周科选等，2023）。积极扩大进口以推动我国对外贸易高质量发展和推进高水平对外开放，如何促进我国企业进口产品质量升级更是其中的重要环节（孙俊成等，2023）。本章将以中国企业进口产品质量为落脚点，考察金融科技的影响效果与作用机制。

## 第一节 是生产还是消费

金融科技是否促进了中国企业进口产品质量？基于进口中间品和消费品两个维度进行考察，金融科技对二者的影响效果是否显著？影响方向是否相同？如果方向相同的话，相对而言影响效果孰大孰小？

为了回答上述问题，本书利用 CSMAR 上市公司数据库和中国海关贸易数据

库，对 2011~2016 年金融科技、进口中间品和进口消费品产品质量进行测算①
后，首先，图 4-1 为金融科技与中国企业进口产品质量对比的时间趋势图。通过
对比发现，2011~2016 年金融科技曲线呈稳步上升趋势。其中仅 2014 年相对
2013 年金融科技指数有所下降，但仍然高于 2012 年水平，可以认为是金融科技
发展过程中的正常调整。而企业进口产品质量快速上升后呈微弱波动发展趋势，
具体而言，中国企业进口产品质量在 2012 年快速上升后，于 2013 年和 2014 年
略有下降，但仍高于 2011 年水平。2015 年有所反弹，基本与 2012 年持平，但
2016 年又微弱下降，总体上各年份均高于 2011 年基期水平，因此可以认为金融
科技与中国企业进口产品质量的变化趋势基本一致。基于"共同"上升趋势的
基本特征，本书预期金融科技与企业进口产品质量具有正相关关系。

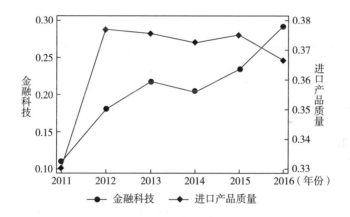

**图 4-1 金融科技与企业进口产品质量时间趋势对比**

资料来源：CSMAR 上市公司数据库、中国海关贸易数据库。

其次，图 4-2 为金融科技与中国企业进口产品质量总体水平之间关系的散点
图。通过观察发现，金融科技与中国企业进口产品质量总体水平之间关系的拟合
线向右上方倾斜，意味着金融科技可能显著促进了中国企业进口产品质量总体水
平的提升，其结果与前文时间趋势对比结果相互印证，初步验证了研究假说 H2。

---

① 详见本章第二节。

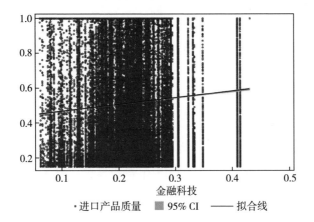

**图 4-2　金融科技与企业进口产品质量关系散点图**

资料来源：CSMAR 上市公司数据库、中国海关贸易数据库。

再次，图 4-3 为金融科技与中国企业进口消费品质量之间关系的散点图。通过观察发现，金融科技与中国企业进口消费品质量之间关系的拟合线向右上方倾斜，意味着金融科技可能显著促进了中国企业进口消费品质量的提升，其结果与前文时间趋势对比结果相互印证，部分验证了研究假说 H2。

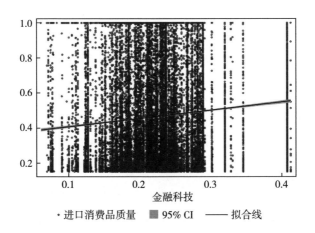

**图 4-3　金融科技与企业进口中间品质量关系散点图**

资料来源：CSMAR 上市公司数据库、中国海关贸易数据库。

最后，图4-4为金融科技与中国企业进口中间品质量之间关系的散点图。通过观察发现，金融科技与中国企业进口中间品质量之间关系的拟合线向右上方倾斜，意味着金融科技可能显著促进了中国企业进口中间品质量的提升，其结果与前文时间趋势对比结果相互印证，部分验证了研究假说H2。通过对比图4-3和图4-4，本书亦发现，相对于进口消费品质量，金融科技与进口中间品质量的关系拟合线截距更高、斜率更大、曲线更为陡峭，故预期金融科技对进口中间品质量的影响更大。接下来，本书将使用更为精确的计量方法检验金融科技对企业进口产品质量的影响及作用机制。

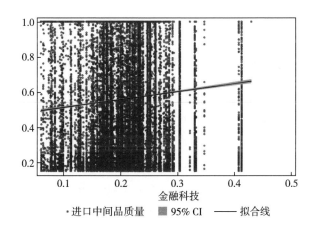

**图4-4　金融科技与企业进口最终品质量关系散点图**

资料来源：CSMAR上市公司数据库、中国海关贸易数据库。

# 第二节　对进口产品质量的影响效果检验

## 一、计量模型设定

借鉴已有研究，本书计量模型设定如下：

$$QIMP_{jicht} = \alpha_0 + \alpha_1 \times FinTech_{jt} + \gamma \times FC_{jit} + \delta \times RC_{jt} + \varphi_{ich} + \varphi_t + \varepsilon_{jicht} \qquad (4\text{-}1)$$

式中，$j$、$i$、$c$、$h$ 和 $t$ 分别为地区、企业、进口来源国、HS8 位码产品和年份。$QIMP$ 为企业进口产品质量；$FinTech$ 为地区金融科技发展水平；$FC$ 和 $RC$ 分别为企业和地区层面的控制变量；$\varphi_{ich}$ 和 $\varphi_t$ 分别为企业—来源国—产品固定效应和年份固定效应；$\varepsilon_{jicht}$ 为随机扰动项；待估系数 $\alpha_1$ 为本书最为感兴趣的部分，当 $\alpha_1$ 显著大于 0 时，意味着金融科技显著促进了企业进口产品质量提升。

## 二、变量选取与测度

### （一）金融科技发展水平（FinTech）

已有研究关于金融科技的测度指标多为单一维度指标，如李春涛等（2020）通过网络爬虫技术用百度新闻高级检索金融科技相关关键词（包括大数据金融、人工智能金融、区块链金融和量化金融四个方面的 48 个关键词）的结果数量构建城市金融科技发展指数（以下简称热词指标）；宋敏等（2021）使用金融科技公司数量构建城市金融科技发展指标（以下简称科企指标），以及郭峰等（2020）使用北京大学普惠金融指数中的城市金融深度指数衡量（以下简称北普指标）。为了合理测度城市金融科技发展，本书综合考虑以上三类指标，参考赵涛等（2020）方法，对其标准化后利用主成分分析方法进行降维处理，获得 208 个城市的金融科技综合指标，记为 FinTech。

### （二）企业进口产品质量（QIMP）

借鉴 Hallak 和 Sivadasan（2009）以及施炳展和邵文波（2014）的企业产品质量异质性模型框架和方法，构建测算某种进口产品质量的计量模型：

$$q_{ict} = p_{ict}^{-\sigma} \lambda_{ict}^{\sigma-1} (E_{ct}/P_{ct}) \qquad (4\text{-}2)$$

式中，$i$、$c$ 和 $t$ 分别为企业、进口来源国和年份；$q$、$p$ 和 $\lambda$ 分别为进口产品的需求量、价格和质量；$E$ 为消费者对某种进口产品的总支出；$P$ 为价格指数。将式（4-2）两边取自然对数，整理后可得：

$$\ln q_{ict} = \chi_{ct} - \sigma \ln p_{ict} + \varepsilon_{ict} \qquad (4\text{-}3)$$

在考虑产品种类和内生性后，对式（4-3）进行回归，并根据回归结果通过下式定义质量。

$$QIMP_{ict} = \ln\hat{\lambda}_{ict} = \frac{\hat{\varepsilon}_{ict}}{(\sigma-1)} = \frac{\ln q_{ict} - \ln\hat{q}_{ict}}{(\sigma-1)} \tag{4-4}$$

对所得进口产品质量进行去量纲的标准化处理，公式如下：

$$R\_QIMP_{ict} = \frac{QIMP_{ict} - \mathrm{Min}QIMP_{ict}}{\mathrm{Max}QIMP_{ict} - \mathrm{Min}QIMP_{ict}} \tag{4-5}$$

式中，Min 和 Max 分别表示样本期内某种产品质量的最大值和最小值。标准化产品质量指标取值在 0~1。利用下式可以对标准化产品质量在不同层面上以进口额（$v$）作为权重进行加总：

$$TQ = \frac{v_{ict}}{\sum\limits_{ict \in \Omega} v_{ict}} \times R\_QIMP_{ict} \tag{4-6}$$

本书结合中国海关贸易数据库、CEPII BACI 数据库和 WDI 数据库测算企业 HS8 位码进口产品质量。

（三）控制变量

1. 企业层面控制变量

企业规模（$Fsize$），取自然对数的企业年末总资产；企业年龄（$Fage$），取自然对数的企业上市年数；企业现金流（$Fcash$），企业经营活动中产生的现金流量净值与年末总资产的比值；企业资产负债率（$Flev$），企业年末总负债与总资产之比；企业资产回报率（$Froa$），企业年末净利润与总资产之比；企业董事会独立性（$Find$），独立董事占董事会人数的比重；民营企业虚拟变量（Fpoe），即按照上市公司股权性质分类，当企业类型为民营企业时取值为 1，否则为 0。

2. 城市层面控制变量

城市金融发展水平（$Cfdev$），城市金融业产值占 GDP 的比重；城市经济发展水平（$Cedev$），城市 GDP 增长率；城市空间关联水平（$Cf200$），城市周边 200 千米以内非本市金融科技公司数目，加 1 后取自然对数。

（四）中介变量

1. 企业融资约束（$SA$）

参考 Hadlock 和 Piere（2010）的做法，使用如下公式测度：

$$SA = -0.737 \times Fsize + 0.043 \times Fsize^2 - 0.04 \times Fage \tag{4-7}$$

以 $SA$ 指数为企业融资约束的代理指标。$SA$ 指数为负，取值越大，意味着企业面临的融资约束程度越高。

2. 银企信息不对称（*ASY*）

参考于蔚等（2012），选取流动性比率、非流动性比率和反转指标的第一主成分作为代理指标，其值越大意味着信息不对称越严重。

（五）数据说明

本书实证部分使用了 2011～2016 年多个数据库的合并数据。其中，企业层面指标测度数据来自国泰安（CSMAR）和万得（Wind）上市公司数据；产品层面指标测度数据来自中国海关贸易数据库；城市层面指标测度数据来自《中国城市统计年鉴》。在匹配上市公司与海关贸易数据时，借鉴寇宗来和刘学悦（2020）方法，综合使用精确匹配和模糊匹配两种方法。此外，参照已有研究，本书删除了金融类公司样本和主要变量缺失的样本，并对所有连续变量进行双侧 1% 的缩尾处理。表 4-1 呈现了主要变量的描述性统计。

表 4-1　主要变量描述性统计

| 变量 | 观测值 | 均值 | 标准差 | 最小值 | 中值 | 最大值 |
|---|---|---|---|---|---|---|
| *QIMP* | 74698 | 0.514 | 0.372 | 0.000 | 0.330 | 1.000 |
| *FinTech* | 74698 | 0.221 | 0.062 | 0.061 | 0.225 | 0.430 |
| *Fsize* | 74698 | 23.015 | 1.529 | 19.731 | 23.381 | 26.054 |
| *Fage* | 74698 | 2.178 | 0.746 | 0.000 | 2.398 | 3.178 |
| *Fcash* | 74698 | 0.052 | 0.069 | −0.164 | 0.047 | 0.235 |
| *Flev* | 74698 | 0.489 | 0.206 | 0.048 | 0.491 | 0.883 |
| *Froa* | 74698 | 0.049 | 0.044 | −0.118 | 0.039 | 0.193 |
| *Fgro* | 74698 | 0.126 | 0.248 | −0.486 | 0.106 | 3.705 |
| *Find* | 74698 | 0.375 | 0.064 | 0.333 | 0.333 | 0.571 |
| *Fpoe* | 74698 | 0.554 | 0.497 | 0.000 | 1.000 | 1.000 |
| *Cfdev* | 74698 | 0.126 | 0.034 | 0.026 | 0.135 | 0.171 |
| *Cedev* | 74698 | 0.112 | 0.022 | 0.035 | 0.115 | 0.173 |
| *Cf200* | 74698 | 4.727 | 1.639 | 0.693 | 4.905 | 9.321 |

资料来源：笔者计算整理。

### 三、实证分析汇报

前文典型化事实显示了金融科技对企业进口产品质量影响的初步结果，接下来本书进行更为精确的计量分析。

**（一）基准回归分析**

表4-2汇报了金融科技对企业进口产品质量影响的基准回归结果。第一列是在控制了企业—来源国—产品固定效应和年份固定效应后，仅考虑金融科技与企业进口产品质量之间关系的估计结果。不难发现金融科技显著地促进了企业进口产品质量的提升。第二列和第三列分别加入了企业层面的控制变量与城市层面的控制变量后的估计结果。容易发现，估计系数仍然高度显著为正。为考察可能存在的非线性关系，本书将金融科技二次项（$qFinTech$）加入了计量模型（4-1）后重新估计。第四列估计结果表明，金融科技对企业进口产品质量不存在显著的非线性影响。由此，金融科技显著地促进了企业进口产品质量提升这一核心结论得以验证。

表4-2　金融科技对企业进口产品质量的影响

| 变量 | (1) | (2) | (3) | (4) |
|---|---|---|---|---|
| | *QIMP* | | | |
| *FinTech* | 0.2696*** | 0.2280*** | 0.2073*** | 0.2520*** |
| | (5.54) | (4.65) | (4.20) | (4.14) |
| *qFinTech* | | | | −0.0720 |
| | | | | (−0.21) |
| *Fsize* | | 0.0287*** | 0.0223*** | 0.0224*** |
| | | (4.61) | (3.61) | (3.60) |
| *Fage* | | 0.0348*** | 0.0488*** | 0.0490*** |
| | | (5.03) | (6.72) | (6.66) |
| *Fcash* | | 0.0759*** | 0.0782*** | 0.0783*** |
| | | (3.72) | (3.83) | (3.83) |
| *Flev* | | −0.0734*** | −0.0791*** | −0.0789*** |
| | | (−3.52) | (−3.79) | (−3.79) |

续表

| 变量 | (1) | (2) | (3) | (4) |
|---|---|---|---|---|
| | QIMP | | | |
| Froa | | 0.2116*** | 0.2109*** | 0.2121*** |
| | | (3.80) | (3.78) | (3.77) |
| Fgro | | 0.0151*** | 0.0198*** | 0.0199*** |
| | | (2.61) | (3.42) | (3.42) |
| Find | | 0.3479*** | 0.3472*** | 0.3475*** |
| | | (9.41) | (9.40) | (9.40) |
| Fpoe | | −0.0343*** | −0.0216* | −0.0215* |
| | | (−3.09) | (−1.94) | (−1.93) |
| Cfdev | | | −1.2315*** | −1.2313*** |
| | | | (−7.66) | (−7.66) |
| Cedev | | | −0.7373*** | −0.7416*** |
| | | | (−9.44) | (−9.37) |
| Cf200 | | | 0.0688*** | 0.0688*** |
| | | | (8.59) | (8.58) |
| _cons | 0.4729*** | −0.3464** | −0.3174** | −0.3252** |
| | (44.22) | (−2.39) | (−2.13) | (−2.06) |
| Fixed Effect | Yes | Yes | Yes | Yes |
| N | 74698 | 74698 | 74698 | 74698 |
| R² | 0.84 | 0.84 | 0.84 | 0.84 |

注：*、**和***分别表示10%、5%和1%的显著性水平；Fixed Effect 包括企业—目的国—产品固定效应和年份固定效应；括号内为经过城市聚类稳健标准误调整后的 t 值。

（二）内生性问题处理

1. "双向因果"问题

双向因果关系导致的内生性问题严重地影响了实证结论的可信性。参照宋敏等（2021）的做法，使用省内 GDP 最接近企业注册地的三个其他城市金融科技发展水平的均值（Fother3）作为工具变量。就相关性而言，省内城市 GDP 越相近，则城市在金融机构选址、经济发展水平和经济结构等方面越相似（宋敏等，2021）；就外生性而言，省内 GDP 相近的城市金融科技发展水平很难直接影响目标城市内企业进口贸易结构，即使存在相邻城市可能的"空间溢出效应"，本书

亦通过加入变量 *Cf*200 予以控制。因此，本书选取的工具变量满足相关性和外生性假定。

表 4-3 汇报了使用两阶段最小二乘法（2SLS）进行内生性检验的结果。第一列显示了 2SLS 第一阶段的估计结果，发现工具变量（*Fother*3）显著地促进了目标地区的金融科技发展水平提升，表明二者具有显著的相关性。第二列显示了 2SLS 第二阶段的估计结果，表明金融科技依然显著地促进了企业进口产品质量提升。并且通过了无法识别检验和弱工具变量检验，说明了工具变量的有效性。但相较于表 4-2 第三列的基准估计结果，金融科技的系数有所下降，意味着不考虑使用工具变量处理内生性问题，可能会高估金融科技对企业进口产品质量的影响。考虑到影响滞后性问题，在表 4-3 的后两列显示了滞后一期的工具变量（*Fother*3_lag）估计结果，发现核心结论并未实质性改变，意味着本书不存在严重的"双向因果"问题。

表 4-3　基于"双向因果"的内生性问题处理

| 变量 | （1） | （2） | （3） | （4） |
|---|---|---|---|---|
|  | IV | | Lag | |
|  | FinTech | QIMP | FinTech | QIMP |
| FinTech |  | 0.1997 *** |  | 1.3221 *** |
|  |  | (3.78) |  | (5.41) |
| Fother3 | 1.0228 *** |  |  |  |
|  | (426.05) |  |  |  |
| Fother3_lag |  |  | 0.1729 *** |  |
|  |  |  | (3.94) |  |
| Fsize | 0.0021 | −0.0250 | 0.0072 *** | 0.0224 *** |
|  | (0.92) | (−1.16) | (26.26) | (3.61) |
| Fage | 0.0095 ** | 0.0627 | 0.0012 *** | 0.0488 *** |
|  | (2.18) | (1.59) | (3.00) | (6.71) |
| Fcash | 0.0272 *** | 0.0240 | −0.0223 *** | 0.0785 *** |
|  | (2.88) | (0.40) | (−21.56) | (3.83) |
| Flev | −0.0454 *** | −0.0304 | −0.0059 *** | −0.0792 *** |
|  | (−3.29) | (−0.35) | (−5.95) | (−3.80) |

续表

| 变量 | (1) | (2) | (3) | (4) |
|---|---|---|---|---|
| | IV | | Lag | |
| | FinTech | QIMP | FinTech | QIMP |
| Froa | 0.0156 | −0.2437 | 0.0338*** | 0.2112*** |
| | (0.65) | (−1.44) | (13.11) | (3.78) |
| Fgro | 0.0004 | 0.0086 | 0.0060*** | 0.0198*** |
| | (0.20) | (0.54) | (21.71) | (3.44) |
| Find | 0.0280*** | −0.0930 | 0.0306*** | 0.3473*** |
| | (2.94) | (−0.98) | (19.02) | (9.41) |
| Fpoe | −0.0038** | −0.0176 | 0.0217*** | −0.0217* |
| | (−2.15) | (−0.62) | (17.75) | (−1.95) |
| Cfdev | −0.5344*** | 0.9908 | 0.0947*** | −1.2342*** |
| | (−9.19) | (1.32) | (17.68) | (−7.65) |
| Cedev | 0.0481*** | −0.4471** | 0.0626*** | −0.7367*** |
| | (2.76) | (−2.26) | (13.98) | (−9.45) |
| Cf200 | −0.0125*** | 0.1260*** | −0.0178*** | 0.0688*** |
| | (−5.70) | (4.49) | (−41.48) | (8.59) |
| Fixed Effect | Yes | Yes | Yes | Yes |
| K-P LM | | 2273.443 | | 27.561 |
| | | (0.0000) | | (0.0000) |
| C-D F | | 2.8e+05 | | 184.622 |
| | | [16.38] | | [16.38] |
| K-P F | | 1.8e+05 | | 105.524 |
| | | [16.38] | | [16.38] |
| N | 74698 | 74698 | 8583 | 8583 |
| R² | 0.99 | 0.01 | 0.93 | 0.01 |

注：*、**和***分别表示10%、5%和1%的显著性水平；Fixed Effect 包括企业—目的国—产品固定效应和年份固定效应；小括号内为经过城市聚类稳健标准误调整后的 t 值。K-P LM 表示无法识别检验的 Kleibergen-Paap rk LM 统计值；C-D F 和 K-P F 表示弱工具变量检验 Cragg-Donald Wald F 和 Kleibergen-Paap rk Wald F 统计值；中括号内为 Stock-Yogo 在10%水平上的临界值。

2. "测量误差"等内生性问题

测量误差、遗漏重要变量以及样本选择偏差都可能导致内生性问题而影响估计结果的可信性，因此本书进行如下检验：①使用简单算数平均数计算产品质量指标进行稳健性检验，记为 QIMP2，结果见表4-4第一列；②使用熵值法（Entropy Method）测算金融科技的综合指标作为替代变量，记为 FinTech2，结果于第二列呈现；③加入了半径500千米内非本城市的金融科技企业数目（Fin500）作为控制变量，结果汇报于第三列；④使用 Heckman 两步法处理样本选择偏差问题，估计结果汇报于最后一列。上述检验表明本书的核心结论并未根本改变。

表4-4 基于"测量误差"等内生性问题处理

| 变量 | (1) | (2) | (3) | (4) |
|---|---|---|---|---|
| | QIMP2 | QIMP | | |
| | 替换因变量 | 替换自变量 | 控制空间溢出 | 样本选择偏差 |
| FinTech | 0.3415*** | | 0.2021*** | 0.3034*** |
| | (7.27) | | (4.07) | (6.27) |
| FinTech2 | | 0.7252*** | | |
| | | (8.40) | | |
| Fin500 | | | -0.0000 | |
| | | | (-1.38) | |
| invmills | | | | -0.5268*** |
| | | | | (-28.05) |
| Fsize | 0.0164*** | 0.0257*** | 0.0230*** | 0.0137** |
| | (2.74) | (4.16) | (3.68) | (2.28) |
| Fage | 0.0159** | 0.0526*** | 0.0489*** | 0.0509*** |
| | (2.19) | (7.23) | (6.73) | (7.02) |
| Fcash | 0.0164 | 0.0688*** | 0.0774*** | 0.0462** |
| | (0.80) | (3.35) | (3.78) | (2.34) |
| Flev | -0.0001 | -0.0722*** | -0.0795*** | -0.1302*** |
| | (-0.00) | (-3.46) | (-3.81) | (-6.43) |
| Froa | -0.0042 | 0.2096*** | 0.2075*** | 0.0829 |
| | (-0.08) | (3.76) | (3.71) | (1.49) |
| Fgro | -0.0035 | 0.0214*** | 0.0200*** | 0.0149*** |
| | (-0.64) | (3.71) | (3.45) | (2.63) |

续表

| 变量 | (1) | (2) | (3) | (4) |
|---|---|---|---|---|
| | QIMP2 | QIMP | | |
| | 替换因变量 | 替换自变量 | 控制空间溢出 | 样本选择偏差 |
| Find | 0.0876*** | 0.3406*** | 0.3510*** | 0.1184*** |
| | (2.66) | (9.22) | (9.42) | (3.46) |
| Fpoe | −0.0128 | −0.0174 | −0.0219** | −0.0408*** |
| | (−0.87) | (−1.56) | (−1.96) | (−3.67) |
| Cfdev | −0.3613** | −0.9717*** | −1.2169*** | −0.5246*** |
| | (−2.23) | (−5.96) | (−7.57) | (−3.33) |
| Cedev | −0.2582*** | −0.8289*** | −0.7228*** | −0.5568*** |
| | (−3.14) | (−10.52) | (−9.22) | (−7.17) |
| Cf200 | 0.0287*** | 0.0706*** | 0.0702*** | 0.0505*** |
| | (3.70) | (8.79) | (8.71) | (6.21) |
| _cons | −0.1799 | −0.6684*** | −0.3404** | 0.2754* |
| | (−1.26) | (−4.28) | (−2.26) | (1.90) |
| Fixed Effect | Yes | Yes | Yes | Yes |
| N | 74698 | 74698 | 74698 | 74698 |
| $R^2$ | 0.88 | 0.84 | 0.84 | 0.85 |

注：*、**和***分别表示10%、5%和1%的显著性水平；Fixed Effect包括企业—目的国—产品固定效应和年份固定效应；括号内为经过城市聚类稳健标准误调整后的t值。

# 第三节　融资约束与信息不对称

## 一、中介效应模型

借鉴 Baron 和 Kenny（1986）中介效应模型，对企业融资约束和银企信息不对称等中介变量进行检验。具体地：

第一步，考察金融科技对企业进口产品质量的影响，即计量模型（4-1）。

第二步，考察金融科技对中介变量的影响，计量模型如下：

$$Med_{jit} = \alpha_0' + \alpha_1' \times FinTech_{jt} + \gamma \times FC_{jit} + \delta \times RC_{jt} + \varphi_{ich} + \varphi_t + \varepsilon_{jit} \tag{4-8}$$

式中，$Med$ 代表本书待考察的中介变量，前文已经描述，此处不再赘述。其他指标的含义与式（4-1）一致。

第三步，同时考察金融科技与中介变量对企业进口产品质量的影响，计量模型为：

$$QIMP_{jicht} = \alpha_0'' + \alpha_1'' \times FinTech_{jt} + \alpha_2'' \times Med_{jit} + \gamma \times FC_{jit} + \delta \times RC_{jt} + \varphi_{ich} + \varphi_t + \varepsilon_{jicht} \tag{4-9}$$

## 二、作用机制检验

### （一）融资约束渠道

表 4-5 前两列显示了以 SA 指数作为融资约束指标的中介效应检验结果，表明金融科技显著地降低了企业的融资约束（第一列），并且控制了融资约束后金融科技仍然显著地促进了企业进口产品质量的提升（第二列）。与表 4-2 第三列的基准回归相比，表 4-5 第二列金融科技的估计系数有所下降，意味着融资约束在金融科技与企业进口产品质量之间可能起着部分中介效应（Baron 和 Kenny，1986）。故降低融资约束是金融科技促进企业进口产品质量提升的一个渠道。

### （二）信息不对称渠道

表 4-5 后两列汇报了以信息不对称（ASY）作为指标的中介效应检验结果。第四列金融科技的估计系数与基准回归相比有所下降，意味着信息不对称在金融科技与企业进口产品质量之间可能起着部分中介效应。故优化信息匹配是金融科技促进企业进口产品质量提升的另一个渠道。

**表 4-5 基于融资约束和信息匹配的机制检验**

| 变量 | (1) | (2) | (3) | (4) |
|---|---|---|---|---|
| | SA | QIMP | ASY | QIMP |
| FinTech | −0.0414** | 0.2067*** | −0.9668*** | 0.2014*** |
| | (−2.57) | (4.19) | (−12.26) | (4.48) |
| SA | | −0.0152*** | | |
| | | (−4.09) | | |

续表

| 变量 | (1) | (2) | (3) | (4) |
|---|---|---|---|---|
| | SA | QIMP | ASY | QIMP |
| ASY | | | | −0.0146*** |
| | | | | (−3.74) |
| Fsize | 0.1888*** | 0.0252*** | 0.4739*** | 0.0154** |
| | (47.64) | (3.80) | (46.70) | (2.35) |
| Fage | −0.1374*** | 0.0467*** | −0.2008*** | 0.0517*** |
| | (−30.50) | (6.33) | (−17.58) | (7.11) |
| Fcash | 0.0975*** | 0.0797*** | −0.1129*** | 0.0799*** |
| | (11.26) | (3.88) | (−4.11) | (3.90) |
| Flev | −0.0699*** | −0.0802*** | 0.8688*** | −0.0918*** |
| | (−6.38) | (−3.84) | (33.22) | (−4.33) |
| Froa | −0.0301 | 0.2105*** | −1.8377*** | 0.2378*** |
| | (−1.00) | (3.77) | (−25.18) | (4.21) |
| Fgro | −0.0178*** | 0.0195*** | 0.0746*** | 0.0187*** |
| | (−7.35) | (3.37) | (11.07) | (3.23) |
| Find | −0.0512*** | 0.3464*** | 0.1999*** | 0.3443*** |
| | (−4.06) | (9.39) | (5.18) | (9.30) |
| Fpoe | −0.0071 | −0.0217* | 0.0141 | −0.0218* |
| | (−1.42) | (−1.95) | (0.97) | (−1.96) |
| Cfdev | −0.4108*** | −1.2377*** | 4.2602*** | −1.2934*** |
| | (−6.03) | (−7.69) | (18.09) | (−8.01) |
| Cedev | 0.3074*** | −0.7327*** | 4.0304*** | −0.7961*** |
| | (8.60) | (−9.35) | (39.54) | (−9.95) |
| Cf200 | 0.0103*** | 0.0690*** | 0.2607*** | 0.0650*** |
| | (3.50) | (8.60) | (20.87) | (8.14) |
| _cons | −6.7973*** | −0.4205** | −15.9049*** | −0.0858 |
| | (−70.80) | (−2.40) | (−68.58) | (−0.52) |
| Fixed Effect | Yes | Yes | Yes | Yes |
| N | 74698 | 74698 | 74696 | 74696 |
| R² | 0.99 | 0.84 | 0.98 | 0.84 |

注: *、**和***分别表示10%、5%和1%的显著性水平;Fixed Effect包括企业—目的国—产品固定效应和年份固定效应;括号内为经过城市聚类稳健标准误调整后的t值。

# 第四节　异质性分析

与第三章一致，本书着重从企业性质、企业规模与产品类型三个方面进行异质性分析。

## 一、企业性质

以国有企业作为对照，分别构建金融科技与民营企业、外资企业的交互项 $FinTech \times POE$、$FinTech \times FOE$，估计结果见表4-6第一列。结果表明，相对于国有企业，金融科技对民营企业的进口产品质量的促进作用更大，外资企业次之。

表4-6　异质性分析

| 变量 | (2) | (3) | (4) |
|---|---|---|---|
| | QIMP | | |
| | 企业性质 | 规模差异 | 产品类型 |
| FinTech | 0.0164 | 0.2941*** | 0.2057*** |
| | (0.21) | (7.49) | (4.16) |
| FinTech×POE | 0.1176*** | | |
| | (3.06) | | |
| FinTech×FOE | 0.0796** | | |
| | (2.28) | | |
| FinTech×Larg | | 0.0081 | |
| | | (0.15) | |
| FinTech×Midd | | 0.2348*** | |
| | | (7.36) | |
| FinTech×IP | | | 0.1417*** |
| | | | (3.16) |
| FinTech×CP | | | 0.0325*** |
| | | | (2.97) |

续表

| 变量 | （2） | （3） | （4） |
|---|---|---|---|
| | *QIMP* | | |
| | 企业性质 | 规模差异 | 产品类型 |
| *Fsize* | 0.0203 *** | 0.0024 | 0.0222 *** |
| | （3.26） | （0.37） | （3.59） |
| *Fage* | 0.0549 *** | 0.0330 *** | 0.0488 *** |
| | （7.38） | （4.39） | （6.72） |
| *Fcash* | 0.0772 *** | 0.0833 *** | 0.0785 *** |
| | （3.77） | （4.07） | （3.84） |
| *Flev* | −0.0843 *** | −0.1046 *** | −0.0793 *** |
| | （−4.03） | （−4.93） | （−3.80） |
| *Froa* | 0.2226 *** | 0.1747 *** | 0.2122 *** |
| | （3.97） | （3.11） | （3.80） |
| *Fgro* | 0.0204 *** | 0.0197 *** | 0.0198 *** |
| | （3.52） | （3.41） | （3.43） |
| *Find* | 0.3546 *** | 0.3612 *** | 0.3467 *** |
| | （9.54） | （9.82） | （9.38） |
| *Fpoe* | −0.0093 | −0.0175 | −0.0218 * |
| | （−0.78） | （−1.55） | （−1.96） |
| *Cfdev* | −1.1599 *** | −1.2420 *** | −1.2314 *** |
| | （−7.21） | （−7.69） | （−7.66） |
| *Cedev* | −0.7418 *** | −0.7396 *** | −0.7373 *** |
| | （−9.43） | （−9.49） | （−9.44） |
| *Cf200* | 0.0662 *** | 0.0618 *** | 0.0687 *** |
| | （8.21） | （7.73） | （8.58） |
| *_cons* | −0.2876 * | 0.2207 | −0.3142 ** |
| | （−1.92） | （1.35） | （−2.11） |
| Fixed Effect | Yes | Yes | Yes |
| N | 74698 | 74698 | 74698 |
| R² | 0.84 | 0.84 | 0.84 |

注：*、**和***分别表示10%、5%和1%的显著性水平；Fixed Effect 包括企业—目的国—产品固定效应和年份固定效应；括号内为经过城市聚类稳健标准误调整后的 t 值。

## 二、企业规模

以小规模企业作为对照，分别构建金融科技与中等规模企业、大规模企业的交互项 *FinTech×Large*、*FinTech×Midd*，估计结果见表 4-6 第二列。结果发现，相对于小规模企业，金融科技对中等规模企业的进口产品质量具有更显著的促进作用，但对大规模企业的促进作用不显著。其可能的原因是，中小企业受到融资约束的限制更大，因而金融科技的影响也越大。而大企业资金实力较强，金融科技对其影响暂时还不明显。

## 三、产品类型

以消费品作为对照，分别构建金融科技与资本品和中间品的交互项 *FinTech×IP*、*FinTech×CP*，估计结果见表 4-6 第三列。结果显示，相对于消费品，金融科技对中间品的进口产品质量的促进作用更大，而资本品企业次之。其可能的原因是，中间品作为企业生产的关键投入品，短期内金融科技的"赋能"效应更为显著，从而更能推动企业进口产品质量的提升。而消费品进口是为了满足本国居民的消费需要。随着本土企业生产的产品质量逐步提升，对进口消费品质量的要求也更高。但在生产高质量产品的技术不断接近前沿的情境下，其质量提升的瓶颈也逐渐凸显，因而金融科技对消费品质量促进作用小于进口中间品质量。

# 第五节　本章小结

本章利用 2011~2016 年中国上市公司与海关贸易数据库的合并数据，考察了金融科技对企业进口产品质量的影响及其作用机制。主要研究结论如下：①总体上，金融科技显著地促进了企业进口产品质量的提升，在经过内生性检验、核心指标替换、空间关联控制以及样本选择偏差处理后，本书结论依然稳健；②利用中介效应模型检验影响机制表明，缓解融资约束和优化信息匹配是金融科技促进企业进口产品质量提升的两个可能渠道；③异质性分析发现，金融科技对民营企业、中等规模企业和中间品的进口产品质量提升作用尤为明显。

# 第五章　金融科技与中国企业出口贸易结构

　　出口贸易稳定增长是实现对外贸易高质量发展的前提和基本内涵，如何推动出口贸易增长一直是国际贸易研究中的重要议题（张帆等，2024）。出口扩展边际对出口的可持续性增长具有重要作用，特别是企业内扩展边际是中国出口扩展边际的主导力量（杨继军和李艳丽，2023）。中国外贸增长的二元边际问题，虽老生常谈但始终未得到妥善解决（项松林和刘昌龙，2022）。本章着重探讨金融科技对单产品企业和多产品企业出口边际的影响及其作用机制。

## 第一节　单产品企业与多产品企业

　　金融科技是否优化了中国企业出口贸易结构？对单产品企业和多产品企业分别产生了何种影响？基于出口扩展边际和出口集约边际两个维度进行考察，金融科技对二者的影响效果是否显著？影响方向是否相同？是否存在差异性？

　　为了回答上述问题，本书利用 CSMAR 上市公司数据库和中国海关贸易数据库，首先考察了金融科技对单产品企业的影响。对 2011~2016 年金融科技、出口扩展边际（出口概率）和出口集约边际（出口额）进行测算①后，图 5-1 呈现

_____

　　①　详见本章第二节。

了出口企业与非出口企业金融科技发展对比的时间趋势图。通过对比发现，尽管单产品出口企业与非出口企业的金融科技曲线皆呈稳步上升趋势，但单产品出口企业金融科技曲线基本位于单产品非出口企业金融科技曲线的上方，仅 2014 年极为接近。故本书预期金融科技更能促进单产品出口企业的贸易发展，从而推动单产品非出口企业活动向出口业务转变，提高了单产品企业出口概率，促进了单产品扩展边际的优化。本书对金融科技与单产品企业出口集约边际对比的时间趋势如图 5-2 所示。通过对比发现，单产品企业出口集约边际曲线呈现出"M 形"波动变化趋势。具体而言，与 2011 年基期相比，2012 年迅速上升，到 2013 年小幅下降，而 2024 年下降幅度扩大。到 2015 年有所反弹，但仍低于 2013 年水平。至 2016 年再次大幅下降，基本与 2011 年持平。单产品企业出口集约边际曲线与金融科技曲线的变化趋势无规律可循，意味着金融科技与单产品企业出口集约边际的关系较难确定。

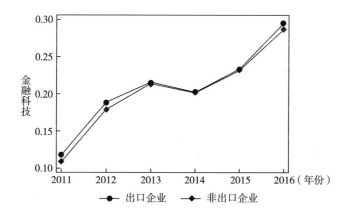

**图 5-1　出口与非出口企业金融科技时间趋势对比**

资料来源：CSMAR 上市公司数据库、中国海关贸易数据库。

图 5-3 呈现了金融科技与单产品企业出口扩展边际之间关系的线性拟合图。通过观察发现，金融科技与中国单产品企业出口扩展边际之间关系的拟合线向右上方倾斜，意味着金融科技可能显著促进了中国单产品企业出口扩展边际的优化，其结果与前文时间趋势对比结果相互印证，初步验证了本书研究假说 H3。

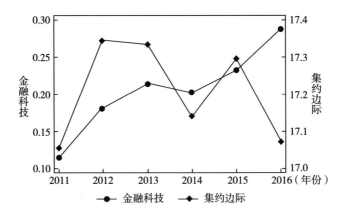

**图 5-2　金融科技与单产品企业出口集约边际时间趋势**

资料来源：CSMAR 上市公司数据库、中国海关贸易数据库。

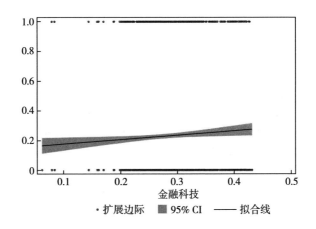

**图 5-3　金融科技与单产品企业出口扩展边际线性拟合图**

资料来源：CSMAR 上市公司数据库、中国海关贸易数据库。

最后，图 5-4 呈现了金融科技与单产品企业出口集约边际之间关系的线性拟合图。通过观察发现，金融科技与中国单产品企业出口集约边际之间关系的拟合线微弱地向右上方倾斜，意味着金融科技可能显著促进了中国单产品企业出口集约边际的提升，其结果与前文时间趋势对比结果有较大差异，因此需要使用更为精准的计量方法对金融科技与中国单产品企业出口集约边际之间的关系进行确认。

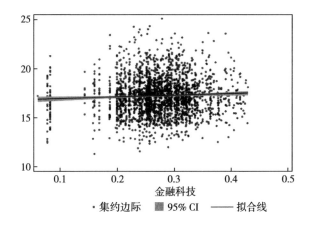

**图 5-4　金融科技与单产品企业出口集约边际线性拟合图**

资料来源：CSMAR 上市公司数据库、中国海关贸易数据库。

　　本书考察了金融科技对多产品企业出口二元边际的影响。对多产品企业出口扩展边际（产品—出口目的国对数）和出口集约边际（产品—出口目的国平均出口额）进行测算后[1]，首先，图 5-5 为金融科技与中国多产品企业出口扩展边际对比的时间趋势图。通过对比发现，2011~2016 年金融科技曲线呈稳步上升趋势。其中仅 2014 年相对 2013 年金融科技指数有所下降，但仍然高于 2012 年水平，可以认为是金融科技发展过程中的正常调整。而多产品企业出口扩展边际曲线则呈"M 形"波动上升趋势。其中，产品—目的国对数在 2014 年和 2016 年皆较前一年有所下降，但皆高于 2012 年水平。除 2016 年外，金融科技与中国多产品企业出口扩展边际的变化趋势基本一致。基于"共同"上升趋势的基本特征，本书预期金融科技与多产品企业出口扩展边际具有正相关关系。

　　其次，图 5-6 为金融科技与中国多产品企业出口集约边际对比的时间趋势图。通过对比发现，多产品企业出口集约边际曲线亦呈"M 形"波动上升趋势，与多产品企业出口扩展边际曲线的趋势基本一致。同样基于"共同"上升趋势的基本特征，金融科技与多产品中国企业出口集约边际可能具有正相关关系。

---

　　① 详见本章第三节。

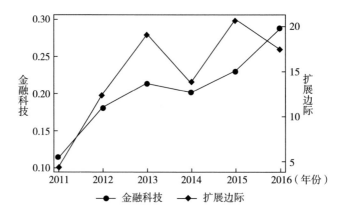

**图 5-5　金融科技与多产品企业出口扩展边际时间趋势**

资料来源：CSMAR 上市公司数据库、中国海关贸易数据库。

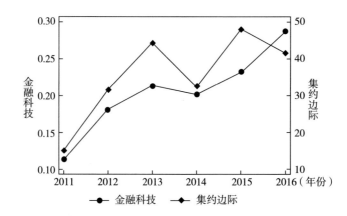

**图 5-6　金融科技与多产品企业出口集约边际时间趋势**

资料来源：CSMAR 上市公司数据库、中国海关贸易数据库。

　　再次，图 5-7 为金融科技与中国多产品企业出口扩展边际之间关系的线性拟合图。通过观察发现，金融科技与中国多产品企业出口扩展边际之间关系的拟合线向右上方倾斜，意味着金融科技可能显著促进了中国多产品企业出口扩展边际的提升，其结果与前文时间趋势对比结果相互印证，初步验证了研究假说 H3。

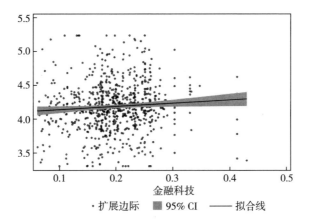

图 5-7　金融科技与多产品企业出口扩展边际线性拟合图

资料来源：CSMAR 上市公司数据库、中国海关贸易数据库。

最后，图 5-8 为金融科技与中国多产品企业出口集约边际之间关系的线性拟合图。通过观察发现，金融科技与中国多产品企业出口集约边际之间关系的拟合线亦向右上方倾斜，意味着金融科技可能显著促进了中国多产品企业出口集约边际的提升，其结果与前文时间趋势对比结果相互印证，初步验证了研究假说H3。然而，通过对比图 5-7 和图 5-8，本书亦发现，与多产品企业出口扩展边际拟合曲线相比，多产品企业出口集约边际的拟合线截距项较小，拟合曲线斜率较

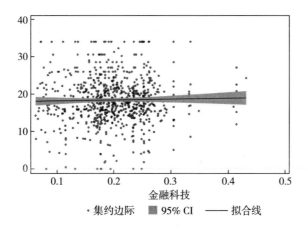

图 5-8　金融科技与多产品企业出口集约边际线性拟合图

资料来源：CSMAR 上市公司数据库、中国海关贸易数据库。

低，表现出较为平缓的特征，因此本书预期金融科技对中国多产品企业出口扩展边际的影响将大于对多产品企业出口集约边际。接下来，本书将使用更为精确的计量方法检验金融科技对中国单产品和多产品企业出口贸易结构的影响效果及作用机制。

# 第二节　基于单产品企业假设的出口贸易结构考察

## 一、计量模型设定

为考察金融科技对单产品企业出口贸易结构的影响，本书计量模型设定如下：

$$\Pr(EXMSP_{jkit}=1)=\Phi(\alpha_0+\alpha_1\times FinTech_{jt}+\gamma\times FC_{jkit}+\delta\times RC_{jt}+\varphi_k+\varphi_t+\varepsilon_{jkit}) \quad (5-1)$$

$$INMSP_{jkit}=\alpha_0+\alpha_2\times FinTech_{jt}+\gamma\times FC_{jkit}+\delta\times RC_{jt}+\varphi_k+\varphi_t+\varepsilon_{jkit} \quad (5-2)$$

式中，$j$、$k$、$i$ 和 $t$ 分别为地区、行业、企业和年份；$EXMSP$ 和 $INMSP$ 分别为单产品企业出口扩展边际和集约边际；$FinTech$ 为地区金融科技发展水平；$FC$ 和 $RC$ 分别为企业和地区层面的控制变量；$\varphi_k$ 和 $\varphi_t$ 分别为行业固定效应和年份固定效应；$\varepsilon_{jkit}$ 为随机扰动项；$\alpha_1$ 和 $\alpha_2$ 为本书最为感兴趣的部分，当 $\alpha_1$ 或 $\alpha_2$ 显著大于 0 时，意味着金融科技显著地促进了单产品企业出口扩展边际或出口集约边际的优化。

## 二、变量选取与测度

### （一）金融科技发展水平（FinTech）

已有研究关于金融科技的测度指标多为单一维度指标，如李春涛等（2020）通过网络爬虫技术用百度新闻高级检索金融科技相关关键词（包括大数据金融、人工智能金融、区块链金融和量化金融四个方面的 48 个关键词）的结果数量构建城市金融科技发展指数（以下简称热词指标）；宋敏等（2021）使用金融科技公司数量构建城市金融科技发展指标（以下简称科企指标），以及郭峰等

（2020）使用北京大学普惠金融指数中的城市金融深度指数衡量（以下简称北普指标）。为了合理测度城市金融科技发展，本书综合考虑以上三类指标，参考赵涛等（2020）方法，对其标准化后利用主成分分析方法进行降维处理，获得208个城市的金融科技综合指标，记为 FinTech。

（二）单产品企业出口贸易结构（EXMSP 和 INMSP）

单产品企业出口扩展边际（EXMSP），用企业出口倾向表示，为二值虚拟变量，即当企业进行出口贸易时取值为1，否则取值为0。单产品企业出口集约边际（INMSP），用出口规模表示，即企业年度出口额的自然对数。参考杨晓亮等（2021）的方法，在 CSMAR 数据库中通过路径"公司研究→财务报表附注→损益项目→营业收入、营业成本→分部标准→按地区分部"来获取上市公司出口相关数据。

（三）控制变量

1. 企业层面控制变量

企业规模（Fsize），取自然对数的企业年末总资产；企业年龄（Fage），取自然对数的企业上市年数；企业现金流（Fcash），企业经营活动中产生的现金流量净值与年末总资产的比值；企业资产负债率（Flev），企业年末总负债与总资产之比；企业资产回报率（Froa），企业年末净利润与总资产之比；企业董事会独立性（Find），独立董事占董事会人数的比重；民营企业虚拟变量（Fpoe），即按照上市公司股权性质分类，当企业类型为民营企业时取值为1，否则为0。

2. 城市层面控制变量

城市金融发展水平（Cfdev），城市金融业产值占 GDP 的比重；城市经济发展水平（Cedev），城市 GDP 增长率；城市空间关联水平（Cf200），城市周边200千米以内非本市金融科技公司数目，加1后取自然对数。

（四）中介变量

1. 企业融资约束（SA）

参考 Hadlock 和 Piere（2010）的做法，使用如下公式测度：

$$SA = -0.737 \times Fsize + 0.043 \times Fsize^2 - 0.04 \times Fage \tag{5-3}$$

以 SA 指数为企业融资约束的代理指标，SA 指数为负，取值越大，意味着企业面临的融资约束程度越高。

2. 银企信息不对称（ASY）

参考于蔚等（2012），选取流动性比率、非流动性比率和反转指标的第一主成分作为代理指标，其值越大意味着信息不对称越严重。

（五）数据说明

本书实证部分使用了2011～2016年多个数据库的合并数据。其中，企业层面指标测度数据来自国泰安（CSMAR）和万得（Wind）上市公司数据；产品层面指标测度数据来自中国海关贸易数据库；城市层面指标测度数据来自《中国城市统计年鉴》。在匹配上市公司与海关贸易数据时，借鉴寇宗来和刘学悦（2020）方法，综合使用精确匹配和模糊匹配两种方法。此外，参照已有研究，本书删除了金融类公司样本和主要变量缺失的样本，并对所有连续变量进行双侧1%的缩尾处理。表5-1呈现了主要变量的描述性统计。

### 表5-1　主要变量描述性统计

| 变量名 | 观测值 | 均值 | 标准差 | 最小值 | 中值 | 最大值 |
|---|---|---|---|---|---|---|
| *EXMSP* | 3082 | 0.227 | 0.419 | 0.000 | 0.000 | 1.000 |
| *INMSP* | 2382 | 17.230 | 1.903 | 11.337 | 17.160 | 25.100 |
| *FinTech* | 3082 | 0.219 | 0.062 | 0.061 | 0.221 | 0.430 |
| *Fsize* | 3082 | 23.887 | 1.174 | 19.731 | 24.060 | 26.054 |
| *Fage* | 3082 | 1.904 | 0.751 | 0.000 | 1.946 | 3.178 |
| *Fcash* | 3082 | 0.043 | 0.065 | −0.164 | 0.041 | 0.235 |
| *Flev* | 3082 | 0.404 | 0.202 | 0.048 | 0.393 | 0.883 |
| *Froa* | 3082 | 0.042 | 0.045 | −0.118 | 0.037 | 0.193 |
| *Fgro* | 3082 | 0.147 | 0.324 | −0.486 | 0.107 | 3.705 |
| *Find* | 3082 | 0.370 | 0.052 | 0.333 | 0.333 | 0.571 |
| *Fpoe* | 3082 | 0.640 | 0.480 | 0.000 | 1.000 | 1.000 |
| *Cfdev* | 3082 | 0.128 | 0.032 | 0.026 | 0.135 | 0.171 |
| *Cedev* | 3082 | 0.110 | 0.024 | 0.035 | 0.112 | 0.173 |
| *Cf200* | 3082 | 4.600 | 1.678 | 0.693 | 4.890 | 9.321 |

资料来源：笔者计算整理。

### 三、实证分析汇报

前文典型化事实显示了金融科技对单产品企业出口贸易结构影响的初步结果，接下来进行更为精确的计量分析。

#### （一）基准回归分析

表5-2展示了金融科技对单产品企业出口贸易结构影响的基准回归结果。第一列和第三列在控制了行业固定效应和年份固定效应后，仅考虑金融科技与单产品企业出口贸易结构之间关系的估计结果。不难发现金融科技显著地促进了单产品企业出口集约边际的优化，而单产品企业出口扩展边际的估计系数虽然为正，但在10%的水平不显著异于0，即金融科技未能显著促进单产品企业出口扩展边际的优化。第二列和第四列是加入了所有控制变量后的估计结果，与未加入控制变量时保持一致。之所以金融科技未能显著促进单产品企业出口扩展边际的优化，可能的原因是，企业要开展出口业务，需要较高的生产率以克服固定成本，还需要面对更大的国际市场风险。虽然金融科技在资金和信息上都能够"赋能"，但短期内无法实现企业从0到1的突破，因而对企业出口概率的影响不显著。

表5-2　金融科技与单产品企业出口边际

| 变量 | （1） | （2） | （3） | （4） |
|------|-------|-------|-------|-------|
| | *EXMSP* | | *INMSP* | |
| *FinTech* | 0.1842 | 0.1404 | 0.2591** | 0.2324** |
| | （0.99） | （0.83） | （2.31） | （2.27） |
| *Fsize* | | -0.0309 | | 0.0120 |
| | | （-1.16） | | （1.06） |
| *Fage* | | 0.0305 | | 0.0054 |
| | | （1.00） | | （0.40） |
| *Fcash* | | -0.1177 | | -0.0509 |
| | | （-1.32） | | （-1.03） |
| *Flev* | | -0.1062 | | -0.0684* |
| | | （-1.30） | | （-1.69） |

续表

| 变量 | （1） | （2） | （3） | （4） |
|---|---|---|---|---|
| | EXMSP | | INMSP | |
| Froa | | 0.1538 | | 0.0960 |
| | | (0.73) | | (0.91) |
| Fgro | | 0.0277 | | 0.0123 |
| | | (1.58) | | (1.47) |
| Find | | −0.1276 | | 0.0892 |
| | | (−0.77) | | (1.36) |
| Fpoe | | 0.0372 | | −0.0125 |
| | | (0.89) | | (−0.72) |
| Cfdev | | 0.2301 | | 0.4540* |
| | | (0.32) | | (1.71) |
| Cedev | | 0.2902 | | −0.2086 |
| | | (0.79) | | (−1.25) |
| Cf200 | | 0.0596 | | −0.0258 |
| | | (1.59) | | (−1.60) |
| _cons | | 0.6010 | | 0.8790*** |
| | | (0.90) | | (3.05) |
| Fixed Effect | Yes | Yes | Yes | Yes |
| N | 3082 | 3082 | 2351 | 2351 |
| R² | 0.71 | 0.78 | 0.83 | 0.92 |

注：*、**和***分别表示10%、5%和1%的显著性水平；Fixed Effect包括行业固定效应和年份固定效应；括号内为经过城市聚类稳健标准误调整后的t值。

（二）内生性问题处理

1. "双向因果"问题

双向因果关系导致的内生性问题严重地影响了实证结论的可信性。参照宋敏等（2021）的做法，使用省内GDP最接近企业注册地的三个其他城市金融科技发展水平的均值（Fother3）作为工具变量。就相关性而言，省内城市GDP越相近，则城市在金融机构选址、经济发展水平和经济结构等方面越相似（宋敏等，2021）；就外生性而言，省内GDP相近的城市金融科技发展水平很难直接影响目标城市内企业进口贸易结构，即使存在相邻城市可能的"空间溢出效应"，本书

亦通过加入变量 $Cf200$ 予以控制。因此，本书选取的工具变量满足相关性和外生性假定。

以单产品企业出口集约边际为例，表 5-3 汇报了使用两阶段最小二乘法（2SLS）进行内生性检验的结果。第一列显示了 2SLS 第一阶段的估计结果，发现工具变量（$Fother3$）显著地促进了目标地区的金融科技发展水平提升，表明二者具有显著的相关性。第二列显示了 2SLS 第二阶段的估计结果，表明金融科技依然显著地促进了单产品企业出口集约边际优化。并且通过了无法识别检验和弱工具变量检验，说明了工具变量的有效性。但相较于表 5-2 第四列的基准估计结果，金融科技的系数有所上升，意味着不考虑使用工具变量处理内生性问题，可能会低估金融科技对单产品企业出口集约边际的影响。考虑到影响滞后性问题，在表 5-3 的后两列汇报了滞后一期的工具变量（$Fother3\_lag$）估计结果，发现核心结论并未实质性改变，意味着本书的研究不存在严重的"双向因果"问题。

表 5-3 基于"双向因果"的内生性问题处理

| 变量 | (1) | (2) | (3) | (4) |
|---|---|---|---|---|
| | *IV* | | *Lag* | |
| | *FinTech* | *INMSP* | *FinTech* | *INMSP* |
| *FinTech* | | 0.2960*** | | 0.9242** |
| | | (2.61) | | (2.23) |
| *Fother3* | 1.0094*** | | | |
| | (107.63) | | | |
| *Fother3_lag* | | | 0.2673*** | |
| | | | (3.83) | |
| *Fsize* | -0.0059 | 0.0096 | 0.0004 | 0.0122 |
| | (-1.53) | (0.60) | (0.31) | (1.08) |
| *Fage* | -0.0005 | -0.0356 | -0.0010 | 0.0052 |
| | (-0.06) | (-1.45) | (-0.72) | (0.39) |
| *Fcash* | -0.0004 | 0.0503 | -0.0038 | -0.0505 |
| | (-0.02) | (0.93) | (-0.92) | (-1.03) |

续表

| 变量 | (1) | (2) | (3) | (4) |
|---|---|---|---|---|
| | IV | | Lag | |
| | FinTech | INMSP | FinTech | INMSP |
| Flev | 0.0162 | -0.1046* | -0.0012 | -0.0690* |
| | (0.98) | (-1.95) | (-0.31) | (-1.72) |
| Froa | -0.0144 | 0.2100 | 0.0062 | 0.0971 |
| | (-0.39) | (1.06) | (0.64) | (0.92) |
| Fgro | -0.0006 | -0.0042 | 0.0006 | 0.0121 |
| | (-0.19) | (-0.42) | (0.74) | (1.45) |
| Find | 0.0215 | 0.1549* | 0.0089 | 0.0884 |
| | (1.07) | (1.76) | (1.11) | (1.34) |
| Fpoe | 0.0122* | -0.0174 | 0.0081 | -0.0123 |
| | (1.79) | (-0.68) | (1.52) | (-0.70) |
| Cfdev | -0.4895*** | 0.8202* | 0.1059*** | 0.4689* |
| | (-6.37) | (1.94) | (4.88) | (1.75) |
| Cedev | 0.0435 | -0.1386 | 0.0108 | -0.2179 |
| | (1.15) | (-0.76) | (0.57) | (-1.30) |
| Cf200 | -0.0075** | 0.0005 | -0.0082*** | -0.0265 |
| | (-2.25) | (0.02) | (-4.46) | (-1.65) |
| Fixed Effect | Yes | Yes | Yes | Yes |
| K-P LM | | 78.153 | | 12.919 |
| | | (0.0000) | | (0.0003) |
| C-D Wald F | | 9380.469 | | 107.039 |
| | | [16.38] | | [16.38] |
| K-P Wald F | | 6627.613 | | 83.111 |
| | | [16.38] | | [16.38] |
| N | 2351 | 2351 | 1407 | 1407 |
| $R^2$ | 0.88 | 0.02 | 0.14 | 0.01 |

注：*、**和***分别表示10%、5%和1%的显著性水平；Fixed Effect 包括行业固定效应和年份固定效应；小括号内为经过城市聚类稳健标准误调整后的 t 值。K-P LM 表示无法识别检验的 Kleibergen-Paap rk LM 统计值；C-D F 和 K-P F 表示弱工具变量检验 Cragg-Donald Wald F 和 Kleibergen-Paap rk Wald F 统计值；中括号内为 Stock-Yogo 在10%水平上的临界值。

2. "测量误差" 等内生性问题

测量误差、遗漏重要变量以及样本选择偏差都可能导致内生性问题而影响估计结果的可信性，因此本书进行如下检验：①使用出口额与企业销售收入的比重作为集约边际替代指标进行稳健性检验，记为 *EXPI*，结果汇报于表5-4第一列。②使用熵值法（Entropy Method）测算金融科技的综合指标作为替代变量，记为 *FinTech*2，结果于第二列呈现。③加入了半径500千米内非本城市的金融科技企业数目（*Fin*500）作为控制变量，结果汇报于第三列。④使用 Heckman 两步法处理样本选择偏差问题，估计结果汇报于最后一列。上述检验表明本书的核心结论并未根本改变。

表5-4 基于"测量误差"等内生性问题处理

| 变量 | （1） | （2） | （3） | （4） |
|---|---|---|---|---|
| | *EXPI* | | *INMSP* | |
| | 替换因变量 | 替换自变量 | 控制空间溢出 | 样本选择偏差 |
| *FinTech* | 0.1385** | | 0.2226** | 0.2166** |
| | (2.11) | | (2.17) | (2.21) |
| *FinTech*2 | | 0.3327** | | |
| | | (2.07) | | |
| *Fin*500 | | | −0.0000** | |
| | | | (−2.23) | |
| *invmills* | | | | 0.0684 |
| | | | | (1.56) |
| *Fsize* | 0.0108 | 0.7180*** | 0.0137 | 0.0112 |
| | (0.96) | (8.01) | (1.21) | (1.00) |
| *Fage* | 0.0061 | −0.0698 | 0.0060 | 0.0060 |
| | (0.45) | (−0.68) | (0.45) | (0.45) |
| *Fcash* | −0.0537 | −0.1523 | −0.0528 | −0.0507 |
| | (−1.07) | (−0.52) | (−1.06) | (−1.05) |
| *Flev* | −0.0652 | −0.5701** | −0.0668* | −0.0635 |
| | (−1.61) | (−2.28) | (−1.66) | (−1.63) |
| *Froa* | 0.0991 | 0.7016 | 0.0997 | 0.0998 |
| | (0.94) | (1.03) | (0.94) | (0.95) |

续表

| 变量 | (1) | (2) | (3) | (4) |
|------|------|------|------|------|
|      | EXPI | | INMSP | |
|      | 替换因变量 | 替换自变量 | 控制空间溢出 | 样本选择偏差 |
| Fgro | 0.0119 | −0.0975 | 0.0120 | 0.0123 |
|      | (1.43) | (−1.46) | (1.46) | (1.48) |
| Find | 0.0891 | 0.0275 | 0.0930 | 0.0876 |
|      | (1.35) | (0.07) | (1.41) | (1.33) |
| Fpoe | −0.0111 | −0.1891 | −0.0145 | −0.0091 |
|      | (−0.65) | (−0.92) | (−0.83) | (−0.52) |
| Cfdev | 0.5542** | 0.7829 | 0.4867* | 0.4404* |
|      | (2.01) | (0.35) | (1.84) | (1.66) |
| Cedev | −0.2367 | 3.1202*** | −0.1630 | −0.2031 |
|      | (−1.40) | (2.83) | (−0.99) | (−1.21) |
| Cf200 | −0.0232 | −0.1249 | −0.0217 | −0.0234 |
|      | (−1.44) | (−1.03) | (−1.37) | (−1.44) |
| _cons | 0.8040*** | 0.5551 | 0.8160*** | 0.8478*** |
|      | (2.73) | (0.25) | (2.84) | (2.92) |
| Fixed Effect | Yes | Yes | Yes | Yes |
| N | 2351 | 2351 | 2351 | 2351 |
| $R^2$ | 0.92 | 0.93 | 0.92 | 0.92 |

注：*、**和***分别表示10%、5%和1%的显著性水平；Fixed Effect包括行业固定效应和年份固定效应；括号内为经过城市聚类稳健标准误调整后的t值。

## （三）影响机制检验

借鉴 Baron 和 Kenny（1986）中介效应模型，对企业融资约束和银企信息不对称等中介变量进行检验。具体地：

第一步，考察金融科技对单产品企业出口贸易结构的影响，即计量模型（5-1）。

第二步，考察金融科技对中介变量的影响，计量模型如下：

$$Med_{jkit} = \alpha_0' + \alpha_1' \times FinTech_{jt} + \gamma \times FC_{jkit} + \delta \times RC_{jt} + \varphi_k + \varphi_t + \varepsilon_{jkit} \qquad (5-4)$$

式中，Med 为本书待考察的中介变量，前文已经描述，此处不再赘述。其他指标的含义与式（5-1）一致。

第三步，同时考察金融科技与中介变量对单产品企业出口贸易结构的影响，计量模型为：

$$INMSP_{jkit} = \alpha_0'' + \alpha_1'' \times FinTech_{jt} + \alpha_2'' \times Med_{jit} + \gamma \times FC_{jkit} + \delta \times RC_{jt} + \varphi_k + \varphi_t + \varepsilon_{jkit} \tag{5-5}$$

1. 融资约束渠道

表5-5前两列显示了以 $SA$ 指数作为融资约束指标的中介效应检验结果，表明金融科技显著地降低了企业的融资约束（第一列），并且控制了融资约束后金融科技仍然显著地促进了单产品企业出口贸易结构的提升（第二列）。与表5-2第四列的基准回归相比，表5-5第二列金融科技的估计系数有所下降，意味着融资约束在金融科技与单产品企业出口贸易结构之间可能起着部分中介效应（Baron和 Kenny，1986）。故降低融资约束是金融科技促进单产品企业出口贸易结构提升的一个渠道。

表5-5 机制检验：融资约束与信息不对称

| 变量 | (1) | (2) | (3) | (4) |
|---|---|---|---|---|
| | $SA$ | $INMSP$ | $ASY$ | $INMSP$ |
| FinTech | −0. 1273 ** | 0. 2207 ** | −0. 3875 * | 0. 2220 ** |
| | (−2. 23) | (2. 16) | (−1. 88) | (2. 20) |
| SA | | −0. 0874 *** | | |
| | | (−3. 12) | | |
| ASY | | | | −0. 0225 *** |
| | | | | (−2. 71) |
| Fsize | 0. 2327 *** | 0. 0325 *** | 0. 5047 *** | 0. 0230 * |
| | (13. 18) | (2. 71) | (12. 78) | (1. 89) |
| Fage | −0. 1010 *** | −0. 0033 | −0. 1484 *** | 0. 0024 |
| | (−7. 19) | (−0. 25) | (−4. 25) | (0. 18) |
| Fcash | 0. 0848 | −0. 0469 | 0. 1009 | −0. 0500 |
| | (1. 60) | (−0. 95) | (0. 87) | (−1. 02) |
| Flev | −0. 0919 ** | −0. 0771 * | 0. 0980 | −0. 0665 * |
| | (−2. 13) | (−1. 91) | (0. 97) | (−1. 66) |
| Froa | −0. 3259 *** | 0. 0572 | −1. 6282 *** | 0. 0586 |
| | (−2. 91) | (0. 53) | (−6. 26) | (0. 54) |

续表

| 变量 | （1） | （2） | （3） | （4） |
|---|---|---|---|---|
| | SA | INMSP | ASY | INMSP |
| Fgro | −0.0109 | 0.0113 | 0.0487** | 0.0134 |
| | (−1.36) | (1.40) | (2.40) | (1.61) |
| Find | −0.0592 | 0.0866 | −0.4361** | 0.0825 |
| | (−0.75) | (1.34) | (−2.25) | (1.26) |
| Fpoe | −0.0561 | −0.0194 | 0.0683 | −0.0118 |
| | (−1.48) | (−1.25) | (0.94) | (−0.70) |
| Cfdev | −0.2648 | 0.4616* | 1.7527** | 0.4799* |
| | (−0.80) | (1.72) | (1.96) | (1.81) |
| Cedev | 0.3575** | −0.1716 | 1.1111** | −0.1716 |
| | (2.18) | (−1.06) | (2.42) | (−1.03) |
| Cf200 | 0.0015 | −0.0256 | 0.1487*** | −0.0225 |
| | (0.10) | (−1.61) | (3.12) | (−1.39) |
| _cons | −7.6278*** | 0.2068 | −14.9045*** | 0.5508* |
| | (−17.09) | (0.64) | (−15.15) | (1.73) |
| Fixed Effect | Yes | Yes | Yes | Yes |
| N | 3082 | 2351 | 3080 | 2351 |
| R² | 0.98 | 0.92 | 0.95 | 0.92 |

注：*、**和***分别表示10%、5%和1%的显著性水平；Fixed Effect包括行业固定效应和年份固定效应；括号内为经过城市聚类稳健标准误调整后的t值。

2. 信息不对称渠道

表5-5后两列汇报了以信息不对称（ASY）作为指标的中介效应检验结果。第四列金融科技估计系数与基准回归相比有所下降，意味着信息不对称在金融科技与单产品企业出口贸易结构之间可能起着部分中介效应。故优化信息匹配是金融科技促进单产品企业出口贸易结构提升的另一个渠道。

（四）异质性分析

此处着重从企业性质、企业规模与地区特征三个方面进行异质性分析。

1. 企业性质

以国有企业作为对照，分别构建金融科技与民营企业、外资企业的交互项

*FinTech×POE*、*FinTech×FOE*，估计结果见表5-6第一列。结果表明，相对于国有企业，金融科技对民营企业的出口贸易结构的促进作用更大，外资企业次之。

表5-6　异质性分析

| 变量 | (1) | (2) | (3) |
|---|---|---|---|
| | *INMSP* | | |
| | 企业性质 | 规模差异 | 地区特征 |
| *FinTech* | 0.2205** | 0.1927* | 0.2325** |
| | (1.99) | (1.78) | (2.28) |
| *FinTech×POE* | 0.0199*** | | |
| | (3.15) | | |
| *FinTech×FOE* | 0.0104*** | | |
| | (4.19) | | |
| *FinTech×Larg* | | 0.0933 | |
| | | (1.31) | |
| *FinTech×Midd* | | 0.0379*** | |
| | | (3.80) | |
| *FinTech×East* | | | 0.0133*** |
| | | | (5.38) |
| *Fsize* | 0.0122 | 0.0028 | 0.0121 |
| | (1.08) | (0.22) | (1.07) |
| *Fage* | 0.0053 | 0.0033 | 0.0055 |
| | (0.40) | (0.25) | (0.41) |
| *Fcash* | −0.0526 | −0.0504 | −0.0515 |
| | (−1.07) | (−1.03) | (−1.04) |
| *Flev* | −0.0684* | −0.0688* | −0.0682* |
| | (−1.70) | (−1.71) | (−1.69) |
| *Froa* | 0.0985 | 0.0918 | 0.0962 |
| | (0.93) | (0.88) | (0.91) |
| *Fgro* | 0.0123 | 0.0121 | 0.0122 |
| | (1.48) | (1.45) | (1.46) |
| *Find* | 0.0864 | 0.0847 | 0.0894 |
| | (1.31) | (1.29) | (1.36) |

续表

| 变量 | (1) | (2) | (3) |
|---|---|---|---|
| | INMSP | | |
| | 企业性质 | 规模差异 | 地区特征 |
| Fpoe | −0.0128 | −0.0135 | −0.0124 |
| | (−0.73) | (−0.78) | (−0.72) |
| Cfdev | 0.4443 * | 0.4487 * | 0.4521 * |
| | (1.67) | (1.68) | (1.70) |
| Cedev | −0.2016 | −0.2195 | −0.2080 |
| | (−1.20) | (−1.33) | (−1.24) |
| Cf200 | −0.0264 * | −0.0265 * | −0.0260 |
| | (−1.65) | (−1.65) | (−1.62) |
| _cons | 0.8795 *** | 1.1099 *** | 0.8777 *** |
| | (3.06) | (3.59) | (3.04) |
| Fixed Effect | Yes | Yes | Yes |
| N | 2351 | 2351 | 2351 |
| R² | 0.92 | 0.92 | 0.92 |

注：*、**和***分别表示10%、5%和1%的显著性水平；Fixed Effect包括行业固定效应和年份固定效应；括号内为经过城市聚类稳健标准误调整后的t值。

2. 企业规模

以小规模企业作为对照，分别构建金融科技与中等规模企业、大规模企业的交互项 FinTech×Large、FinTech×Midd，估计结果见表5-6第二列。结果发现，相对于小规模企业，金融科技对中等规模企业的出口贸易结构具有更显著的促进作用，但对大规模企业的促进作用不显著。

3. 地区特征

与杨晓亮（2020）一致，参考国家统计局对中国区域划分的标准，将城市所在省份划分为东部与中西部地区两个分样本。以中西部地区作为对照，构建金融科技与东部地区的交互项，估计结果见表5-6第三列。结果显示，相对于中西部地区，金融科技对东部地区的出口贸易结构的促进作用更大。

# 第三节　金融科技对多产品企业出口贸易结构的影响

## 一、计量模型设定

为考察金融科技对多产品企业出口贸易结构的影响，本书计量模型设定如下：

$$EXPMP_{jicht} = \alpha_0 + \alpha_3 \times FinTech_{jt} + \gamma \times FC_{jit} + \delta \times RC_{jt} + \varphi_{ich} + \varphi_t + \varepsilon_{jicht} \quad (5-6)$$

式中，$j$、$i$、$c$、$h$ 和 $t$ 分别为地区、企业、出口目的国、HS8 位码产品和年份；$EXPMP$ 为多产品企业出口贸易结构；$FinTech$ 为地区金融科技发展水平；$FC$ 和 $RC$ 分别为企业和地区层面的控制变量；$\varphi_{ich}$ 和 $\varphi_t$ 分别为企业—目的国—产品固定效应和年份固定效应；$\varepsilon_{jicht}$ 为随机扰动项；待估系数 $\alpha_3$ 是本书最为感兴趣的部分，当 $\alpha_3$ 显著大于 0 时，意味着金融科技显著促进了多产品企业出口产品结构的优化。

## 二、变量选取与测度

### （一）金融科技发展水平（FinTech）

已有研究关于金融科技的测度指标多为单一维度指标，如李春涛等（2020）通过网络爬虫技术用百度新闻高级检索金融科技相关关键词（包括大数据金融、人工智能金融、区块链金融和量化金融四个方面的 48 个关键词）的结果数量构建城市金融科技发展指数（以下简称热词指标）；宋敏等（2021）使用金融科技公司数量构建城市金融科技发展指标（以下简称科企指标），以及郭峰等（2020）使用北京大学普惠金融指数中的城市金融深度指数衡量（以下简称北普指标）。为了合理测度城市金融科技发展，本书综合考虑以上三类指标，参考赵涛等（2020）方法，对其标准化后利用主成分分析方法进行降维处理，获得 208 个城市的金融科技综合指标，记为 FinTech。

（二）多产品企业出口贸易结构（*EXMMP* 和 *INMMP*）

参考已有文献（杨晓亮，2020），本书使用两种方式衡量。其一为扩展边际（*EXMMP*），即企业出口产品—目的国对的数量，取自然对数进入计量方程。其二为集约边际（*INMMP*），即企业出口产品—目的国对的平均出口额，取自然对数进入计量方程

（三）控制变量

1. 企业层面控制变量

企业规模（*Fsize*），取自然对数的企业年末总资产；企业年龄（*Fage*），取自然对数的企业上市年数；企业现金流（*Fcash*），企业经营活动中产生的现金流量净值与年末总资产的比值；企业资产负债率（*Flev*），企业年末总负债与总资产之比；企业资产回报率（*Froa*），企业年末净利润与总资产之比；企业董事会独立性（*Find*），独立董事占董事会人数的比重；民营企业虚拟变量（*Fpoe*），即按照上市公司股权性质分类，当企业类型为民营企业时取值为 1，否则为 0。

2. 城市层面控制变量

城市金融发展水平（*Cfdev*），城市金融业产值占 GDP 的比重；城市经济发展水平（*Cedev*），城市 GDP 增长率；城市空间关联水平（*Cf200*），城市周边 200 千米以内非本市金融科技公司数目，加 1 后取自然对数。

（四）中介变量

1. 企业融资约束（*SA*）

参考 Hadlock 和 Piere（2010）的做法，使用式（5-3）测度以 *SA* 指数为企业融资约束的代理指标。*SA* 指数为负，取值越大，意味着企业面临的融资约束程度越高。

2. 银企信息不对称（*ASY*）

参考于蔚等（2012），选取流动性比率、非流动性比率和反转指标的第一主成分作为代理指标，其值越大意味着信息不对称越严重。

（五）数据说明

本书实证部分使用了 2011~2016 年多个数据库的合并数据。其中，企业层面指标测度数据来自国泰安（CSMAR）和万得（Wind）上市公司数据；产品层面指标测度数据来自中国海关贸易数据库；城市层面指标测度数据来自《中国城

市统计年鉴》。在匹配上市公司与海关贸易数据时，借鉴寇宗来和刘学悦（2020）方法，综合使用精确匹配和模糊匹配两种方法。此外，参照已有研究，本书删除了金融类公司样本和主要变量缺失的样本，并对所有连续变量进行双侧1%的缩尾处理。表5-7呈现了主要变量的描述性统计。

表 5-7　主要变量描述性统计

| 变量 | 观测值 | 均值 | 标准差 | 最小值 | 中值 | 最大值 |
|---|---|---|---|---|---|---|
| EXMMP | 3081 | 4.871 | 1.669 | 0.000 | 4.723 | 8.124 |
| INMMP | 3081 | 10.995 | 1.542 | 4.174 | 10.950 | 19.860 |
| FinTech | 3081 | 0.219 | 0.062 | 0.061 | 0.221 | 0.430 |
| Fsize | 3081 | 23.888 | 1.174 | 19.731 | 24.061 | 26.054 |
| Fage | 3081 | 1.903 | 0.751 | 0.000 | 1.946 | 3.178 |
| Fcash | 3081 | 0.043 | 0.065 | -0.164 | 0.041 | 0.235 |
| Flev | 3081 | 0.404 | 0.202 | 0.048 | 0.393 | 0.883 |
| Froa | 3081 | 0.042 | 0.045 | -0.118 | 0.037 | 0.193 |
| Fgro | 3081 | 0.147 | 0.324 | -0.486 | 0.107 | 3.705 |
| Find | 3081 | 0.370 | 0.052 | 0.333 | 0.333 | 0.571 |
| Fpoe | 3081 | 0.640 | 0.480 | 0.000 | 1.000 | 1.000 |
| Cfdev | 3081 | 0.128 | 0.032 | 0.026 | 0.135 | 0.171 |
| Cedev | 3081 | 0.110 | 0.024 | 0.035 | 0.112 | 0.173 |
| Cf200 | 3081 | 4.600 | 1.678 | 0.693 | 4.890 | 9.321 |

资料来源：笔者计算整理。

### 三、实证分析汇报

前文典型化事实显示了金融科技对多产品企业出口贸易结构影响的初步结果，接下来进行更为精确的计量分析。

（一）基准回归分析

表5-8汇报了金融科技与多产品企业出口贸易结构影响的基准回归结果。第一列和第三列是在控制了企业—目的国—产品固定效应和年份固定效应后，仅考虑了金融科技与多产品企业出口贸易结构之间关系的估计结果。不难发现金融科

技显著地促进了多产品企业出口扩展边际的优化，而多产品企业出口集约边际的估计系数虽然为正，但在10%的水平不显著异于0，即金融科技未能显著促进多产品企业出口集约边际的优化。第二列和第四列是加入了所有控制变量后的估计结果，与未加入控制变量时保持一致。之所以金融科技未能显著促进多产品企业出口集约边际的优化，可能的原因是，中国出口企业缺乏"品牌效应"，致使出口额的增速慢于产品、国际市场的增速，从而对平均出口额的影响不显著。

表5-8　金融科技与多产品企业出口贸易结构

| 变量 | (1) | (2) | (3) | (4) |
|---|---|---|---|---|
| | EXMMP | EXMMP | INMMP | INMMP |
| FinTech | 1.0516*** | 1.0215*** | 0.5027 | 0.6425 |
| | (2.84) | (2.73) | (1.02) | (1.29) |
| Fsize | | 0.1212** | | 0.0009 |
| | | (1.99) | | (0.01) |
| Fage | | -0.2332*** | | 0.1431 |
| | | (-4.36) | | (1.53) |
| Fcash | | -0.1411 | | -0.3041 |
| | | (-0.82) | | (-0.99) |
| Flev | | -0.1863 | | -0.6855*** |
| | | (-1.30) | | (-2.92) |
| Froa | | 0.2524 | | -1.3360** |
| | | (0.62) | | (-2.13) |
| Fgro | | 0.0174 | | -0.0540 |
| | | (0.48) | | (-0.80) |
| Find | | 0.2636 | | 0.4794 |
| | | (0.84) | | (0.95) |
| Fpoe | | 0.0458 | | -0.0067 |
| | | (0.38) | | (-0.04) |
| Cfdev | | 0.1287 | | 1.0580 |
| | | (0.08) | | (0.50) |
| Cedev | | 0.9549 | | 0.2190 |
| | | (1.36) | | (0.20) |

续表

| 变量 | (1) | (2) | (3) | (4) |
|---|---|---|---|---|
| | *EXMMP* | *EXMMP* | *INMMP* | *INMMP* |
| *Cf*200 | | 0.0333 | | −0.2926 ** |
| | | (0.41) | | (−2.55) |
| _cons | 4.6405 *** | 1.8633 | 10.8842 *** | 11.9260 *** |
| | (57.07) | (1.31) | (99.83) | (5.46) |
| Fixed Effect | Yes | Yes | Yes | Yes |
| N | 3081 | 3081 | 3081 | 3081 |
| R² | 0.95 | 0.95 | 0.84 | 0.84 |

注：*、**和***分别表示10%、5%和1%的显著水平；Fixed Effect 包括企业—目的国—产品固定效应和年份固定效应；括号内为经过城市聚类稳健标准误调整后的 t 值。

（二）内生性问题处理

1. "双向因果"问题

参照宋敏等（2021）的做法，使用省内 GDP 最接近企业注册地的三个其他城市金融科技发展水平的均值（*Fother*3）作为工具变量。就相关性而言，省内城市 GDP 越相近，则城市在金融机构选址、经济发展水平和经济结构等方面越相似（宋敏等，2021）；就外生性而言，省内 GDP 相近的城市金融科技发展水平很难直接影响目标城市内企业进口贸易结构，即使存在相邻城市可能的"空间溢出效应"，本书亦通过加入变量 *Cf*200 予以控制。因此，本书选取的工具变量满足相关性和外生性假定。

以多产品企业出口扩展边际为例，表 5-9 汇报了使用两阶段最小二乘法（2SLS）进行内生性检验的结果。第一列显示了 2SLS 第一阶段的估计结果，发现工具变量（*Fother*3）显著地促进了目标地区的金融科技发展水平提升，表明二者具有显著的相关性。第二列汇报了 2SLS 第二阶段的估计结果，表明金融科技依然显著地促进了多产品企业出口扩展边际的优化。并且通过了无法识别检验和弱工具变量检验，说明了工具变量的有效性。但相较于表 5-8 第二列的基准估计结果，金融科技的系数有所上升，意味着不考虑使用工具变量处理内生性问题，可能会低估金融科技对多产品企业出口扩展边际的影响。考虑到影响滞后性问题，在表 5-9 的后两列汇报了滞后一期的工具变量（*Fother*3_lag）估计结果，发现核心结论并未实质性改变，意味着本书不存在严重的"双向因果"问题。

表 5-9 内生性检验

| 变量 | (1) | (2) | (3) | (4) |
|---|---|---|---|---|
| | IV | | Lag | |
| | FinTech | EXMMP | FinTech | EXMMP |
| FinTech | | 1.2404*** | | 5.1786*** |
| | | (3.01) | | (3.24) |
| Fother3 | 1.0094*** | | | |
| | (107.72) | | | |
| Fother3_lag | | | 0.2666*** | |
| | | | (3.82) | |
| Fsize | −0.0059 | 0.0778 | 0.0004 | 0.1212** |
| | (−1.54) | (0.84) | (0.33) | (1.99) |
| Fage | −0.0006 | −0.2718** | −0.0010 | −0.2328*** |
| | (−0.07) | (−2.25) | (−0.72) | (−4.36) |
| Fcash | −0.0003 | 0.1236 | −0.0038 | −0.1403 |
| | (−0.02) | (0.54) | (−0.92) | (−0.81) |
| Flev | 0.0162 | −0.4305** | −0.0012 | −0.1890 |
| | (0.98) | (−2.27) | (−0.31) | (−1.32) |
| Froa | −0.0146 | −0.1184 | 0.0062 | 0.2582 |
| | (−0.39) | (−0.20) | (0.64) | (0.64) |
| Fgro | −0.0005 | 0.0577 | 0.0006 | 0.0167 |
| | (−0.19) | (1.28) | (0.75) | (0.46) |
| Find | 0.0217 | 0.3714 | 0.0089 | 0.2587 |
| | (1.08) | (0.85) | (1.11) | (0.83) |
| Fpoe | 0.0122* | 0.1607 | 0.0081 | 0.0472 |
| | (1.79) | (1.08) | (1.52) | (0.39) |
| Cfdev | −0.4792*** | 2.4608 | 0.1060*** | 0.1601 |
| | (−6.25) | (1.14) | (4.90) | (0.10) |
| Cedev | 0.0454 | 0.5230 | 0.0108 | 0.9212 |
| | (1.20) | (0.58) | (0.58) | (1.31) |

续表

| 变量 | (1) | (2) | (3) | (4) |
|---|---|---|---|---|
| | IV | | Lag | |
| | FinTech | EXMMP | FinTech | EXMMP |
| Cf200 | −0.0075** | 0.0209 | −0.0082*** | 0.0301 |
| | (−2.27) | (0.19) | (−4.46) | (0.37) |
| Fixed Effect | Yes | Yes | Yes | Yes |
| K-P LM | | 127.749 | | 22.268 |
| | | (0.0000) | | (0.0000) |
| C-D F | | 1.6e+04 | | 159.863 |
| | | [16.38] | | [16.38] |
| K-P F | | 1.2e+04 | | 141.555 |
| | | [16.38] | | [16.38] |
| N | 3081 | 3081 | 1869 | 1869 |
| R² | 0.88 | 0.02 | 0.13 | 0.02 |

注：*、**和***分别表示10%、5%和1%的显著性水平；Fixed Effect 包括企业—目的国—产品固定效应和年份固定效应；小括号内为经过城市聚类稳健标准误调整后的 t 值。K-P LM 表示无法识别检验的 Kleibergen-Paap rk LM 统计值；C-D F 和 K-P F 表示弱工具变量检验 Cragg-Donald Wald F 和 Kleibergen-Paap rk Wald F 统计值；中括号内为 Stock-Yogo 在10%水平上的临界值。

2. "测量误差"等内生性问题

测量误差、遗漏重要变量以及样本选择偏差都可能导致内生性问题而影响估计结果的可信性，因此本书进行如下检验：①使用熵值法（Entropy Method）测算金融科技的综合指标作为替代变量，记为 FinTech2，结果于第一列呈现；②加入了半径500千米内非本城市的金融科技企业数目（Fin500）作为控制变量，结果汇报于第二列；③使用 Heckman 两步法处理样本选择偏差问题，估计结果汇报于最后一列。上述检验表明本书的核心结论并未根本改变（见表5-10）。

表5-10　稳健性检验

| 变量 | (1) | (2) | (3) |
|---|---|---|---|
| | EXMMP | | |
| | 替换自变量 | 控制空间溢出 | 样本选择偏差 |
| FinTech | | 1.0250*** | 1.0268*** |
| | | (2.74) | (2.73) |

续表

| 变量 | (1) | (2) | (3) |
|---|---|---|---|
| | EXMMP | | |
| | 替换自变量 | 控制空间溢出 | 样本选择偏差 |
| FinTech2 | 1.5036** | | |
| | (2.14) | | |
| Fin500 | | 0.0000 | |
| | | (0.27) | |
| invmills | | | −0.0294 |
| | | | (−0.17) |
| Fsize | 0.1175* | 0.1204** | 0.1194** |
| | (1.93) | (1.97) | (1.97) |
| Fage | −0.2318*** | −0.2332*** | −0.2406*** |
| | (−4.31) | (−4.36) | (−4.51) |
| Fcash | −0.1482 | −0.1402 | −0.1464 |
| | (−0.86) | (−0.81) | (−0.85) |
| Flev | −0.1731 | −0.1872 | −0.2049 |
| | (−1.21) | (−1.31) | (−1.42) |
| Froa | 0.2475 | 0.2515 | 0.2519 |
| | (0.61) | (0.62) | (0.62) |
| Fgro | 0.0168 | 0.0175 | 0.0169 |
| | (0.47) | (0.49) | (0.47) |
| Find | 0.2760 | 0.2604 | 0.2574 |
| | (0.88) | (0.83) | (0.82) |
| Fpoe | 0.0439 | 0.0461 | 0.0419 |
| | (0.37) | (0.38) | (0.35) |
| Cfdev | 0.5859 | 0.1085 | 0.0334 |
| | (0.36) | (0.07) | (0.02) |
| Cedev | 0.8333 | 0.9340 | 1.0009 |
| | (1.17) | (1.32) | (1.43) |
| Cf200 | 0.0460 | 0.0318 | 0.0431 |
| | (0.56) | (0.39) | (0.52) |
| _cons | 1.4853 | 1.8902 | 1.9040 |
| | (1.01) | (1.32) | (1.34) |

续表

| 变量 | (1) | (2) | (3) |
|---|---|---|---|
| | *EXMMP* | | |
| | 替换自变量 | 控制空间溢出 | 样本选择偏差 |
| Fixed Effect | Yes | Yes | Yes |
| N | 3081 | 3081 | 3081 |
| $R^2$ | 0.95 | 0.95 | 0.95 |

注：＊、＊＊和＊＊＊分别表示 10%、5% 和 1% 的显著性水平；Fixed Effect 包括企业—目的国—产品固定效应和年份固定效应；括号内为经过城市聚类稳健标准误调整后的 t 值。

（三）作用机制检验

借鉴 Baron 和 Kenny（1986）中介效应模型，对企业融资约束和银企信息不对称等中介变量进行检验。具体地：

第一步，考察金融科技对多产品企业出口贸易结构的影响，即计量模型（5-5）。

第二步，考察金融科技对中介变量的影响，即计量模型（5-3）。

第三步，同时考察金融科技与中介变量对多产品企业出口贸易结构的影响，计量模型为：

$$EXMP_{jicht} = \alpha'''_0 + \alpha'''_1 \times FinTech_{jt} + \alpha'''_2 \times Med_{jit} + \gamma \times FC_{jit} + \delta \times RC_{jt} + \varphi_{ich} + \varphi_t + \varepsilon_{jicht} \quad (5-7)$$

1. 融资约束渠道

表 5-11 前两列显示了以 *SA* 指数作为融资约束指标的中介效应检验结果，表明金融科技显著地降低了企业的融资约束（第一列），并且控制了融资约束后金融科技仍然显著地促进了多产品企业出口贸易结构的提升（第二列）。与表 5-8 第二列的基准回归相比，表 5-11 第二列金融科技的估计系数有所下降，意味着融资约束在金融科技与多产品企业出口贸易结构之间可能起着部分中介效应（Baron 和 Kenny，1986）。故降低融资约束是金融科技促进多产品企业出口贸易结构提升的一个渠道。

表 5-11 机制检验：融资约束与信息不对称

| 变量 | (1) | (2) | (3) | (4) |
|---|---|---|---|---|
| | *SA* | *EXMP* | *ASY* | *EXMP* |
| *FinTech* | −0.1220＊＊ | 1.0026＊＊＊ | −0.3849＊＊＊ | 0.9692＊＊＊ |
| | (−2.12) | (2.69) | (−3.87) | (2.63) |

续表

| 变量 | （1） | （2） | （3） | （4） |
|---|---|---|---|---|
| | SA | EXMP | ASY | EXMP |
| SA | | −0.1542*** | | |
| | | （−3.37） | | |
| ASY | | | | −0.1370*** |
| | | | | （−3.22） |
| Fsize | 0.2235*** | 0.1556** | 0.4971*** | 0.1899*** |
| | （11.91） | （2.46） | （12.31） | （3.06） |
| Fage | −0.1124*** | −0.2505*** | −0.1576*** | −0.2552*** |
| | （−6.68） | （−4.56） | （−4.21） | （−4.78） |
| Fcash | 0.0867 | −0.1277 | 0.1022 | −0.1238 |
| | （1.64） | （−0.74） | （0.88） | （−0.72） |
| Flev | −0.0875** | −0.1998 | 0.1003 | −0.1767 |
| | （−2.03） | （−1.39） | （0.99） | （−1.24） |
| Froa | −0.3355*** | 0.2007 | −1.6363*** | 0.0049 |
| | （−2.99） | （0.49） | （−6.29） | （0.01） |
| Fgro | −0.0123 | 0.0155 | 0.0475** | 0.0247 |
| | （−1.52） | （0.43） | （2.33） | （0.69） |
| Find | −0.0654 | 0.2535 | −0.4398** | 0.2025 |
| | （−0.82） | （0.81） | （−2.27） | （0.66） |
| Fpoe | −0.0559 | 0.0371 | 0.0683 | 0.0549 |
| | （−1.48） | （0.31） | （0.94） | （0.46） |
| Cfdev | −0.3040 | 0.0818 | 1.7187* | 0.3352 |
| | （−0.90） | （0.05） | （1.91） | （0.21） |
| Cedev | 0.3329** | 1.0062 | 1.0917** | 1.1103 |
| | （2.02） | （1.43） | （2.37） | （1.58） |
| Cf200 | 0.0027 | 0.0337 | 0.1496*** | 0.0529 |
| | （0.17） | （0.41） | （3.13） | （0.64） |
| _cons | −7.3830*** | 0.7246 | −14.7034*** | −0.1572 |
| | （−15.47） | （0.44） | （−14.51） | （−0.10） |
| Fixed Effect | Yes | Yes | Yes | Yes |
| N | 3081 | 3081 | 3079 | 3079 |
| R² | 0.98 | 0.95 | 0.95 | 0.95 |

注：*、**和***分别表示10%、5%和1%的显著性水平；Fixed Effect包括企业—目的国—产品固定效应和年份固定效应；括号内为经过城市聚类稳健标准误调整后的t值。

2. 信息不对称渠道

表5-11后两列汇报了以信息不对称（ASY）作为指标的中介效应检验结果。第四列金融科技估计系数与基准回归相比有所下降，意味着信息不对称在金融科技与多产品企业出口贸易结构之间可能起着部分中介效应。故优化信息匹配是金融科技促进多产品企业出口贸易结构提升的另一个渠道。

（四）异质性分析

1. 贸易方式

根据海关贸易数据库中记录的企业出口数据信息，按贸易方式划分为一般贸易、加工贸易和其他贸易。以其他贸易方式作为对照（杨晓亮，2022），分别构建金融科技与一般贸易企业、加工贸易企业的交互项 $FinTech \times Ford$、$FinTech \times Fpro$，估计结果见表5-12第一列。结果显示，相对于其他贸易方式，金融科技对一般贸易企业的出口贸易结构的促进作用更大，而加工贸易企业次之。其可能的原因是，一般贸易企业本身就拥有一定人力资本水平和研发创新能力，金融科技的"赋能"效应进一步提升了其研发创新投入水平，从而更能推动企业出口贸易结构的提升。

表5-12　异质性分析

| 变量 | (1) | (2) | (3) | (4) |
|---|---|---|---|---|
| | EXMP | | | |
| | 贸易方式 | 企业性质 | 规模差异 | 产品结构 |
| FinTech | 0.8265*<br>(1.92) | 0.1060**<br>(2.18) | 0.8362**<br>(2.04) | 0.7779**<br>(2.01) |
| FinTech×Ford | 0.2289***<br>(5.04) | | | |
| FinTech×Fpro | 0.0356***<br>(4.15) | | | |
| FinTech×POE | | 0.8353***<br>(3.04) | | |
| FinTech×FOE | | 0.5096***<br>(3.21) | | |

续表

| 变量 | （1） | （2） | （3） | （4） |
|---|---|---|---|---|
| | EXMP | | | |
| | 贸易方式 | 企业性质 | 规模差异 | 产品结构 |
| FinTech×Larg | | | 0.4155 | |
| | | | (1.63) | |
| FinTech×Midd | | | 0.2627*** | |
| | | | (6.43) | |
| FinTech×core | | | | 1.6719*** |
| | | | | (6.83) |
| Fsize | 0.1224** | 0.0259 | 0.0869 | 0.1115* |
| | (2.01) | (1.04) | (1.31) | (1.88) |
| Fage | −0.2390*** | 0.0055 | −0.2443*** | −0.2394*** |
| | (−4.47) | (0.19) | (−4.54) | (−4.66) |
| Fcash | −0.1402 | −0.1326 | −0.1363 | −0.1142 |
| | (−0.82) | (−1.43) | (−0.79) | (−0.67) |
| Flev | −0.1822 | −0.0048 | −0.1864 | −0.1694 |
| | (−1.28) | (−0.06) | (−1.31) | (−1.20) |
| Froa | 0.2455 | 0.4789* | 0.2385 | 0.1573 |
| | (0.61) | (1.79) | (0.59) | (0.39) |
| Fgro | 0.0186 | 0.0308 | 0.0169 | 0.0241 |
| | (0.52) | (1.60) | (0.47) | (0.68) |
| Find | 0.2703 | 0.1380 | 0.2658 | 0.2522 |
| | (0.86) | (0.88) | (0.84) | (0.81) |
| Fpoe | 0.0474 | −0.0155 | 0.0386 | 0.0234 |
| | (0.39) | (−0.59) | (0.32) | (0.20) |
| Cfdev | 0.0850 | 0.1940 | 0.1199 | 0.3051 |
| | (0.05) | (0.37) | (0.08) | (0.20) |
| Cedev | 0.9810 | −0.7101 | 0.9014 | 0.9217 |
| | (1.40) | (−1.19) | (1.28) | (1.33) |
| Cf200 | 0.0308 | −0.0330 | 0.0310 | 0.0558 |
| | (0.37) | (−0.82) | (0.38) | (0.71) |
| _cons | 1.8577 | 4.6632*** | 2.7157* | 2.0088 |
| | (1.30) | (57.65) | (1.74) | (1.43) |

续表

| 变量 | (1) | (2) | (3) | (4) |
|---|---|---|---|---|
| | *EXMP* | | | |
| | 贸易方式 | 企业性质 | 规模差异 | 产品结构 |
| Fixed Effect | Yes | Yes | Yes | Yes |
| N | 3081 | 3081 | 3081 | 3081 |
| $R^2$ | 0.95 | 0.95 | 0.95 | 0.96 |

注：\*、\*\*和\*\*\*分别表示10%、5%和1%的显著性水平；Fixed Effect包括企业—目的国—产品固定效应和年份固定效应；括号内为经过城市聚类稳健标准误调整后的t值。

2. 企业性质

国泰安（CSMAR）上市公司数据库中按照股权性质的分类，企业类型主要包括国有、民营和外资三类。以国有企业作为对照（杨晓亮等，2021），分别构建金融科技与民营企业、外资企业的交互项 *FinTech×POE*、*FinTech×FOE*，估计结果见表5-12第二列。结果表明，相对于国有企业，金融科技对民营企业的出口贸易结构的促进作用更大，外资企业次之。其可能的原因是，对于民营企业而言，金融机构可以通过技术手段深入挖掘财务数据以精准评估其风险，进而助力其获得更多信贷支持（Lee等，2019），因而促进其出口贸易结构提升的作用更大。

3. 企业规模

参考杨晓亮（2022）的方法，本书将全样本按照企业企业规模（*Fsize*）从低到高排序后划分为三等份，以小规模企业作为对照，分别构建金融科技与中等规模企业、大规模企业的交互项 *FinTech×Large*、*FinTech×Midd*，估计结果见表5-12第三列。结果发现，相对于小规模企业，金融科技对中等规模企业的出口贸易结构具有更显著的促进作用，但对大规模企业的促进作用不显著。其可能的原因是，中小企业受到融资约束的限制更大，因而金融科技的影响也越大。而大企业资金实力较强，金融科技对其影响暂时还不明显。

4. 产品结构

以出口额为标准将所有产品划分为非核心出口产品和核心出口产品两个样本（杨晓亮，2022），构建金融科技与核心出口产品的交互项，估计结果见表5-12

第四列。结果发现，金融科技对非核心出口产品和核心出口产品质量皆具有提升作用，且对后者的作用更大，意味着金融科技主要通过促进核心产品出口来优化多产品企业整体出口贸易结构。

# 第四节　本章小结

本章利用 2011~2016 年中国上市公司与海关贸易数据库的合并数据，考察了金融科技对企业出口贸易结构的影响及其作用机制。主要研究结论如下：①总体上，金融科技显著地促进了单产品企业出口集约边际和多产品企业出口扩展边际的优化，促进了企业出口的持续性，在经过内生性检验、核心指标替换、空间关联控制以及样本选择偏差处理后，本书结论依然稳健。②利用中介效应模型检验影响机制表明，缓解融资约束和优化信息匹配是金融科技促进单产品和多产品企业出口扩展边际的优化的两个可能渠道。③异质性分析发现，金融科技对单产品民营企业、中等规模企业和东部地区的出口集约边际的优化作用尤为明显；对多产品一般贸易企业、民营企业、中等规模企业和核心产品出口扩展边际的优化作用尤为明显。

# 第六章　金融科技与中国企业出口产品质量

《中共中央关于制定国民经济和社会发展第十四个五年规划和二〇三五年远景目标的建议》强调"提升出口产品质量""优化商品结构"的战略重点，为新时期贸易强国建设起锚定向（张晴和于津平，2024）。现阶段，加大力度破局出口贸易"大而不强"的境况是建设中国式现代化的关键任务，寻求突破出口产品质量升级难关新引擎的重要性不言而喻（刘文革等，2024）。因此，加快提升中国产品出口质量，对于培育出口竞争新优势及构建高水平对外开放新格局具有重要的现实意义（蒋灵多等，2024）。本章探讨金融科技与中国企业出口产品质量之间的关系。

## 第一节　"量质齐升"

前文研究表明，金融科技显著地促进了多产品企业出口结构优化，那么是否也能够促进出口产品质量提升，实现"量质齐升"呢？为了回答上述问题，本书利用 CSMAR 上市公司数据库和中国海关贸易数据库，对 2011~2016 年金融科技与出口产品质量进行测算①后，首先，图 6-1 呈现了以金融科技发展水平分为

---

① 详见本章第二节。

高低两组，对比了出口产品质量随时间推移的趋势。通过对比发现，2011~2016年金融科技发展水平较高的地区中国企业出口产品质量曲线呈微弱波动变化趋势。具体而言，中国企业出口产品质量在 2012 年和 2013 年缓慢下降，但 2014年和 2015 年开始稳步反弹上升，但 2016 年又开始微弱下降。2011~2016 年金融科技发展水平较低的地区中国企业出口产品质量曲线呈较大幅度波动变化趋势。具体而言，中国企业出口产品质量在 2012 年和 2013 年迅速下降，但 2014 年和2015 年开始急速反弹上升，但 2016 年又开始微弱下降。尽管金融科技发展水平较高与较低的地区中国企业出口产品质量曲线整体变动趋势基本一致，但金融科技发展水平较高的地区企业出口产品质量时间趋势曲线位置也较高，且在样本期内始终高于金融科技发展水平较低的地区企业出口产品质量时间趋势曲线，初步验证了金融科技与出口产品质量具有正相关关系，初步验证了假说 H4。

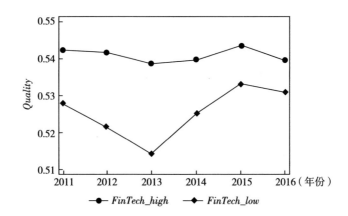

**图 6-1　金融科技分组的时间趋势图对比**

资料来源：CSMAR 上市公司数据库、中国海关贸易数据库。

　　其次，图 6-2 呈现了以金融科技发展水平分为高低两组，对比了出口产品质量截面变化的特征。通过对比发现，金融科技发展水平较高的地区中国企业出口产品质量的核密度曲线偏右，即金融科技发展水平较高的地区出口产品质量高于金融科技发展水平较低的地区，再次验证了金融科技与出口产品质量具有正相关关系，进一步验证了假说 H4。

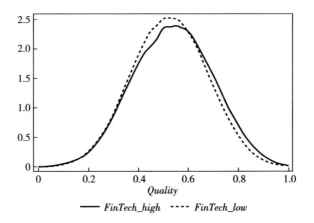

**图6-2　金融科技分组的截面密度图对比**

资料来源：CSMAR上市公司数据库、中国海关贸易数据库。

再次，图6-3呈现了以企业融资约束水平分为高低两组，对比了出口产品质量截面变化的特征。通过对比发现，融资约束水平较低的企业出口产品质量的核密度曲线偏右，即融资约束水平较低的企业出口产品质量高于融资约束水平较高的企业，验证了融资约束水平与出口产品质量具有反相关关系，与前文的理论机制分析结论一致。

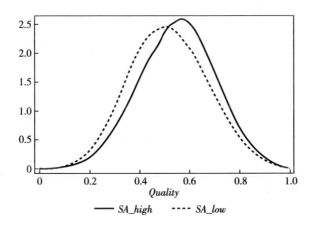

**图6-3　融资约束分组的截面密度对比**

资料来源：CSMAR上市公司数据库、中国海关贸易数据库。

最后，图 6-4 呈现了以企业信息不对称水平分为高低两组，对比了出口产品质量截面变化的特征。通过对比发现，信息不对称水平较低的企业出口产品质量的核密度曲线偏右，即信息不对称水平较低的企业出口产品质量高于信息不对称水平较高的企业，验证了信息不对称与出口产品质量具有反相关关系，与前文的理论机制分析结论一致。

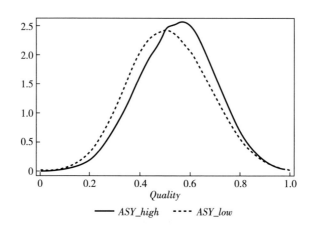

**图 6-4　信息不对称分组的截面密度对比**

资料来源：CSMAR 上市公司数据库、中国海关贸易数据库。

综上所述，金融科技可能促进企业出口产品质量提升，且缓解融资约束和信息不对称是两个重要的影响渠道。接下来，本书将使用更为精确的计量方法检验金融科技与企业出口贸易结构的关系。

# 第二节　金融科技的出口产品质量提升效应

## 一、计量模型设定

为考察金融科技对企业出口产品质量的影响效果，本书计量模型设定如下：

$$QEXP_{jicht} = \alpha_0 + \alpha_1 \times FinTech_{jt} + \gamma \times FC_{jit} + \delta \times RC_{jt} + \varphi_{ich} + \varphi_t + \varepsilon_{jicht} \tag{6-1}$$

式中，$j$、$i$、$c$、$h$ 和 $t$ 分别为地区、企业、出口目的国、HS8 位码产品和年份；$QEXP$ 为企业出口产品质量；$FinTech$ 为地区金融科技发展水平；$FC$ 和 $RC$ 分别为企业和地区层面的控制变量；$\varphi_{ich}$ 和 $\varphi_t$ 分别为企业—目的国—产品固定效应和年份固定效应；$\varepsilon_{jicht}$ 为随机扰动项；待估系数 $\alpha_1$ 是本书最为感兴趣的部分，当 $\alpha_1$ 显著大于 0 时，意味着金融科技显著促进了企业出口产品质量的提升。

### 二、变量选取与测度

#### （一）金融科技发展水平（FinTech）

已有研究关于金融科技的测度指标多为单一维度指标，如李春涛等（2020）通过网络爬虫技术用百度新闻高级检索金融科技相关关键词（包括大数据金融、人工智能金融、区块链金融和量化金融四个方面的 48 个关键词）的结果数量构建城市金融科技发展指数（以下简称热词指标）；宋敏等（2021）使用金融科技公司数量构建城市金融科技发展指标（以下简称科企指标），以及郭峰等（2020）使用北京大学普惠金融指数中的城市金融深度指数衡量（以下简称北普指标）。为了合理测度城市金融科技发展，本书综合考虑以上三类指标，参考赵涛等（2020）方法，对其标准化后利用主成分分析方法进行降维处理，获得 208 个城市的金融科技综合指标，记为 $FinTech$。

#### （二）企业出口产品质量（QEXP）

借鉴 Hallak 和 Sivadasan（2009）以及施炳展和邵文波（2014）的企业产品质量异质性模型框架和方法，构建测算某种出口产品质量的计量模型：

$$q_{ict} = p_{ict}^{-\sigma} \lambda_{ict}^{\sigma-1} (E_{ct} / P_{ct}) \tag{6-2}$$

式中，$i$、$c$ 和 $t$ 分别表示企业、出口目的国和年份；$q$、$p$ 和 $\lambda$ 分别为出口产品的需求量、价格和质量；$E$ 为消费者对某种出口产品的总支出；$P$ 为价格指数。将式（6-2）两边取自然对数，整理后可得：

$$\ln q_{ict} = \chi_{ct} - \sigma \ln p_{ict} + \varepsilon_{ict} \tag{6-3}$$

在考虑产品种类和内生性后，对式（6-3）进行回归，并根据回归结果通过下式定义质量：

$$QEXP_{ict} = \ln \hat{\lambda}_{ict} = \frac{\hat{\varepsilon}_{ict}}{(\sigma-1)} = \frac{\ln q_{ict} - \ln \hat{q}_{ict}}{(\sigma-1)} \tag{6-4}$$

对所得出口产品质量进行去量纲的标准化处理,公式如下:

$$R\_QEXP_{ict} = \frac{QEXP_{ict} - MinQEXP_{ict}}{MaxQEXP_{ict} - MinQEXP_{ict}} \tag{6-5}$$

式中,Min 和 Max 分别表示样本期内某种产品质量的最大值和最小值。标准化产品质量指标取值在 0~1。利用下式可以对标准化产品质量在不同层面上以出口额($v$)作为权重进行加总:

$$TQ = \frac{v_{ict}}{\displaystyle\sum_{ict \in \Omega} v_{ict}} \times R\_QEXP_{ict} \tag{6-6}$$

结合中国海关贸易数据库、CEPII BACI 数据库和 WDI 数据库测算企业 HS8 位码出口产品质量。

(三)控制变量

1. 企业层面控制变量

企业规模($Fsize$),取自然对数的企业年末总资产;企业年龄($Fage$),取自然对数的企业上市年数;企业现金流($Fcash$),企业经营活动中产生的现金流量净值与年末总资产的比值;企业资产负债率($Flev$),企业年末总负债与总资产之比;企业资产回报率($Froa$),企业年末净利润与总资产之比;企业董事会独立性($Find$),独立董事占董事会人数的比重;民营企业虚拟变量($Fpoe$),即按照上市公司股权性质分类,当企业类型为民营企业时取值为 1,否则为 0。

2. 城市层面控制变量

城市金融发展水平($Cfdev$),城市金融业产值占 GDP 的比重;城市经济发展水平($Cedev$),城市 GDP 增长率;城市空间关联水平($Cf200$),城市周边 200 千米以内非本市金融科技公司数目,加 1 后取自然对数。

(四)中介变量

1. 企业融资约束(SA)

参考 Hadlock 和 Piere(2010)的做法,使用如下公式测度:

$$SA = -0.737 \times Fsize + 0.043 \times Fsize^2 - 0.04 \times Fage \tag{6-7}$$

以 $SA$ 指数为企业融资约束的代理指标。$SA$ 指数为负,取值越大,意味着企业面临的融资约束程度越高。

2. 银企信息不对称（*ASY*）

参考于蔚等（2012），选取流动性比率、非流动性比率和反转指标的第一主成分作为代理指标，其值越大意味着信息不对称越严重。

（五）数据说明

本书实证部分使用了2011~2016年多个数据库的合并数据。其中，企业层面指标测度数据来自国泰安（CSMAR）和万得（Wind）上市公司数据；产品层面指标测度数据来自中国海关贸易数据库；城市层面指标测度数据来自《中国城市统计年鉴》。在匹配上市公司与海关贸易数据时，借鉴寇宗来和刘学悦（2020）方法，综合使用精确匹配和模糊匹配两种方法。此外，参照已有研究，本书删除了金融类公司样本和主要变量缺失的样本，并对所有连续变量进行双侧1%的缩尾处理。表6-1呈现了主要变量的描述性统计。

表6-1 主要变量描述性统计

| 变量名 | 观测值 | 均值 | 标准差 | 最小值 | 中值 | 最大值 |
|---|---|---|---|---|---|---|
| *QEXP* | 370782 | 0.534 | 0.156 | 0.000 | 0.535 | 1.000 |
| *FinTech* | 370782 | 3.105 | 1.967 | 0.000 | 2.890 | 8.827 |
| *Fsize* | 370782 | 22.733 | 1.519 | 19.731 | 22.379 | 26.054 |
| *Fage* | 370782 | 2.121 | 0.757 | 0.000 | 2.303 | 3.178 |
| *Fcash* | 370782 | 0.046 | 0.069 | −0.164 | 0.044 | 0.235 |
| *Flev* | 370782 | 0.505 | 0.213 | 0.048 | 0.509 | 0.883 |
| *Froa* | 370782 | 0.047 | 0.044 | −0.118 | 0.038 | 0.193 |
| *Fgro* | 370782 | 0.151 | 0.316 | −0.486 | 0.114 | 3.705 |
| *Find* | 370782 | 0.377 | 0.065 | 0.333 | 0.333 | 0.571 |
| *Fpoe* | 370782 | 0.509 | 0.500 | 0.000 | 1.000 | 1.000 |
| *Cfdev* | 370782 | 0.071 | 0.035 | 0.026 | 0.061 | 0.171 |
| *Cedev* | 370782 | 0.099 | 0.024 | 0.035 | 0.099 | 0.173 |
| *Cf200* | 370782 | 4.636 | 1.598 | 0.693 | 4.812 | 9.321 |

资料来源：笔者计算整理。

### 三、实证分析汇报

前文典型化事实显示了金融科技对企业出口产品质量影响的初步结果，接下来进行更为精确的计量分析。

（一）基准回归分析

表6-2汇报了金融科技对企业出口产品质量影响的基准回归结果。第一列是在控制了企业—目的国—产品固定效应和年份固定效应后，仅考虑了金融科技与企业出口产品质量之间关系的估计结果。不难发现金融科技显著地促进了企业出口产品质量的提升。第二列和第三列是分别加入了企业层面与城市层面的控制变量后的估计结果。容易发现，估计系数仍然高度显著为正。为考察可能存在的非线性关系，本书将金融科技二次项（qFinTech）加入了计量模型（6-1）后进行重新估计。第四列估计结果表明，金融科技对企业出口产品质量存在着"先抑制后促进"的"U形"影响。但就本书估计结果而言，金融科技一次项不显著异于0，意味着"U形"拐点接近0，而样本中有94.88%金融科技取值大于0，因此总体仍表现为促进效应。由此，金融科技显著地促进了企业出口产品质量提升这一核心结论得以验证。

表6-2　金融科技对企业出口产品质量的影响

| 变量 | (1) | (2) | (3) | (4) |
|---|---|---|---|---|
| | *QEXP* | | | |
| *FinTech* | 0.0037 *** | 0.0047 *** | 0.0051 *** | 0.0015 |
| | (4.94) | (6.19) | (6.60) | (1.54) |
| *qFinTech* | | | | 0.0005 *** |
| | | | | (5.92) |
| *Fsize* | | 0.0126 *** | 0.0128 *** | 0.0130 *** |
| | | (12.63) | (12.77) | (12.99) |
| *Fage* | | 0.0077 *** | 0.0076 *** | 0.0071 *** |
| | | (7.34) | (6.78) | (6.35) |
| *Fcash* | | 0.0057 * | 0.0056 * | 0.0058 * |
| | | (1.75) | (1.73) | (1.80) |

续表

| 变量 | (1) | (2) | (3) | (4) |
|---|---|---|---|---|
| | QEXP | | | |
| Flev | | −0.0047 | −0.0043 | −0.0043 |
| | | (−1.51) | (−1.37) | (−1.37) |
| Froa | | 0.0744*** | 0.0760*** | 0.0711*** |
| | | (9.23) | (9.40) | (8.76) |
| Fgro | | −0.0012 | −0.0011 | −0.0015** |
| | | (−1.62) | (−1.55) | (−2.06) |
| Find | | −0.0488*** | −0.0506*** | −0.0544*** |
| | | (−9.15) | (−9.44) | (−10.15) |
| Fpoe | | 0.0042 | 0.0043 | 0.0040 |
| | | (1.57) | (1.59) | (1.51) |
| Cfdev | | | −0.0516** | −0.0810*** |
| | | | (−1.96) | (−3.04) |
| Cedev | | | 0.0008 | −0.0148 |
| | | | (0.06) | (−1.10) |
| Cf200 | | | 0.0074*** | 0.0084*** |
| | | | (5.67) | (6.45) |
| _cons | 0.5538*** | 0.2624*** | 0.2272*** | 0.2281*** |
| | (247.59) | (11.44) | (9.28) | (9.31) |
| Fixed Effect | Yes | Yes | Yes | Yes |
| N | 370782 | 370782 | 370782 | 370782 |
| R² | 0.83 | 0.83 | 0.83 | 0.83 |

注：*、**和***分别代表10%、5%和1%的显著性水平；Fixed Effect 包括企业—目的国—产品固定效应和年份固定效应；括号内为经过城市聚类稳健标准误调整后的t值。


## （二）内生性问题处理

### 1."双向因果"问题

双向因果关系导致的内生性问题严重地影响了实证结论的可信性。参照宋敏等（2021）的做法，使用省内GDP最接近企业注册地的三个其他城市金融科技发展水平的均值（Fother3）作为工具变量。就相关性而言，省内城市GDP越相近，则城市在金融机构选址、经济发展水平和经济结构等方面越相似（宋敏等，

2021）；就外生性而言，省内 GDP 相近的城市金融科技发展水平很难直接影响目标城市内企业进口贸易结构，即使存在相邻城市可能的"空间溢出效应"，本书亦通过加入变量 *Cf*200 予以控制。因此，本书选取的工具变量满足相关性和外生性假定。

表 6-3 汇报了使用两阶段最小二乘法（2SLS）进行内生性检验的结果。第一列显示了 2SLS 第一阶段的估计结果，发现工具变量（*Fother*3）显著地促进了目标地区的金融科技发展水平提升，表明二者具有显著的相关性。第二列显示了 2SLS 第二阶段的估计结果，表明金融科技依然显著地促进了企业出口产品质量提升。并且通过了无法识别检验和弱工具变量检验，说明了工具变量的有效性。但相较于表 6-2 第三列的基准估计结果，金融科技的系数有所下降，意味着不考虑使用工具变量处理内生性问题，可能会高估金融科技对企业出口产品质量的影响。考虑到影响滞后性问题，在表 6-3 的后两列汇报了滞后一期的工具变量（*Fother*3_lag）估计结果，发现核心结论并未实质性改变，意味着本书不存在严重的"双向因果"问题。

表 6-3 基于"双向因果"的内生性问题处理

| 变量 | （1） | （2） | （3） | （4） |
|---|---|---|---|---|
| | *IV* | | *Lag* | |
| | *FinTech* | *QEXP* | *FinTech* | *QEXP* |
| *FinTech* | | 0.0018 *** | | 0.0014 *** |
| | | (10.53) | | (4.15) |
| *Fother*3 | 0.0674 *** | | | |
| | (29.04) | | | |
| *Fother*3_lag | | | 0.1857 *** | |
| | | | (54.70) | |
| *Fsize* | −0.1326 *** | −0.0096 *** | −0.0965 *** | −0.0126 *** |
| | (−45.15) | (−44.22) | (−19.52) | (−30.65) |
| *Fage* | −0.0711 *** | 0.0051 *** | −0.1615 *** | 0.0036 *** |
| | (−19.32) | (14.27) | (−19.47) | (4.99) |
| *Fcash* | 0.1087 *** | 0.0226 *** | 0.4268 *** | 0.0141 ** |
| | (12.55) | (7.06) | (29.62) | (2.44) |

续表

| 变量 | （1） | （2） | （3） | （4） |
|---|---|---|---|---|
| | IV | | Lag | |
| | FinTech | QEXP | FinTech | QEXP |
| Flev | 0.0812*** | 0.0048*** | -0.0359** | 0.0057* |
| | (8.76) | (2.86) | (-2.38) | (1.84) |
| Froa | 0.5375*** | -0.1446*** | 0.8440*** | -0.0998*** |
| | (20.52) | (-23.25) | (20.07) | (-8.70) |
| Fgro | -0.0144*** | 0.0066*** | -0.0431*** | -0.0004 |
| | (-6.98) | (11.03) | (-12.33) | (-0.26) |
| Find | -0.2168*** | -0.0363*** | -0.1125*** | -0.0518*** |
| | (-12.00) | (-11.46) | (-3.94) | (-9.24) |
| Fpoe | 0.1545*** | 0.0028*** | 0.2158*** | 0.0065*** |
| | (26.56) | (4.82) | (28.05) | (6.22) |
| Cfdev | 5.0477*** | -0.0544*** | 5.3359*** | -0.0551*** |
| | (74.04) | (-6.19) | (53.33) | (-3.53) |
| Cedev | 2.1313*** | -0.1921*** | 2.8816*** | -0.2278*** |
| | (45.36) | (-14.53) | (45.13) | (-10.08) |
| Cf200 | -0.1056*** | 0.0061*** | -0.2213*** | 0.0067*** |
| | (-20.70) | (38.91) | (-35.45) | (21.86) |
| _cons | 5.8379*** | 0.3842*** | 5.3998*** | 0.3159*** |
| | (80.76) | (10.51) | (45.78) | (8.31) |
| K-P LM | | 1.2e+05 | | 3.0e+04 |
| | | (0.0000) | | (0.0000) |
| C-D F | | 7.7e+05 | | 2.5e+05 |
| | | [16.38] | | [16.38] |
| K-P F | | 7.5e+05 | | 1.8e+05 |
| | | [16.38] | | [16.38] |
| Fixed Effect | Yes | Yes | Yes | Yes |
| N | 370782 | 370782 | 144362 | 144362 |
| R² | 0.99 | 0.01 | 0.99 | 0.02 |

注：*、**和***分别表示10%、5%和1%的显著性水平；Fixed Effect包括企业—目的国—产品固定效应和年份固定效应；小括号内为经过城市聚类稳健标准误差调整后的t值。K-P LM表示无法识别检验的Kleibergen-Paap rk LM统计值；C-D F和K-P F表示弱工具变量检验Cragg-Donald Wald F和Kleibergen-Paap rk Wald F统计值；中括号内为Stock-Yogo在10%水平上的临界值。

2. "测量误差"等内生性问题

测量误差、遗漏重要变量以及样本选择偏差都可能导致内生性问题而影响估计结果的可信性，因此本书进行如下检验：①使用简单算数平均数计算产品质量指标进行稳健性检验，记为 QEXP2，结果见表 6-4 第一列；②使用熵值法（Entropy Method）测算金融科技的综合指标作为替代变量，记为 FinTech2，结果于第二列呈现；③加入了半径 500 千米内非本城市的金融科技企业数目（Fin500）作为控制变量，结果见第三列；④使用 Heckman 两步法处理样本选择偏差问题，估计结果见最后一列。上述检验表明本书的核心结论并未根本改变。

表 6-4 基于"测量误差"等内生性问题处理

| 变量 | (1) | (2) | (3) | (4) |
|---|---|---|---|---|
| | QEXP2 | QEXP | | |
| | 替换因变量 | 替换自变量 | 控制空间溢出 | 样本选择偏差 |
| FinTech | 0.0046*** | | 0.0051*** | 0.0047*** |
| | (5.92) | | (6.54) | (6.10) |
| FinTech2 | | 0.0036*** | | |
| | | (3.42) | | |
| Fin500 | | | −0.0000 | |
| | | | (−0.04) | |
| Invmills | | | | 0.0117*** |
| | | | | (6.83) |
| Fsize | 0.0128*** | 0.0116*** | 0.0127*** | 0.0127*** |
| | (12.73) | (11.68) | (12.65) | (12.70) |
| Fage | 0.0070*** | 0.0070*** | 0.0075*** | 0.0074*** |
| | (6.24) | (6.31) | (6.77) | (6.66) |
| Fcash | 0.0087*** | 0.0059* | 0.0057* | 0.0073** |
| | (2.66) | (1.82) | (1.75) | (2.23) |
| Flev | −0.0012 | −0.0039 | −0.0042 | −0.0032 |
| | (−0.39) | (−1.25) | (−1.33) | (−1.01) |
| Froa | 0.0756*** | 0.0774*** | 0.0755*** | 0.0761*** |
| | (9.32) | (9.61) | (9.35) | (9.44) |

续表

| 变量 | （1） | （2） | （3） | （4） |
|---|---|---|---|---|
| | QEXP2 | QEXP | | |
| | 替换因变量 | 替换自变量 | 控制空间溢出 | 样本选择偏差 |
| Fgro | -0.0016 ** | -0.0011 | -0.0011 | -0.0006 |
| | （-2.18） | （-1.51） | （-1.55） | （-0.85） |
| Find | -0.0549 *** | -0.0508 *** | -0.0505 *** | -0.0448 *** |
| | （-10.22） | （-9.50） | （-9.40） | （-8.25） |
| Fpoe | 0.0064 ** | 0.0049 * | 0.0042 | 0.0045 * |
| | （2.42） | （1.82） | （1.58） | （1.69） |
| Cfdev | -0.0468 * | -0.0339 | -0.0525 ** | -0.0325 |
| | （-1.77） | （-1.31） | （-2.00） | （-1.23） |
| Cedev | 0.0115 | 0.0017 | 0.0007 | 0.0098 |
| | （0.86） | （0.12） | （0.05） | （0.73） |
| Cf200 | 0.0063 *** | 0.0062 *** | 0.0074 *** | 0.0075 *** |
| | （4.83） | （4.74） | （5.68） | （5.77） |
| _cons | 0.2299 *** | 0.2719 *** | 0.2298 *** | 0.2184 *** |
| | （9.38） | （11.26） | （9.37） | （8.92） |
| Fixed Effect | Yes | Yes | Yes | Yes |
| N | 372996 | 300415 | 372996 | 372922 |
| $R^2$ | 0.82 | 0.84 | 0.83 | 0.83 |

注：*、**和***分别表示10%、5%和1%的显著性水平；Fixed Effect 包括企业—目的国—产品固定效应和年份固定效应；括号内为经过城市聚类稳健标准误调整后的 t 值。

（三）影响机制检验

借鉴 Baron 和 Kenny（1986）中介效应模型，对企业融资约束和银企信息不对称等中介变量进行检验。具体地：

第一步，考察金融科技对企业出口产品质量的影响，即计量模型（6-1）。

第二步，考察金融科技对中介变量的影响，计量模型如下：

$$Med_{jit} = \alpha_0' + \alpha_1' \times FinTech_{jt} + \gamma \times FC_{jit} + \delta \times RC_{jt} + \varphi_{ich} + \varphi_t + \varepsilon_{jit} \qquad (6-8)$$

式中，Med 为本书待考察的中介变量，前文已经描述，此处不再赘述。其他指标的含义与式（6-1）一致。

第三步，同时考察金融科技与中介变量对企业出口产品质量的影响，计量模型为：

$$QEXP_{jicht} = \alpha_0'' + \alpha_1'' \times FinTech_{jt} + \alpha_2'' \times Med_{jit} + \gamma \times FC_{jit} + \delta \times RC_{jt} + \varphi_{ich} + \varphi_t + \varepsilon_{jicht} \qquad (6-9)$$

1. 融资约束渠道

表6-5前两列展示了以 SA 指数作为融资约束指标的中介效应检验结果，表明金融科技显著地降低了企业的融资约束（第一列），并且控制了融资约束后金融科技仍然显著地促进了企业出口产品质量的提升（第二列）。与表6-2第三列的基准回归相比，表6-5第二列金融科技的估计系数没有变化，但 t 值有所下降（从 6.60 到 6.56），意味着融资约束在金融科技与企业出口产品质量之间可能起着部分中介效应（Baron 和 Kenny，1986）。故降低融资约束是金融科技促进企业出口产品质量提升的一个渠道，从而验证了本书假说 H4。

表6-5　基于融资约束和信息匹配的机制检验

| 变量 | (1) | (2) | (3) | (4) |
|---|---|---|---|---|
| | QEXP2 | QEXP | | |
| | 替换因变量 | 替换自变量 | 控制空间溢出 | 样本选择偏差 |
| FinTech | -0.0019 *** | 0.0051 *** | -0.0941 *** | 0.0048 *** |
| | (-7.24) | (6.56) | (-32.80) | (6.20) |
| SA | | -0.0134 ** | | |
| | | (-2.11) | | |
| ASY | | | | -0.0031 *** |
| | | | | (-4.46) |
| Fsize | 0.0336 *** | 0.0132 *** | -0.2548 *** | 0.0120 *** |
| | (75.24) | (12.96) | (-64.84) | (11.78) |
| Fage | 0.0609 *** | 0.0084 *** | -0.0784 *** | 0.0073 *** |
| | (114.11) | (7.10) | (-19.60) | (6.56) |
| Fcash | -0.0228 *** | 0.0053 | -0.0743 *** | 0.0054 * |
| | (-23.37) | (1.64) | (-6.84) | (1.66) |
| Flev | 0.0313 *** | -0.0039 | 0.8331 *** | -0.0016 |
| | (23.07) | (-1.23) | (79.51) | (-0.52) |
| Froa | -0.0142 *** | 0.0758 *** | -1.3287 *** | 0.0719 *** |
| | (-4.04) | (9.37) | (-52.90) | (8.85) |

续表

| 变量 | （1） | （2） | （3） | （4） |
|---|---|---|---|---|
| | QEXP2 | QEXP | | |
| | 替换因变量 | 替换自变量 | 控制空间溢出 | 样本选择偏差 |
| Fgro | 0.0089 *** | −0.0010 | 0.0741 *** | −0.0009 |
| | （23.38） | （−1.38） | （30.11） | （−1.24） |
| Find | 0.0350 *** | −0.0501 *** | 0.1457 *** | −0.0501 *** |
| | （20.61） | （−9.34） | （9.37） | （−9.35） |
| Fpoe | 0.0067 *** | 0.0044 | 0.0715 *** | 0.0045 * |
| | （10.02） | （1.63） | （11.23） | （1.68） |
| Cfdev | 0.1900 *** | −0.0490 * | −3.1368 *** | −0.0615 ** |
| | （19.31） | （−1.86） | （−32.65） | （−2.34） |
| Cedev | 0.1412 *** | 0.0027 | −2.8287 *** | −0.0080 |
| | （31.78） | （0.20） | （−69.85） | （−0.60） |
| Cf200 | 0.0049 *** | 0.0074 *** | 0.3260 *** | 0.0084 *** |
| | （13.00） | （5.72） | （58.73） | （6.39） |
| _cons | −4.0990 *** | 0.1723 *** | 4.5980 *** | 0.2415 *** |
| | （−372.22） | （4.83） | （44.98） | （9.78） |
| Fixed Effect | Yes | Yes | Yes | Yes |
| N | 370782 | 370782 | 370774 | 370774 |
| $R^2$ | 0.97 | 0.83 | 0.93 | 0.83 |

注：*、**和***分别表示10%、5%和1%的显著性水平；Fixed Effect包括企业—目的国—产品固定效应和年份固定效应；括号内为经过城市聚类稳健标准误调整后的t值。

2. 信息不对称渠道

表6-5后两列展示了以信息不对称（ASY）作为指标的中介效应检验结果。第四列金融科技的估计系数与基准回归相比有所下降，意味着信息不对称在金融科技与企业出口产品质量之间可能起着部分中介效应。故优化信息匹配是金融科技促进企业出口产品质量提升的另一个渠道，从而验证了本书假说H4。

# 第三节　金融科技对出口产品质量的异质性影响

本章着重从贸易方式、企业性质、企业规模和出口结构四个方面进行异质性分析。

## 一、贸易方式

根据海关贸易数据库中记录的企业出口数据信息，按贸易方式划分为一般贸易、加工贸易和其他贸易。以其他贸易方式作为对照（杨晓亮，2022），分别构建金融科技与一般贸易企业、加工贸易企业的交互项 $FinTech \times Ford$、$FinTech \times Fpro$，估计结果见表6-6第一列。结果显示，相对于其他贸易方式，金融科技对一般贸易企业的出口产品质量的促进作用更大，而加工贸易企业次之。其可能的原因是，一般贸易企业本身就拥有一定人力资本水平和研发创新能力，金融科技的"赋能"效应进一步提升了其研发创新投入水平，从而更能推动企业出口产品质量的提升。

表6-6 异质性分析

| 变量 | (1) | (2) | (3) |
|---|---|---|---|
| | QEXP | | |
| | 贸易方式 | 企业性质 | 企业规模 |
| FinTech | 0.0029*** | 0.0025*** | 0.0044*** |
| | (3.57) | (3.05) | (5.45) |
| FinTech×Ford | 0.0017*** | | |
| | (9.00) | | |
| FinTech×Fpro | 0.0009*** | | |
| | (3.18) | | |
| FinTech×POE | | 0.0047*** | |
| | | (9.32) | |
| FinTech×FOE | | 0.0014* | |
| | | (1.93) | |
| FinTech×Large | | | 0.0005 |
| | | | (1.12) |
| FinTech×Midd | | | 0.0013*** |
| | | | (5.27) |
| Fsize | 0.0124*** | 0.0124*** | |
| | (12.38) | (12.37) | |

续表

| 变量 | (1) | (2) | (3) |
|---|---|---|---|
| | QEXP | | |
| | 贸易方式 | 企业性质 | 企业规模 |
| Fage | 0.0079 *** | 0.0052 *** | 0.0072 *** |
| | (7.07) | (4.53) | (6.32) |
| Fcash | 0.0050 | 0.0054 * | 0.0056 * |
| | (1.53) | (1.65) | (1.74) |
| Flev | −0.0051 | −0.0038 | −0.0067 ** |
| | (−1.62) | (−1.20) | (−2.13) |
| Froa | 0.0763 *** | 0.0727 *** | 0.0748 *** |
| | (9.43) | (8.94) | (9.25) |
| Fgro | −0.0012 * | −0.0012 * | −0.0012 * |
| | (−1.71) | (−1.66) | (−1.66) |
| Find | −0.0496 *** | −0.0538 *** | −0.0494 *** |
| | (−9.26) | (−10.01) | (−9.24) |
| Fpoe | 0.0043 | | 0.0039 |
| | (1.61) | | (1.45) |
| Cfdev | −0.0208 | 0.0134 | −0.0441 * |
| | (−0.79) | (0.50) | (−1.68) |
| Cedev | 0.0024 | −0.0013 | 0.0001 |
| | (0.18) | (−0.10) | (0.01) |
| Cf200 | 0.0065 *** | 0.0081 *** | 0.0072 *** |
| | (4.97) | (6.18) | (5.57) |
| _cons | 0.2397 *** | 0.2359 *** | 0.2461 *** |
| | (9.79) | (9.60) | (9.49) |
| Fixed Effect | Yes | Yes | Yes |
| N | 370782 | 368983 | 370782 |
| $R^2$ | 0.83 | 0.83 | 0.83 |

注：＊、＊＊和＊＊＊分别表示 10%、5% 和 1% 的显著性水平；Fixed Effect 包括企业—目的国—产品固定效应和年份固定效应；括号内为经过城市聚类稳健标准误调整后的 t 值。

## 二、企业性质

国泰安上市公司数据库中按照股权性质的分类，企业类型主要包括国有、民营和外资三类。以国有企业作为对照（杨晓亮等，2021），分别构建金融科技与民营企业、外资企业的交互项 *FinTech×POE*、*FinTech×FOE*，估计结果见表6-6第二列。结果表明，相对于国有企业，金融科技对民营企业的出口产品质量的促进作用更大，外资企业次之。其可能的原因是，对于民营企业而言，金融机构可以通过技术手段深入挖掘财务数据以精准评估其风险，进而助力其获得更多信贷支持（Lee等，2019），因而促进其出口产品质量提升的作用更大。

### 三、企业规模

参考杨晓亮（2022）的方法，本书将全样本按照企业企业规模（*Fsize*）从低到高排序后划分为三等份，以小规模企业作为对照，分别构建金融科技与中等规模企业、大规模企业的交互项 *FinTech×Large*、*FinTech×Midd*，估计结果见表6-6第三列。结果发现，相对于小规模企业，金融科技对中等规模企业的出口产品质量具有更显著的促进作用，但对大规模企业的促进作用不显著。

### 四、出口结构

结合海关数据库本书又进行了出口结构分析，进一步考察金融科技对企业出口产品质量的影响机制。

（一）基于新产品与旧产品的考察

借鉴杨晓亮（2022），以2011年为基期将所有产品划分为旧出口产品和新出口产品两个样本进行考察，分样本估计结果见表6-7第一列和第二列。

表6-7  出口结构分析

| 变量 | (1) | (2) | (3) | (4) | (5) | (6) |
| --- | --- | --- | --- | --- | --- | --- |
| | *QEXP* | | | | | |
| | 旧产品 | 新产品 | 交互项 | 非核心产品 | 核心产品 | 交互项 |
| *FinTech* | 0.0049*** | 0.0047** | 0.0051*** | 0.0013*** | 0.0043*** | 0.0042*** |
| | (6.14) | (1.98) | (6.65) | (6.87) | (2.80) | (5.37) |
| *FinTech×newhs* | | | −0.0005** | | | |
| | | | (−2.42) | | | |

续表

| 变量 | （1） | （2） | （3） | （4） | （5） | （6） |
|---|---|---|---|---|---|---|
| | QEXP | | | | | |
| | 旧产品 | 新产品 | 交互项 | 非核心产品 | 核心产品 | 交互项 |
| FinTech×corehs | | | | | | 0.0050 *** |
| | | | | | | （16.82） |
| Fsize | 0.0139 *** | 0.0052 * | 0.0128 *** | 0.0151 *** | 0.0043 * | 0.0128 *** |
| | （12.98） | （1.73） | （12.74） | （13.05） | （1.92） | （12.75） |
| Fage | 0.0082 *** | −0.0352 *** | 0.0074 *** | 0.0055 *** | 0.0118 *** | 0.0068 *** |
| | （6.99） | （−8.61） | （6.61） | （4.06） | （5.38） | （6.09） |
| Fcash | 0.0042 | 0.0534 *** | 0.0057 * | 0.0001 | 0.0286 *** | 0.0062 * |
| | （1.23） | （4.74） | （1.76） | （0.04） | （3.96） | （1.91） |
| Flev | −0.0057 * | 0.0031 | −0.0043 | −0.0055 | −0.0038 | −0.0046 |
| | （−1.74） | （0.29） | （−1.38） | （−1.47） | （−0.60） | （−1.47） |
| Froa | 0.0857 *** | −0.0852 *** | 0.0758 *** | 0.0911 *** | 0.0448 *** | 0.0764 *** |
| | （10.23） | （−2.74） | （9.38） | （9.36） | （2.91） | （9.47） |
| Fgro | −0.0013 * | 0.0049 ** | −0.0011 | −0.0003 | −0.0029 * | −0.0010 |
| | （−1.67） | （2.22） | （−1.54） | （−0.38） | （−1.94） | （−1.41） |
| Find | −0.0546 *** | −0.0153 | −0.0510 *** | −0.0489 *** | −0.0459 *** | −0.0524 *** |
| | （−9.72） | （−0.72） | （−9.52） | （−8.03） | （−3.83） | （−9.79） |
| Fpoe | 0.0021 | 0.0158 ** | 0.0042 | 0.0134 *** | −0.0155 *** | 0.0043 |
| | （0.76） | （2.08） | （1.56） | （4.42） | （−2.89） | （1.61） |
| Cfdev | −0.0502 * | 0.6807 *** | −0.0572 ** | −0.0750 ** | 0.0109 | −0.0453 * |
| | （−1.86） | （5.44） | （−2.17） | （−2.43） | （0.20） | （−1.73） |
| Cedev | 0.0019 | 0.0127 | −0.0009 | −0.0136 | −0.0105 | 0.0020 |
| | （0.14） | （0.22） | （−0.07） | （−0.87） | （−0.39） | （0.15） |
| Cf200 | 0.0076 *** | −0.0200 *** | 0.0075 *** | 0.0074 *** | 0.0051 * | 0.0071 *** |
| | （5.69） | （−4.11） | （5.78） | （4.93） | （1.82） | （5.50） |
| _cons | 0.2060 *** | 0.4439 *** | 0.2284 *** | 0.1506 *** | 0.5302 *** | 0.2314 *** |
| | （7.92） | （5.76） | （9.33） | （5.24） | （10.28） | （9.46） |
| Fixed Effect | Yes | Yes | Yes | Yes | Yes | Yes |
| N | 339330 | 73857 | 370782 | 301456 | 60405 | 370782 |
| $R^2$ | 0.83 | 0.72 | 0.83 | 0.82 | 0.83 | 0.83 |

注：*、**和***分别表示10%、5%和1%的显著性水平；Fixed Effect 包括企业—目的国—产品固定效应和年份固定效应；括号内为经过城市聚类稳健标准误调整后的 t 值。

估计结果表明，金融科技对旧出口产品与新出口产品质量皆具有提升作用，且对前者的作用更大。通过设定交互项再次检验的结论基本一致，结果见第三列。上述结果意味着金融科技主要通过促进出口旧产品质量提升企业整体出口产品质量。

（二）基于核心产品与非核心产品的考察

参考杨晓亮（2022），以出口额为标准将所有产品划分为非核心出口产品和核心出口产品两个样本进行考察，分样本估计结果见表6-7第四列和第五列。

估计结果表明，金融科技对非核心出口产品和核心出口产品质量皆具有提升作用，且对后者的作用更大。通过设定交互项再次检验的结论基本一致，结果见第六列。上述结果意味着金融科技主要通过促进核心出口产品质量提升企业整体出口产品质量。

综上所述，基于出口产品结构分析，金融科技主要通过促进旧出口产品和核心出口产品质量提升企业整体出口产品质量。

# 第四节　企业内产品质量的资源再配置效应

企业内各产品质量的分布情况是衡量资源配置效率的一个重要方式。通常而言，企业内产品质量分布越均匀，资源配置效率越高。接下来，将从企业层面考察金融科技对出口产品质量分布的影响。

借鉴毛其淋和许家云（2016）的方法，本书使用变异系数（Coefficient of Variation，CV）、泰尔指数（Theil Index，TI）、平均对数偏差（Mean Log Deviation，MLD）、相对均值偏差（Relative Mean Deviation，RMD）以及90与10分位数差值（90/10）五种方法测度企业内产品质量分散度，估计结果见表6-8。

估计结果表明金融科技对五类分散度指标皆产生了显著的负向影响，即金融科技有利于降低企业内产品质量分散度，从而改善了企业内的资源配置效率。

表 6-8　企业内资源配置效应

|  | (1) | (2) | (3) | (4) | (5) |
|---|---|---|---|---|---|
|  | CV | TI | MLD | RMD | 90/10 |
| FinTech | -0.0022*** | -0.0005*** | -0.0003*** | -0.0010*** | -0.0027*** |
|  | (-11.36) | (-9.02) | (-3.45) | (-11.65) | (-10.43) |
| Fsize | -0.0000 | 0.0001 | 0.0002*** | 0.0008*** | 0.0058*** |
|  | (-0.03) | (1.58) | (2.63) | (7.47) | (17.83) |
| Fage | 0.0005* | 0.0004*** | 0.0002* | 0.0014*** | 0.0021*** |
|  | (1.80) | (4.22) | (1.66) | (11.01) | (5.59) |
| Fcash | -0.0318*** | -0.0084*** | -0.0092*** | -0.0129*** | -0.0232*** |
|  | (-47.81) | (-42.35) | (-35.34) | (-45.16) | (-25.43) |
| Flev | -0.0075*** | -0.0027*** | -0.0041*** | -0.0044*** | -0.0052*** |
|  | (-9.25) | (-11.30) | (-13.10) | (-12.50) | (-4.74) |
| Froa | 0.0138*** | 0.0038*** | 0.0016* | 0.0058*** | 0.0487*** |
|  | (6.31) | (5.82) | (1.88) | (6.03) | (16.23) |
| Fgro | -0.0039*** | -0.0011*** | -0.0013*** | -0.0016*** | -0.0000 |
|  | (-21.13) | (-20.17) | (-19.20) | (-19.94) | (-0.01) |
| Find | 0.0098*** | 0.0021*** | -0.0003 | 0.0034*** | -0.0361*** |
|  | (7.73) | (5.72) | (-0.58) | (6.17) | (-21.82) |
| Fpoe | -0.0072*** | -0.0023*** | -0.0032*** | -0.0035*** | -0.0061*** |
|  | (-13.95) | (-16.26) | (-18.10) | (-15.85) | (-9.81) |
| Cfdev | -0.2727*** | -0.0839*** | -0.1113*** | -0.1114*** | -0.3020*** |
|  | (-44.31) | (-45.56) | (-45.33) | (-43.07) | (-36.27) |
| Cedev | 0.0159*** | 0.0036*** | 0.0032** | 0.0148*** | 0.0685*** |
|  | (4.49) | (3.32) | (2.21) | (9.76) | (15.30) |
| Cf200 | -0.0008** | -0.0008*** | -0.0020*** | -0.0002* | 0.0009** |
|  | (-2.49) | (-9.14) | (-17.20) | (-1.73) | (2.18) |
| _cons | 0.2887*** | 0.0454*** | 0.0556*** | 0.0956*** | 0.2449*** |
|  | (49.78) | (27.19) | (25.32) | (36.56) | (29.93) |
| Fixed Effect | id/year | id/year | id/year | id/year | id/year |
| N | 4188 | 4422 | 4422 | 4422 | 4422 |
| R² | 0.58 | 0.55 | 0.49 | 0.58 | 0.62 |

注：*、**和***分别表示10%、5%和1%的显著性水平；Fixed Effect 包括企业固定效应和年份固定效应；括号内为经过城市聚类稳健标准误调整后的 t 值。

# 第五节　本章小结

本章利用 2011~2016 年中国上市公司与海关贸易数据库的合并数据，考察了金融科技对企业出口产品质量的影响及其作用机制。主要研究结论如下：①总体上，金融科技显著地促进了企业出口产品质量的提升，在经过内生性检验、核心指标替换、空间关联控制以及样本选择偏差处理后，本书结论依然稳健；②利用中介效应模型检验影响机制表明，缓解融资约束和优化信息匹配是金融科技促进企业出口产品质量提升的两个可能渠道；③基于出口产品结构的作用机制分析表明，金融科技显著地促进了旧产品和核心产品质量的提升，从而促进了整体出口产品质量的提升；④异质性分析发现，金融科技对一般贸易企业、民营企业和中等规模企业的出口产品质量提升作用尤为明显；⑤企业内资源配置效应研究表明，金融科技有利于降低企业内产品质量分散度，从而改善了企业内的资源配置效率。

# 第七章 金融科技与中国企业出口技术复杂度

随着我国经济转入高质量发展新阶段，出口贸易迫切需要转向出口高质量发展模式，持续提升出口产品技术复杂度（戴魁早等，2023）。在数字服务迅猛发展和制造业转型升级的大背景下，制造业出口技术复杂度作为衡量产品出口竞争力和制造业发展的重要指标，探讨数字服务发展对其影响及两者之间的作用路径显得尤为重要（邸俊鹏和韩雨飞，2023）。以金融科技为视角，本章考察了其对中国制造业企业出口技术复杂度的影响及其作用机制。

## 第一节 典型化事实

金融科技是否促进了中国企业出口技术复杂度？是否存在非线性影响？影响效果是否显著？为了回答上述问题，本书利用 CSMAR 上市公司数据库和中国海关贸易数据库，对 2011～2016 年金融科技与中国企业出口技术复杂度进行测算[①]后，首先，图 7-1 为金融科技与中国企业出口技术复杂度对比的时间趋势图。通过对比发现，2011～2016 年金融科技曲线呈稳步上升趋势。其中仅 2014 年相对 2013 年金融科技指数有所下降，但仍然高于 2012 年水平，可以认为是金

---

① 详见本章第二节。

融科技发展过程中的正常调整。而企业出口技术复杂度呈"W形"波动上升趋势，具体而言中国企业出口技术复杂度在 2012 年和 2014 年都有下降，但 2013 年、2015 年和 2016 年皆有反弹，甚至超过了 2011 年基期水平。因此可以认为金融科技与中国企业出口技术复杂度的变化趋势基本一致。基于"共同"上升趋势的基本特征，本书预期金融科技与企业出口技术复杂度具有正相关关系，初步验证了假说 H5。

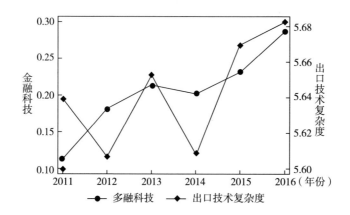

**图 7-1　金融科技与出口技术复杂度时间趋势对比**

资料来源：CSMAR 上市公司数据库、中国海关贸易数据库。

其次，图 7-2 呈现了以金融科技发展水平分为高低两组，对比了出口技术复杂度截面变化的特征。通过对比发现，金融科技发展水平较高的地区中国企业出口技术复杂度的核密度曲线波峰更高、位置更偏右，即金融科技发展水平较高的地区出口技术复杂度高于金融科技发展水平较低的地区，再次验证了金融科技与出口技术复杂度具有正相关关系，进一步验证了假说 H5。

再次，图 7-3 为金融科技与中国企业出口技术复杂度总体水平之间关系的散点图。通过观察发现，金融科技与中国企业出口技术复杂度总体水平之间关系的拟合线向右上方倾斜，意味着金融科技可能显著促进了中国企业出口技术复杂度总体水平的提升，其结果与前文时间趋势对比结果相互印证，初步验证了研究假说 H5。

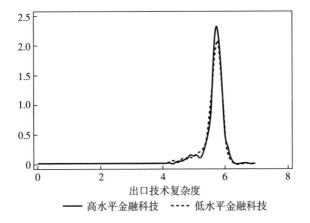

**图 7-2　金融科技分组的截面密度图对比**

资料来源：CSMAR 上市公司数据库、中国海关贸易数据库。

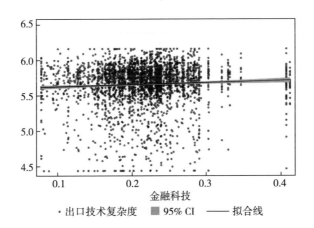

**图 7-3　金融科技与出口技术复杂度线性拟合图**

资料来源：CSMAR 上市公司数据库、中国海关贸易数据库。

最后，图 7-4 为金融科技与企业出口技术复杂度之间关系的非线性拟合图，研究发现其与线性拟合图较为相似，推测二者之间并不存在显著的非线性关系。接下来，本书将使用更为精确的计量方法检验金融科技与企业出口技术复杂度的关系。

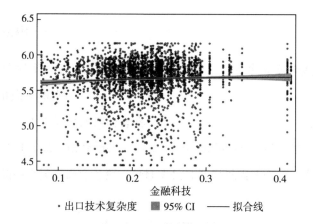

**图 7-4　金融科技与出口技术复杂度非线性拟合图**

资料来源：CSMAR 上市公司数据库、中国海关贸易数据库。

# 第二节　金融科技的企业技术升级效应

### 一、计量模型设定

为考察金融科技对企业出口技术复杂度的影响，本书计量模型设定如下：

$$EXPY_{jit} = \alpha_0 + \alpha_2 \times FinTech_{jt} + \gamma \times FC_{jit} + \delta \times RC_{jt} + \varphi_i + \varphi_t + \varepsilon_{jit} \tag{7-1}$$

式中，$j$、$i$ 和 $t$ 分别为地区、企业和年份；$EXPY$ 为企业出口技术复杂度；$FinTech$ 为地区金融科技发展水平；$FC$ 和 $RC$ 分别为企业和地区层面的控制变量；$\varphi_i$ 和 $\varphi_t$ 分别为企业固定效应和年份固定效应；$\varepsilon_{jit}$ 为随机扰动项；$\alpha_1$ 是本书最为感兴趣的部分，当 $\alpha_1$ 显著大于 0 时，意味着金融科技显著地促进了企业出口技术复杂度优化。

### 二、变量选取与测度

#### （一）金融科技发展水平（*FinTech*）

已有研究关于金融科技的测度指标多为单一维度指标，如李春涛等（2020）

通过网络爬虫技术用百度新闻高级检索金融科技相关关键词（包括大数据金融、人工智能金融、区块链金融和量化金融四个方面的 48 个关键词）的结果数量构建城市金融科技发展指数（以下简称热词指标）；宋敏等（2021）使用金融科技公司数量构建城市金融科技发展指标（以下简称科企指标），以及郭峰等（2020）使用北京大学普惠金融指数中的城市金融深度指数衡量（以下简称北普指标）。为了合理测度城市金融科技发展，本书综合考虑以上三类指标，参考赵涛等（2020）方法，对其标准化后利用主成分分析方法进行降维处理，获得 208 个城市的金融科技综合指标，记为 *FinTech*。

（二）企业出口技术复杂度（*EXPY*）

参考杨晓亮（2020），企业出口技术复杂度 EXPY 的计算方法与 Hausmann 等（2007）、盛斌和毛其淋（2017）类似，具体为：

$$EXPY_i = \sum_k \left( \frac{x_{ik}}{X_i} \right) \times PRODY_k \qquad (7-2)$$

式中，$x_{ik}$ 为企业 $i$ 产品 $k$ 的出口额；$X_i$ 为企业 $i$ 的总出口额；$PRODY_k$ 为出口产品 $k$ 的技术复杂度，具体可表示为：

$$PRODY_k = \sum_j \left( \frac{\dfrac{x_{jk}}{X_j}}{\sum_j \dfrac{x_{jk}}{X_j}} \right) \times Y_j \qquad (7-3)$$

式中，$x_{jk}$ 为国家或地区 $j$ 产品 $k$ 的出口额；$X_j$ 为国家或地区 $j$ 的总出口额；$Y_j$ 为 $j$ 国人均 GDP。

结合 CEPII-BACI 贸易数据库、佩恩表（PWT9.0）和中国海关贸易数据库来测算企业出口技术复杂度。

（三）控制变量

1. 企业层面控制变量

企业规模（*Fsize*），取自然对数的企业年末总资产；企业年龄（*Fage*），取自然对数的企业上市年数；企业现金流（*Fcash*），企业经营活动中产生的现金流量净值与年末总资产的比值；企业资产负债率（*Flev*），企业年末总负债与总资产之比；企业资产回报率（*Froa*），企业年末净利润与总资产之比；企业董事会独立性（*Find*），独立董事占董事会人数的比重；民营企业虚拟变量（*Fpoe*），即按照上市公司股权性质分类，当企业类型为民营企业时取值为1，否则为0。

2. 城市层面控制变量

城市金融发展水平（*Cfdev*），城市金融业产值占 GDP 的比重；城市经济发展水平（*Cedev*），城市 GDP 增长率；城市空间关联水平（*Cf200*），城市周边 200 千米以内非本市金融科技公司数目，加1后取自然对数。

（四）中介变量

1. 企业融资约束（*SA*）

参考 Hadlock 和 Piere（2010）的做法，使用如下公式测度：

$$SA = -0.737 \times Fsize + 0.043 \times Fsize^2 - 0.04 \times Fage \tag{7-4}$$

以 *SA* 指数为企业融资约束的代理指标。*SA* 指数为负，取值越大，意味着企业面临的融资约束程度越高。

2. 银企信息不对称（*ASY*）

参考于蔚等（2012），选取流动性比率、非流动性比率和反转指标的第一主成分作为代理指标，其值越大意味着信息不对称越严重。

（五）数据说明

本书实证部分使用了 2011～2016 年多个数据库的合并数据。其中，企业层面指标测度数据来自国泰安（CSMAR）和万得（Wind）上市公司数据；产品层面指标测度数据来自中国海关贸易数据库；城市层面指标测度数据来自《中国城市统计年鉴》。在匹配上市公司与海关贸易数据时，借鉴寇宗来和刘学悦（2020）方法，综合使用精确匹配和模糊匹配两种方法。此外，参照已有研究，本书删除了金融类公司样本和主要变量缺失的样本，并对所有连续变量进行双侧 1% 的缩尾处理。表 7-1 呈现了主要变量的描述性统计。

表 7-1　主要变量描述性统计

| 变量名 | 观测值 | 均值 | 标准差 | 最小值 | 中值 | 最大值 |
|---|---|---|---|---|---|---|
| *EXPY* | 3066 | 5.648 | 0.363 | 0.000 | 5.720 | 6.975 |
| *FinTech* | 3066 | 0.220 | 0.062 | 0.061 | 0.222 | 0.430 |
| *Fsize* | 3066 | 23.887 | 1.174 | 19.731 | 24.061 | 26.054 |

续表

| 变量名 | 观测值 | 均值 | 标准差 | 最小值 | 中值 | 最大值 |
|---|---|---|---|---|---|---|
| *Fage* | 3066 | 1.903 | 0.750 | 0.000 | 1.946 | 3.178 |
| *Fcash* | 3066 | 0.043 | 0.065 | −0.164 | 0.041 | 0.235 |
| *Flev* | 3066 | 0.404 | 0.202 | 0.048 | 0.392 | 0.883 |
| *Froa* | 3066 | 0.042 | 0.045 | −0.118 | 0.037 | 0.193 |
| *Fgro* | 3066 | 0.147 | 0.324 | −0.486 | 0.106 | 3.705 |
| *Find* | 3066 | 0.370 | 0.052 | 0.333 | 0.333 | 0.571 |
| *Fpoe* | 3066 | 0.642 | 0.480 | 0.000 | 1.000 | 1.000 |
| *Cfdev* | 3066 | 0.128 | 0.032 | 0.026 | 0.135 | 0.171 |
| *Cedev* | 3066 | 0.110 | 0.024 | 0.035 | 0.112 | 0.173 |
| *Cf200* | 3066 | 4.610 | 1.670 | 0.693 | 4.898 | 9.321 |

资料来源：笔者计算整理。

### 三、实证分析汇报

前文典型化事实显示了金融科技对企业出口技术复杂度影响的初步结果，接下来进行更为精确的计量分析。

（一）基准回归分析

表7-2汇报了金融科技与企业出口技术复杂度影响的基准回归结果。第一列是在控制了企业固定效应和年份固定效应后，仅考虑了金融科技与企业出口技术复杂度之间关系的估计结果。不难发现金融科技显著地促进了企业出口技术复杂度的提升。第二列和第三列是分别加入了企业层面与城市层面的控制变量后的估计结果。容易发现，估计系数仍然高度显著为正。为考察可能存在的非线性关系，本书将金融科技二次项（*qFinTech*）加入了计量模型（7-1）后重新估计。第四列估计结果表明，金融科技对企业出口技术复杂度不存在非线性影响。由此，金融科技显著地促进了企业出口技术复杂度提升这一核心结论得以验证。

表7-2　金融科技与企业出口技术复杂度

| 变量 | (1) | (2) | (3) | (4) |
|---|---|---|---|---|
| | *EXPY* | | | |
| *FinTech* | 0.0837 *** | 0.0809 *** | 0.1163 *** | 0.1431 *** |
| | (7.69) | (6.66) | (5.93) | (5.19) |

续表

| 变量 | （1） | （2） | （3） | （4） |
|---|---|---|---|---|
| | *EXPY* | | | |
| qFinTech | | | | −1.2229 |
| | | | | （−1.05） |
| Fsize | | 0.0267 | 0.0286 | 0.0259 |
| | | （1.05） | （1.13） | （1.04） |
| Fage | | 0.0077 | 0.0039 | 0.0055 |
| | | （0.28） | （0.14） | （0.19） |
| Fcash | | −0.1302 | −0.1336 | −0.1326 |
| | | （−1.40） | （−1.44） | （−1.43） |
| Flev | | −0.0095 | −0.0069 | −0.0048 |
| | | （−0.12） | （−0.09） | （−0.06） |
| Froa | | 0.4727* | 0.4730* | 0.4789* |
| | | （1.76） | （1.78） | （1.79） |
| Fgro | | 0.0314 | 0.0313 | 0.0308 |
| | | （1.62） | （1.63） | （1.60） |
| Find | | 0.1269 | 0.1364 | 0.1380 |
| | | （0.80） | （0.87） | （0.88） |
| Fpoe | | −0.0179 | −0.0154 | −0.0155 |
| | | （−0.69） | （−0.59） | （−0.59） |
| Cfdev | | | 0.1844 | 0.1940 |
| | | | （0.35） | （0.37） |
| Cedev | | | −0.6269 | −0.7101 |
| | | | （−1.08） | （−1.19） |
| Cf200 | | | −0.0343 | −0.0330 |
| | | | （−0.84） | （−0.82） |
| _cons | 5.6297*** | 4.9284*** | 5.0793*** | 5.0461*** |
| | （206.85） | （8.09） | （7.68） | （7.59） |
| Fixed Effect | Yes | Yes | Yes | Yes |
| N | 3066 | 3066 | 3066 | 3066 |
| $R^2$ | 0.71 | 0.71 | 0.71 | 0.71 |

注：*、**和***分别表示10%、5%和1%的显著性水平；Fixed Effect包括企业固定效应和年份固定效应；括号内为经过城市聚类稳健标准误调整后的t值。

**（二）内生性问题处理**

**1."双向因果"问题**

参照宋敏等（2021）的做法，使用省内 GDP 最接近企业注册地的三个其他城市金融科技发展水平的均值（*Fother*3）作为工具变量。就相关性而言，省内城市 GDP 越相近，则城市在金融机构选址、经济发展水平和经济结构等方面越相似（宋敏等，2021）；就外生性而言，省内 GDP 相近的城市金融科技发展水平很难直接影响目标城市内企业进口贸易结构，即使存在相邻城市可能的"空间溢出效应"，本书亦通过加入变量 *Cf*200 予以控制。因此，本书选取的工具变量满足相关性和外生性假定。

表 7-3 显示了使用两阶段最小二乘法（2SLS）进行内生性检验的结果。第一列显示了 2SLS 第一阶段的估计结果，发现工具变量（*Fother*3）显著地促进了目标地区的金融科技发展水平提升，表明二者具有显著的相关性。第二列显示了 2SLS 第二阶段的估计结果，表明金融科技依然显著地促进了企业出口技术复杂度提升。并且通过了无法识别检验和弱工具变量检验，说明了工具变量的有效性。但相较于表 7-2 第四列的基准估计结果，金融科技的系数有所下降，意味着不考虑使用工具变量处理内生性问题，可能会高估金融科技对企业出口集约边际的影响。考虑到影响滞后性问题，在表 7-3 的后两列显示了滞后一期的工具变量（*Fother*3_lag）估计结果，发现核心结论并未实质性改变，意味着本书不存在严重的"双向因果"问题。

**表 7-3 基于"双向因果"的内生性问题处理**

| 变量 | (1) | (2) | (3) | (4) |
|---|---|---|---|---|
| | *IV* | | *Lag* | |
| | *FinTech* | *EXPY* | *FinTech* | *EXPY* |
| *FinTech* | | 0.0239*** | | 0.0431*** |
| | | (5.12) | | (5.63) |
| *Fother*3 | 1.0097*** | | | |
| | (107.85) | | | |
| *Fother*3_lag | | | 0.2674*** | |
| | | | (3.83) | |

续表

| 变量 | （1） | （2） | （3） | （4） |
|---|---|---|---|---|
| | IV | | Lag | |
| | FinTech | EXPY | FinTech | EXPY |
| Fsize | −0. 0063 | 0. 0491 | 0. 0004 | 0. 0286 |
| | （−1. 63） | （1. 54） | （0. 31） | （1. 13） |
| Fage | −0. 0011 | −0. 0147 | −0. 0010 | 0. 0036 |
| | （−0. 14） | （−0. 25） | （−0. 74） | （0. 13） |
| Fcash | −0. 0008 | −0. 1220 | −0. 0034 | −0. 1341 |
| | （−0. 04） | （−0. 98） | （−0. 84） | （−1. 45） |
| Flev | 0. 0167 | 0. 0390 | −0. 0010 | −0. 0052 |
| | （1. 01） | （0. 41） | （−0. 25） | （−0. 07） |
| Froa | −0. 0151 | 0. 3190 | 0. 0064 | 0. 4694 * |
| | （−0. 40） | （0. 86） | （0. 65） | （1. 77） |
| Fgro | −0. 0007 | 0. 0846 * | 0. 0005 | 0. 0318 |
| | （−0. 23） | （1. 77） | （0. 61） | （1. 63） |
| Find | 0. 0214 | 0. 3627 ** | 0. 0093 | 0. 1397 |
| | （1. 06） | （2. 12） | （1. 15） | （0. 88） |
| Fpoe | 0. 0123 * | −0. 0083 | 0. 0081 | −0. 0165 |
| | （1. 79） | （−0. 29） | （1. 44） | （−0. 62） |
| Cfdev | −0. 4731 *** | −0. 0035 | 0. 1079 *** | 0. 1645 |
| | （−6. 14） | （−0. 00） | （4. 97） | （0. 32） |
| Cedev | 0. 0533 | −0. 9955 * | 0. 0118 | −0. 6039 |
| | （1. 39） | （−1. 73） | （0. 61） | （−1. 06） |
| Cf200 | −0. 0084 ** | −0. 0375 | −0. 0083 *** | −0. 0322 |
| | （−2. 52） | （−0. 75） | （−4. 47） | （−0. 76） |
| Fixed Effect | Yes | Yes | Yes | Yes |
| K-P LM | | 127. 997 | | 22. 406 |
| | | （0. 0000） | | （0. 0000） |
| C-D F | | 1. 6e+04 | | 160. 266 |
| | | ［16. 38］ | | ［16. 38］ |
| K-P F | | 1. 2e+04 | | 143. 655 |
| | | ［16. 38］ | | ［16. 38］ |
| N | 3066 | 3066 | 1861 | 1861 |

续表

| 变量 | (1) | (2) | (3) | (4) |
|---|---|---|---|---|
| | IV | | Lag | |
| | FinTech | EXPY | FinTech | EXPY |
| R² | 0.98 | 0.01 | 0.88 | 0.01 |

注：*、**和***分别表示10%、5%和1%的显著性水平；Fixed Effect 包括企业固定效应和年份固定效应；小括号内为经过城市聚类稳健标准误调整后的 t 值。K-P LM 表示无法识别检验的 Kleibergen-Paap rk LM 统计值；C-D F 和 K-P F 表示弱工具变量检验 Cragg-Donald Wald F 和 Kleibergen-Paap rk Wald F 统计值；中括号内为 Stock-Yogo 在 10%水平上的临界值。

2. "测量误差"等内生性问题

测量误差、遗漏重要变量以及样本选择偏差都可能导致内生性问题而影响估计结果的可信性，因此此本书进行如下检验：①采用 Hausmann 和 Hidalgo（2010）的方法重新测算企业出口技术复杂度作为替代指标进行稳健性检验，记为 EXPI2，结果见表7-4 第一列；②使用熵值法（Entropy Method）测算金融科技的综合指标作为替代变量，记为 FinTech2，结果于第二列呈现；③加入了半径500千米内非本城市的金融科技企业数目（Fin500）作为控制变量，结果汇报于第三列；④使用 Heckman 两步法处理样本选择偏差问题，估计结果见最后一列。上述检验表明本书的核心结论并未根本改变。

表7-4　基于"测量误差"等内生性问题处理

| 变量 | (1) | (2) | (3) | (4) |
|---|---|---|---|---|
| | EXPY2 | EXPY | | |
| | 替换自变量 | 替换因变量 | 控制空间溢出 | 样本选择偏差 |
| FinTech | 0.1989*** | | 0.1183*** | 0.1237*** |
| | (5.76) | | (4.95) | (4.98) |
| Fintech2 | | 0.4992*** | | |
| | | (4.70) | | |
| Fin500 | | | 0.0000 | |
| | | | (0.31) | |
| invmills | | | | -0.0357 |
| | | | | (-0.56) |

续表

| 变量 | （1） | （2） | （3） | （4） |
| --- | --- | --- | --- | --- |
| | EXPY2 | EXPY | | |
| | 替换自变量 | 替换因变量 | 控制空间溢出 | 样本选择偏差 |
| Fsize | −0.0197 | 0.0275 | 0.0282 | 0.0288 |
| | （−0.50） | （1.09） | （1.10） | （1.14） |
| Fage | −0.0142 | 0.0047 | 0.0039 | 0.0032 |
| | （−0.34） | （0.17） | （0.14） | （0.12） |
| Fcash | −0.2008 | −0.1351 | −0.1331 | −0.1334 |
| | （−1.15） | （−1.46） | （−1.44） | （−1.44） |
| Flev | −0.2196* | −0.0050 | −0.0074 | −0.0097 |
| | （−1.73） | （−0.06） | （−0.10） | （−0.12） |
| Froa | 0.3734 | 0.4776* | 0.4725* | 0.4733* |
| | （0.94） | （1.79） | （1.77） | （1.78） |
| Fgro | 0.0305 | 0.0304 | 0.0314 | 0.0313 |
| | （1.04） | （1.59） | （1.64） | （1.63） |
| Find | 0.1778 | 0.1351 | 0.1346 | 0.1338 |
| | （0.70） | （0.86） | （0.86） | （0.85） |
| Fpoe | 0.0791 | −0.0143 | −0.0153 | −0.0170 |
| | （1.30） | （−0.55） | （−0.58） | （−0.65） |
| Cfdev | −0.5585 | 0.3676 | 0.1731 | 0.1934 |
| | （−0.44） | （0.70） | （0.34） | （0.37） |
| Cedev | −0.5034 | −0.7055 | −0.6389 | −0.6258 |
| | （−0.72） | （−1.19） | （−1.11） | （−1.08） |
| Cf200 | −0.0760 | −0.0333 | −0.0352 | −0.0358 |
| | （−1.30） | （−0.82） | （−0.86） | （−0.87） |
| _cons | 6.2697*** | 4.9183*** | 5.0941*** | 5.1042*** |
| | （6.05） | （7.13） | （7.50） | （7.71） |
| Fixed Effect | Yes | Yes | Yes | Yes |
| N | 3066 | 3066 | 3066 | 3060 |
| $R^2$ | 0.67 | 0.71 | 0.71 | 0.71 |

注：*、**和***分别表示10%、5%和1%的显著性水平；Fixed Effect包括企业固定效应和年份固定效应；括号内为经过城市聚类稳健标准误调整后的t值。

（三）影响机制检验

借鉴 Baron 和 Kenny（1986）中介效应模型，对企业融资约束和银企信息不对称等中介变量进行检验。具体地：

第一步，考察金融科技对企业出口技术复杂度的影响，即计量模型（7-1）。

第二步，考察金融科技对中介变量的影响，计量模型如下：

$$Med_{jit}=\alpha_0'+\alpha_1'\times FinTech_{jt}+\gamma\times FC_{jit}+\delta\times RC_{jt}+\varphi_i+\varphi_t+\varepsilon_{jit} \qquad (7-5)$$

式中，$Med$ 为本书待考察的中介变量，前文已经描述，此处不再赘述。其他指标的含义与式（7-1）一致。

第三步，同时考察金融科技与中介变量对企业出口技术复杂度的影响，计量模型为：

$$EXPY_{jit}=\alpha_0''+\alpha_1''\times FinTech_{jt}+\alpha_2''\times Med_{jit}+\gamma\times FC_{jit}+\delta\times RC_{jt}+\varphi_i+\varphi_t+\varepsilon_{jit} \qquad (7-6)$$

1. 融资约束渠道

表 7-5 前两列展示了以 $SA$ 指数作为融资约束指标的中介效应检验结果，表明金融科技显著地降低了企业的融资约束（第一列），并且控制了融资约束后金融科技仍然显著地促进了企业出口技术复杂度的提升（第二列）。与表 7-2 第三列的基准回归相比，表 7-5 第二列金融科技的估计系数有所下降，意味着融资约束在金融科技与企业出口技术复杂度之间可能起着部分中介效应（Baron 和 Kenny，1986）。故降低融资约束是金融科技促进企业出口技术复杂度提升的一个渠道。

表 7-5　机制检验：融资约束与信息不对称

| 变量 | (1) | (2) | (3) | (4) |
| --- | --- | --- | --- | --- |
|  | SA | EXPY | ASY | EXPY |
| FinTech | −0.1187** | 0.1085*** | −0.3879* | 0.1044*** |
|  | （−2.07） | （4.87） | （−1.88） | （4.84） |
| SA |  | −0.0653*** |  |  |
|  |  | （−3.31） |  |  |
| ASY |  |  |  | −0.0288** |
|  |  |  |  | （−1.98） |

续表

| 变量 | （1） | （2） | （3） | （4） |
|---|---|---|---|---|
| | SA | EXPY | ASY | EXPY |
| Fsize | 0.2262*** | 0.0434 | 0.5011*** | 0.0422 |
| | (12.01) | (1.38) | (12.36) | (1.54) |
| Fage | −0.1110*** | −0.0034 | −0.1558*** | −0.0000 |
| | (−6.52) | (−0.11) | (−4.14) | (−0.00) |
| Fcash | 0.0839 | −0.1281 | 0.0945 | −0.1355 |
| | (1.59) | (−1.38) | (0.81) | (−1.46) |
| Flev | −0.0923** | −0.0129 | 0.0808 | 0.0013 |
| | (−2.13) | (−0.16) | (0.80) | (0.02) |
| Froa | −0.3470*** | 0.4504* | −1.6692*** | 0.4576* |
| | (−3.08) | (1.70) | (−6.42) | (1.70) |
| Fgro | −0.0113 | 0.0306 | 0.0483** | 0.0316 |
| | (−1.39) | (1.61) | (2.35) | (1.63) |
| Find | −0.0711 | 0.1318 | −0.4473** | 0.1247 |
| | (−0.89) | (0.84) | (−2.30) | (0.80) |
| Fpoe | −0.0541 | −0.0190 | 0.0519 | −0.0136 |
| | (−1.35) | (−0.70) | (0.69) | (−0.52) |
| Cfdev | −0.3548 | 0.1612 | 1.6338* | 0.2720 |
| | (−1.05) | (0.31) | (1.82) | (0.52) |
| Cedev | 0.2833* | −0.6084 | 1.1146** | −0.6031 |
| | (1.73) | (−1.05) | (2.39) | (−1.05) |
| Cf200 | 0.0070 | −0.0339 | 0.1612*** | −0.0284 |
| | (0.45) | (−0.83) | (3.39) | (−0.68) |
| _cons | −7.4556*** | 4.5925*** | −14.8236*** | 4.6582*** |
| | (−15.53) | (5.16) | (−14.58) | (6.24) |
| Fixed Effect | Yes | Yes | Yes | Yes |
| N | 3066 | 3066 | 3064 | 3064 |
| $R^2$ | 0.98 | 0.71 | 0.95 | 0.71 |

注：*、**和***分别表示10%、5%和1%的显著性水平；Fixed Effect包括企业固定效应和年份固定效应；括号内为经过城市聚类稳健标准误调整后的t值。

2. 信息不对称渠道

表7-5后两列汇报了以信息不对称（ASY）作为指标的中介效应检验结果。

第四列金融科技的估计系数与基准回归相比有所下降，意味着信息不对称在金融科技与企业出口技术复杂度之间可能起着部分中介效应。故优化信息匹配是金融科技促进企业出口技术复杂度提升的另一个渠道。

# 第三节 金融科技对企业出口技术复杂度的差异性影响

本章着重从贸易方式、企业性质和企业规模三个方面进行异质性分析。

## 一、贸易方式

根据海关贸易数据库中记录的企业出口数据信息，按贸易方式划分为一般贸易、加工贸易和其他贸易。以其他贸易方式作为对照（杨晓亮，2022），分别构建金融科技与一般贸易企业、加工贸易企业的交互项 *FinTech×Ford*、*FinTech×Fpro*，估计结果见表7-6第一列。结果显示，相对于其他贸易方式，金融科技对一般贸易企业的出口技术复杂度的促进作用更大，而加工贸易企业次之。其可能的原因是，一般贸易企业本身就拥有一定人力资本水平和研发创新能力，金融科技的"赋能"效应进一步提升了其研发创新投入水平，从而更能推动企业出口技术复杂度的提升。

## 二、企业性质

国泰安（CSMAR）上市公司数据库中按照股权性质的分类，企业类型主要包括国有、民营和外资三类。以国有企业作为对照（杨晓亮等，2021），分别构建金融科技与民营企业、外资企业的交互项 *FinTech×POE*、*FinTech×FOE*，估计结果见表7-6第二列。结果表明，相对于国有企业，金融科技对民营企业的出口技术复杂度的促进作用更大，外资企业次之。其可能的原因是，对于民营企业而言，金融机构可以通过技术手段深入挖掘财务数据以精准评估其风险，进而助力其获得更多信贷支持（Lee 等，2019），因而促进其出口技术复杂度提升的作用更大。

表7-6 异质性分析

| 变量 | (1) | (2) | (3) |
|---|---|---|---|
| | *EXPY* | | |
| | 贸易方式 | 企业性质 | 规模差异 |
| *FinTech* | 0.0750 *** | 0.1168 *** | 0.0158 *** |
| | (4.49) | (4.46) | (4.11) |
| *FinTech×Ford* | 0.0083 *** | | |
| | (3.11) | | |
| *FinTech×Fpro* | 0.0918 *** | | |
| | (3.15) | | |
| *FinTech×POE* | | 0.1998 *** | |
| | | (3.90) | |
| *FinTech×FOE* | | 0.1081 *** | |
| | | (3.71) | |
| *FinTech×Larg* | | | 0.3242 |
| | | | (1.08) |
| *FinTech×Midd* | | | 0.1762 *** |
| | | | (4.55) |
| *Fsize* | 0.0288 | 0.0260 | |
| | (1.14) | (1.05) | |
| *Fage* | 0.0049 | 0.0122 | −0.0037 |
| | (0.18) | (0.39) | (−0.12) |
| *Fcash* | −0.1374 | −0.1325 | −0.1279 |
| | (−1.48) | (−1.43) | (−1.37) |
| *Flev* | −0.0056 | −0.0026 | −0.0082 |
| | (−0.07) | (−0.03) | (−0.11) |
| *Froa* | 0.4791 * | 0.4848 * | 0.4574 * |
| | (1.80) | (1.78) | (1.70) |
| *Fgro* | 0.0315 | 0.0309 | 0.0311 |
| | (1.64) | (1.61) | (1.65) |
| *Find* | 0.1370 | 0.1446 | 0.1346 |
| | (0.87) | (0.93) | (0.85) |
| *Fpoe* | −0.0141 | | −0.0202 |
| | (−0.53) | | (−0.76) |

续表

| 变量 | (1) | (2) | (3) |
|---|---|---|---|
| | *EXPY* | | |
| | 贸易方式 | 企业性质 | 规模差异 |
| *Cfdev* | 0.1478 | 0.3051 | 0.1714 |
| | (0.28) | (0.59) | (0.33) |
| *Cedev* | −0.6353 | −0.6434 | −0.6707 |
| | (−1.09) | (−1.10) | (−1.15) |
| *Cf200* | −0.0358 | −0.0353 | −0.0364 |
| | (−0.88) | (−0.87) | (−0.91) |
| _cons | 5.0866*** | 5.1095*** | 5.7714*** |
| | (7.66) | (7.79) | (9.01) |
| Fixed Effect | Yes | Yes | Yes |
| N | 3066 | 3066 | 3066 |
| $R^2$ | 0.71 | 0.71 | 0.71 |

注：＊、＊＊和＊＊＊分别表示10%、5%和1%的显著性水平；Fixed Effect包括企业固定效应和年份固定效应；括号内为经过城市聚类稳健标准误调整后的t值。

### 三、企业规模

参考杨晓亮（2022）的方法，本书将全样本按照企业企业规模（*Fsize*）从低到高排序后划分为三等份，以小规模企业作为对照，分别构建金融科技与中等规模企业、大规模企业的交互项 *FinTech×Large*、*FinTech×Midd*，估计结果见表7-6第三列。结果发现，相对于小规模企业，金融科技对中等规模企业的出口技术复杂度具有更显著的促进作用，但对大规模企业的促进作用不显著。其可能的原因是，中小企业受到融资约束的限制更大，因而金融科技的影响也越大。而大企业资金实力较强，金融科技对其影响暂时还不明显。

# 第四节　本章小结

本章利用2011~2016年中国上市公司与海关贸易数据库的合并数据，考察了金融科技对企业出口贸易结构的影响及其作用机制。主要研究结论如下：①总体上，金融科技显著地促进了企业出口技术复杂度的提升，在经过内生性检验、核心指标替换、空间关联控制以及样本选择偏差处理后，本书结论依然稳健；②利用中介效应模型检验影响机制表明，缓解融资约束和优化信息匹配是金融科技促进企业出口技术复杂度提升的两个可能渠道；③异质性分析发现，金融科技对一般贸易企业、民营企业和中等规模企业出口技术复杂度的促进作用尤为明显。

# 第八章　金融科技与中国企业出口产品加成率

　　加成率作为经济学的重要概念，一般用价格与边际成本之比表示，衡量企业的成本加成定价能力和市场竞争能力（祝树金等，2018）。产品加成率的高低直接决定了一国或地区在全球价值链分配中的收益，能否保持较高的产品加成率是衡量出口企业国际竞争力的重要标志之一（许明和李逸飞，2020）。因此，加快培育出口竞争新优势的最重要的突破口之一便是提升出口产品的市场定价能力（祝树金等，2019），本章探讨金融科技对中国企业出口产品加成率的影响及作用机制。

## 第一节　金融科技有助于出口企业跳出"低加成率陷阱"吗

　　金融科技是否促进了中国企业出口产品加成率？是否存在非线性影响？影响效果是否显著？为了回答上述问题，本书利用 CSMAR 上市公司数据库和中国海关贸易数据库，对 2011～2016 年金融科技与中国企业出口产品加成率进行测算[①]后，首先，图 8-1 为金融科技与中国企业出口产品加成率对比的时间趋势

---

　　① 详见本章第二节。

图。通过对比发现,2011～2016 年金融科技曲线呈稳步上升趋势。其中仅 2014
年相对 2013 年金融科技指数有所下降,但仍然高于 2012 年水平,可以认为是金
融科技发展过程中的正常调整。而企业出口产品加成率呈微弱"M 形"稳步上
升趋势,具体而言中国企业出口产品加成率在 2012 年快速上升后,于 2013 年、
2014 年和 2015 年稳步上升,尽管 2016 年略有下降,但仍高于 2014 年水平。因
此可以认为金融科技与中国企业出口产品加成率的变化趋势基本一致,基于"共
同"上升趋势的基本特征,本书预期金融科技与企业出口产品加成率具有正相关
关系,初步验证了假说 H6。

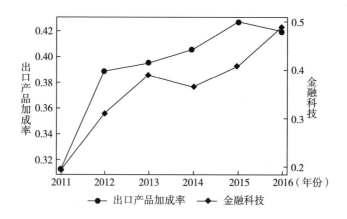

**图 8-1 金融科技与出口产品加成率时间趋势对比**

资料来源:CSMAR 上市公司数据库、中国海关贸易数据库。

其次,图 8-2 呈现了以金融科技发展水平分为高低两组,对比了出口产品加
成率截面变化的特征。通过对比发现,金融科技发展水平较高的地区中国企业出
口产品加成率的核密度曲线波峰更高、位置更偏右,即金融科技发展水平较高的
地区出口产品加成率高于金融科技发展水平较低的地区,再次验证了金融科技与
出口产品加成率具有正相关关系,进一步验证了假说 H6。

再次,图 8-3 为金融科技与中国企业出口产品加成率总体水平之间关系的散
点图。通过观察发现,金融科技与中国企业出口产品加成率总体水平之间关系的
拟合线向右上方倾斜,意味着金融科技可能显著促进了中国企业出口产品加成率

总体水平的提升，其结果与前文时间趋势对比结果相互印证，初步验证了研究假说 H6。

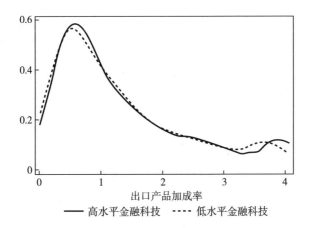

**图 8-2 金融科技分组的截面密度图对比**

资料来源：CSMAR 上市公司数据库、中国海关贸易数据库。

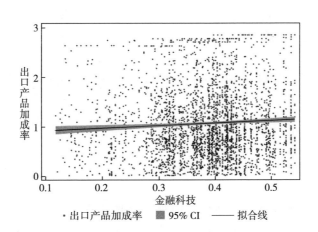

**图 8-3 金融科技与出口产品加成率线性拟合图**

资料来源：CSMAR 上市公司数据库、中国海关贸易数据库。

最后，图 8-4 为金融科技与企业出口产品加成率之间关系的非线性拟合图，发现其与线性拟合图较为相似，推测二者之间并不存在显著的非线性关系。接下

来，本书将使用更为精确的计量方法检验金融科技与企业出口产品加成率的
关系。

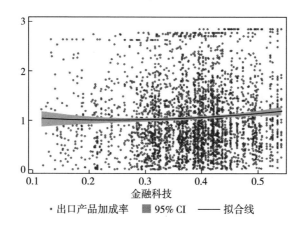

**图 8-4　金融科技与出口产品加成率非线性拟合图**

资料来源：CSMAR 上市公司数据库、中国海关贸易数据库。

# 第二节　金融科技对出口产品加成率的影响效果

## 一、计量模型设定

为考察金融科技对企业出口产品加成率的影响效果，本书计量模型设定
如下：

$$PMK_{jicht} = \alpha_0 + \alpha_1 \times FinTech_{jt} + \gamma \times FC_{jit} + \delta \times RC_{jt} + \varphi_{ich} + \varphi_t + \varepsilon_{jicht} \qquad (8\text{-}1)$$

式中，$j$、$i$、$c$、$h$ 和 $t$ 分别为地区、企业、出口目的国、HS8 位码产品和年
份；$PMK$ 为企业出口产品加成率；$FinTech$ 为地区金融科技发展水平；$FC$ 和 $RC$
分别为企业和地区层面的控制变量；$\varphi_{ich}$ 和 $\varphi_t$ 分别为企业—目的国—产品固定效
应和年份固定效应；$\varepsilon_{jicht}$ 为随机扰动项；$\alpha_1$ 是本书最为感兴趣的部分，当 $\alpha_1$ 显

著大于 0 时，意味着金融科技显著地促进了企业出口产品加成率的提升。

## 二、变量选取与测度

### （一）金融科技发展水平（FinTech）

已有研究关于金融科技的测度指标多为单一维度指标，如李春涛等（2020）通过网络爬虫技术用百度新闻高级检索金融科技相关关键词（包括大数据金融、人工智能金融、区块链金融和量化金融四个方面的 48 个关键词）的结果数量构建城市金融科技发展指数（以下简称热词指标）；宋敏等（2021）使用金融科技公司数量构建城市金融科技发展指标（以下简称科企指标），以及郭峰等（2020）使用北京大学普惠金融指数中的城市金融深度指数衡量（以下简称北普指标）。为了合理测度城市金融科技发展，本书综合考虑以上三类指标，参考赵涛等（2020）方法，对其标准化后利用主成分分析方法进行降维处理，获得 208 个城市的金融科技综合指标，记为 FinTech。

### （二）企业出口产品加成率（PMK）

参考祝树金等（2018），利用如下公式测度出口产品加成率：

$$\hat{\mu}_{iht} = \hat{\theta}_{iht}^M \frac{P_{iht} Q_{iht}}{\exp(\hat{\rho}_{iht} P_{it}^M V_{it}^M)} \tag{8-2}$$

结合中国海关贸易数据库、CEPII BACI 数据库和 WDI 数据库测算企业 HS8 位码出口产品加成率。

### （三）控制变量

1. 企业层面控制变量

企业规模（Fsize），取自然对数的企业年末总资产；企业年龄（Fage），取自然对数的企业上市年数；企业现金流（Fcash），企业经营活动中产生的现金流量净值与年末总资产的比值；企业资产负债率（Flev），企业年末总负债与总资产之比；企业资产回报率（Froa），企业年末净利润与总资产之比；企业董事会独立性（Find），独立董事占董事会人数的比重；民营企业虚拟变量（Fpoe），即按照上市公司股权性质分类，当企业类型为民营企业时取值为 1，否则为 0。

2. 城市层面控制变量

城市金融发展水平（Cfdev），城市金融业产值占 GDP 的比重；城市经济发

展水平（*Cedev*），城市 GDP 增长率；城市空间关联水平（*Cf*200），城市周边 200
千米以内非本市金融科技公司数目，加 1 后取自然对数。

（四）中介变量

1. 企业融资约束（*SA*）

参考 Hadlock 和 Piere（2010）的做法，使用如下公式测度：

$$SA = -0.737 \times Fsize + 0.043 \times Fsize^2 - 0.04 \times Fage \qquad (8-3)$$

以 *SA* 指数为企业融资约束的代理指标。*SA* 指数为负，取值越大，意味着企
业面临的融资约束程度越高。

2. 银企信息不对称（*ASY*）

参考于蔚等（2012），选取流动性比率、非流动性比率和反转指标的第一主
成分作为代理指标，其值越大意味着信息不对称越严重。

（五）数据说明

本书实证部分使用了 2011～2016 年多个数据库的合并数据。其中，企业层
面指标测度数据来自国泰安（CSMAR）和万得（Wind）上市公司数据；产品层
面指标测度数据来自中国海关贸易数据库；城市层面指标测度数据来自《中国城
市统计年鉴》。在匹配上市公司与海关贸易数据时，借鉴寇宗来和刘学悦（2020）
方法，综合使用精确匹配和模糊匹配两种方法。此外，参照已有研究，本书删除
了金融类公司样本和主要变量缺失的样本，并对所有连续变量进行双侧 1% 的缩
尾处理。表 8-1 呈现了主要变量的描述性统计。

表 8-1　主要变量描述性统计

| 变量名 | 样本数 | 均值 | 标准差 | 最小值 | 中位数 | 最大值 |
|---|---|---|---|---|---|---|
| *PMK* | 297708 | 0.402 | 0.769 | 0.000 | 0.048 | 4.071 |
| *FinTech* | 297708 | 0.221 | 0.062 | 0.061 | 0.225 | 0.430 |
| *Fsize* | 297708 | 23.021 | 1.526 | 19.731 | 23.395 | 26.054 |
| *Fage* | 297708 | 2.178 | 0.746 | 0.000 | 2.398 | 3.178 |
| *Fcash* | 297708 | 0.052 | 0.069 | −0.164 | 0.047 | 0.235 |
| *Flev* | 297708 | 0.489 | 0.206 | 0.048 | 0.491 | 0.883 |
| *Froa* | 297708 | 0.049 | 0.044 | −0.118 | 0.039 | 0.193 |
| *Fgro* | 297708 | 0.125 | 0.247 | −0.486 | 0.106 | 3.705 |

续表

| 变量名 | 样本数 | 均值 | 标准差 | 最小值 | 中位数 | 最大值 |
|---|---|---|---|---|---|---|
| *Find* | 297708 | 0.375 | 0.063 | 0.333 | 0.333 | 0.571 |
| *Fpoe* | 297708 | 0.554 | 0.497 | 0.000 | 1.000 | 1.000 |
| *Cfdev* | 297708 | 0.126 | 0.033 | 0.026 | 0.135 | 0.171 |
| *Cedev* | 297708 | 0.112 | 0.022 | 0.035 | 0.115 | 0.173 |
| *Cf200* | 297708 | 4.725 | 1.637 | 0.693 | 4.905 | 9.321 |

资料来源：笔者计算整理。

### 三、实证分析汇报

前文典型化事实显示了金融科技对企业出口产品加成率影响的初步结果，接下来进行更为精确的计量分析。

（一）基准回归分析

表8-2汇报了金融科技对企业出口产品加成率影响的基准回归结果。第一列是在控制了企业—目的国—产品固定效应和年份固定效应后，仅考虑金融科技与企业出口产品加成率之间关系的估计结果。不难发现金融科技显著地促进了企业出口产品加成率的提升。第二列和第三列是分别加入了企业层面与城市层面的控制变量后的估计结果。容易发现，估计系数仍然高度显著为正。为考察可能存在的非线性关系，本书将金融科技二次项（*qFinTech*）加入了计量模型（8-1）后重新估计。第四列估计结果表明，金融科技对企业出口产品加成率存在"先促进后抑制"的"倒U形"影响。但就本书估计结果而言，拐点值 *FinTech* = 0.445，大于均值（0.221），因此总体仍表现为促进效应。由此，金融科技显著地促进了企业出口产品加成率提升这一核心结论得以验证。

表8-2　金融科技对企业出口产品加成率的影响

| 变量 | （1） | （2） | （3） | （4） |
|---|---|---|---|---|
| | *PMK* | | | |
| *FinTech* | 0.4796*** (12.30) | 0.4876*** (12.32) | 0.4834*** (12.14) | 1.5913*** (8.84) |

续表

| 变量 | （1） | （2） | （3） | （4） |
|---|---|---|---|---|
| | PMK | | | |
| qFinTech | | | | −1.7866 *** |
| | | | | （−6.53） |
| Fsize | | 0.0164 *** | 0.0166 *** | 0.0177 *** |
| | | （3.06） | （3.10） | （3.27） |
| Fage | | 0.0270 *** | 0.0279 *** | 0.0319 *** |
| | | （4.80） | （4.61） | （5.23） |
| Fcash | | 0.0033 | 0.0021 | 0.0024 |
| | | （0.18） | （0.12） | （0.14） |
| Flev | | 0.0737 *** | 0.0723 *** | 0.0791 *** |
| | | （4.19） | （4.11） | （4.47） |
| Froa | | −0.0117 | 0.0054 | 0.0382 |
| | | （−0.24） | （0.11） | （0.76） |
| Fgro | | 0.0100 ** | 0.0097 * | 0.0114 ** |
| | | （2.00） | （1.93） | （2.24） |
| Find | | 0.1394 *** | 0.1309 *** | 0.1375 *** |
| | | （5.35） | （5.00） | （5.25） |
| Fpoe | | 0.0034 | 0.0009 | 0.0037 |
| | | （0.30） | （0.08） | （0.32） |
| Cfdev | | | 0.0885 | 0.0846 |
| | | | （0.69） | （0.66） |
| Cedev | | | 0.2656 *** | 0.1620 ** |
| | | | （3.52） | （2.12） |
| Cf200 | | | 0.0118 * | 0.0125 * |
| | | | （1.72） | （1.83） |
| _cons | 0.2965 *** | −0.2320 * | −0.3314 ** | −0.5155 *** |
| | （34.36） | （−1.88） | （−2.56） | （−3.76） |
| Fixed Effect | Yes | Yes | Yes | Yes |
| N | 297708 | 297708 | 297708 | 297708 |
| R² | 0.87 | 0.87 | 0.87 | 0.87 |

注：*、**和***分别表示10%、5%和1%的显著性水平；Fixed Effect 包括企业—目的国—产品固定效应和年份固定效应；括号内为经过城市聚类稳健标准误调整后的 t 值。

（二）内生性问题处理

1. "双向因果"问题

参照宋敏等（2021）的做法，使用省内 GDP 最接近企业注册地的三个其他城市金融科技发展水平的均值（*Fother*3）作为工具变量。就相关性而言，省内城市 GDP 越相近，则城市在金融机构选址、经济发展水平和经济结构等方面越相似（宋敏等，2021）；就外生性而言，省内 GDP 相近的城市金融科技发展水平很难直接影响目标城市内企业进口贸易结构，即使存在相邻城市可能的"空间溢出效应"，本书亦通过加入变量 *Cf*200 予以控制。因此，本书选取的工具变量满足相关性和外生性假定。

表 8-3 汇报了使用两阶段最小二乘法（2SLS）进行内生性检验的结果。第一列显示了 2SLS 第一阶段的估计结果，发现工具变量（*Fother*3）显著地促进了目标地区的金融科技发展水平提升，表明二者具有显著的相关性。第二列显示了 2SLS 第二阶段的估计结果，表明金融科技依然显著地促进了企业出口产品加成率提升。并且通过了无法识别检验和弱工具变量检验，说明了工具变量的有效性。但相较于表 8-2 第四列的基准估计结果，金融科技的系数有所下降，意味着不考虑使用工具变量处理内生性问题，可能会高估金融科技对企业出口产品加成率的影响。考虑到影响滞后性问题，在表 8-3 的后两列显示了滞后一期的工具变量（*Fother*3_lag）估计结果，发现核心结论并未实质性改变，意味着本书不存在严重的"双向因果"问题。

**表 8-3　基于"双向因果"的内生性问题处理**

| 变量 | （1） | （2） | （3） | （4） |
|---|---|---|---|---|
| | *IV* | | *Lag* | |
| | *FinTech* | *PMK* | *FinTech* | *PMK* |
| *FinTech* | | 0.5842 *** | | 2.4132 *** |
| | | （13.41） | | （6.43） |
| *Fother*3 | 1.0220 *** | | | |
| | （928.35） | | | |
| *Fother*3_lag | | | 0.2169 *** | |
| | | | （22.82） | |

续表

| 变量 | (1) | (2) | (3) | (4) |
| --- | --- | --- | --- | --- |
| | IV | | Lag | |
| | FinTech | PMK | FinTech | PMK |
| Fsize | −0.0009 ** | −0.0079 | 0.0063 *** | 0.0164 *** |
| | (−2.17) | (−0.74) | (49.09) | (3.05) |
| Fage | 0.0102 *** | 0.0241 | −0.0004 ** | 0.0287 *** |
| | (11.13) | (1.37) | (−2.02) | (4.74) |
| Fcash | 0.0189 *** | −0.0484 | −0.0196 *** | −0.0012 |
| | (10.54) | (−1.50) | (−40.59) | (−0.07) |
| Flev | −0.0334 *** | 0.1274 *** | −0.0052 *** | 0.0732 *** |
| | (−12.06) | (3.66) | (−10.83) | (4.16) |
| Froa | 0.0494 *** | −0.2541 *** | 0.0341 *** | 0.0017 |
| | (9.64) | (−3.07) | (27.87) | (0.03) |
| Fgro | 0.0024 *** | −0.0203 ** | 0.0059 *** | 0.0091 * |
| | (5.42) | (−2.42) | (44.88) | (1.80) |
| Find | 0.0612 *** | −0.0577 | 0.0302 *** | 0.1287 *** |
| | (26.84) | (−1.12) | (40.99) | (4.92) |
| Fpoe | −0.0022 *** | 0.0265 | 0.0189 *** | 0.0015 |
| | (−4.24) | (1.58) | (30.37) | (0.13) |
| Cfdev | −0.5690 *** | 1.3732 *** | 0.0950 *** | 0.1226 |
| | (−51.77) | (4.25) | (37.56) | (0.95) |
| Cedev | 0.0084 ** | 0.1987 * | 0.0639 *** | 0.2564 *** |
| | (2.10) | (1.70) | (30.68) | (3.40) |
| Cf200 | −0.0170 *** | 0.0782 *** | −0.0165 *** | 0.0114 * |
| | (−35.88) | (5.34) | (−81.85) | (1.67) |
| Fixed Effect | Yes | Yes | Yes | Yes |
| K-P LM | | 9198.446 | | 845.061 |
| | | (0.0000) | | (0.0000) |
| C-D F | | 1.4e+06 | | 5773.337 |
| | | [16.38] | | [16.38] |
| K-P F | | 8.6e+05 | | 520.688 |
| | | [16.38] | | [16.38] |
| N | 297708 | 297708 | 118885 | 118885 |

续表

| 变量 | (1) | (2) | (3) | (4) |
|------|-----|-----|-----|-----|
| | IV | | Lag | |
| | FinTech | PMK | FinTech | PMK |
| R$^2$ | 0.99 | 0.00 | 0.93 | 0.01 |

注：＊、＊＊和＊＊＊分别表示10%、5%和1%的显著性水平；Fixed Effect 包括企业—目的国—产品固定效应和年份固定效应；小括号内为经过城市聚类稳健标准误调整后的 t 值。K-P LM 表示无法识别检验的 Kleibergen-Paap rk LM 统计值；C-D F 和 K-P F 表示弱工具变量检验 Cragg-Donald Wald F 和 Kleibergen-Paap rk Wald F 统计值；中括号内为 Stock-Yogo 在 10%水平上的临界值。

2. "测量误差"等内生性问题

测量误差、遗漏重要变量以及样本选择偏差都可能导致内生性问题而影响估计结果的可信性，因此本书进行如下检验：①使用价格平减后的出口金额作为产出额（祝树金等，2018）重新测算企业出口产品加成率作为替代指标进行稳健性检验，记为 PMK2，结果汇报于表 8-4 第一列；②使用熵值法（Entropy Method）测算金融科技的综合指标作为替代变量，记为 FinTech2，结果于第二列呈现；③加入了半径 500 千米内非本城市的金融科技企业数目（Fin500）作为控制变量，结果汇报于第三列；④使用 Heckman 两步法处理样本选择偏差问题，估计结果汇报于最后一列。上述检验表明本书的核心结论并未根本改变。

表 8-4　基于"测量误差"等内生性问题处理

| 变量 | (1) | (2) | (3) | (4) |
|------|-----|-----|-----|-----|
| | PMK2 | PMK | | |
| | 替换因变量 | 替换自变量 | 控制空间溢出 | 样本选择偏差 |
| FinTech | 0.2940＊＊＊ | | 0.4993＊＊＊ | 0.4984＊＊＊ |
| | (5.97) | | (12.45) | (12.47) |
| FinTech2 | | 0.9627＊＊＊ | | |
| | | (13.86) | | |
| Fin500 | | | 0.0000＊＊＊ | |
| | | | (4.72) | |
| invmills | | | | -0.0790＊＊＊ |
| | | | | (-5.69) |

| 变量 | （1） | （2） | （3） | （4） |
|---|---|---|---|---|
| | PMK2 | PMK | | |
| | 替换因变量 | 替换自变量 | 控制空间溢出 | 样本选择偏差 |
| Fsize | 0.0253*** | 0.0214*** | 0.0153*** | 0.0074 |
| | （3.62） | （3.96） | （2.84） | （1.21） |
| Fage | 0.0966*** | 0.0311*** | 0.0285*** | 0.0344*** |
| | （13.14） | （5.12） | （4.71） | （5.10） |
| Fcash | 0.1903*** | −0.0051 | −0.0037 | −0.0146 |
| | （8.79） | （−0.28） | （−0.21） | （−0.73） |
| Flev | −0.1770*** | 0.0809*** | 0.0655*** | 0.0519*** |
| | （−8.11） | （4.58） | （3.71） | （2.75） |
| Froa | 0.0287 | 0.0156 | −0.0130 | 0.0379 |
| | （0.49） | （0.32） | （−0.26） | （0.72） |
| Fgro | 0.0083 | 0.0125** | 0.0089* | 0.0148** |
| | （1.32） | （2.49） | （1.76） | （2.30） |
| Find | 0.4079*** | 0.1262*** | 0.0948*** | 0.1591*** |
| | （11.59） | （4.81） | （3.49） | （5.39） |
| Fpoe | −0.0051 | 0.0053 | −0.0020 | 0.0072 |
| | （−0.49） | （0.47） | （−0.18） | （0.60） |
| Cfdev | −2.4495*** | 0.3488*** | 0.1956 | −0.2314 |
| | （−15.06） | （2.64） | （1.50） | （−1.19） |
| Cedev | −0.9876*** | 0.1627** | 0.2901*** | 0.1435* |
| | （−11.79） | （2.15） | （3.84） | （1.87） |
| Cf200 | 0.0801*** | 0.0147** | 0.0095 | −0.0050 |
| | （9.89） | （2.15） | （1.39） | （−0.70） |
| _cons | −0.3730** | −0.7528*** | −0.2433* | −0.0315 |
| | （−2.21） | （−5.47） | （−1.86） | （−0.20） |
| Fixed Effect | Yes | Yes | Yes | Yes |
| N | 297708 | 297708 | 297708 | 297667 |
| R² | 0.82 | 0.87 | 0.87 | 0.87 |

注：*、**和***分别表示10%、5%和1%的显著性水平；Fixed Effect 包括企业—目的国—产品固定效应和年份固定效应；括号内为经过城市聚类稳健标准误调整后的 t 值。

（三）影响机制检验

借鉴 Baron 和 Kenny（1986）中介效应模型，对企业融资约束和银企信息不对称等中介变量进行检验。具体地：

第一步，考察金融科技对企业出口产品加成率的影响，即计量模型（8-1）。

第二步，考察金融科技对中介变量的影响，计量模型如下：

$$Med_{jit} = \alpha_0' + \alpha_1' \times FinTech_{jt} + \gamma \times FC_{jit} + \delta \times RC_{jt} + \varphi_k + \varphi_t + \varepsilon_{jit} \qquad (8-4)$$

式中，$Med$ 为本书待考察的中介变量，前文已经描述，此处不再赘述。其他指标的含义与式（8-1）一致。

第三步，同时考察金融科技与中介变量对企业出口产品加成率的影响，计量模型为：

$$PMK_{jkit} = \alpha_0'' + \alpha_1'' \times FinTech_{jt} + \alpha_2'' \times Med_{jit} + \gamma \times FC_{jkit} + \delta \times RC_{jt} + \varphi_k + \varphi_t + \varepsilon_{jkit} \qquad (8-5)$$

1. 融资约束渠道

表 8-5 前两列展示了以 SA 指数作为融资约束指标的中介效应检验结果，表明金融科技显著地降低了企业的融资约束（第一列），并且控制了融资约束后金融科技仍然显著地促进了企业出口产品加成率的提升（第二列）。与表 8-2 第三列的基准回归相比，表 8-5 第二列金融科技的估计系数有所下降，意味着融资约束在金融科技与企业出口产品加成率之间可能起着部分中介效应（Baron 和 Kenny，1986）。故降低融资约束是金融科技促进企业出口产品加成率提升的一个渠道。

表 8-5　机制检验：融资约束与信息不对称

| 变量 | (1) | (2) | (3) | (4) |
| --- | --- | --- | --- | --- |
| | SA | PMK | ASY | PMK |
| FinTech | −0.1273** | 0.4761*** | −0.3875* | 0.4750*** |
| | (−2.23) | (11.97) | (−1.88) | (12.39) |
| SA | | −0.1414*** | | |
| | | (−10.40) | | |
| ASY | | | | −0.0142*** |
| | | | | (−4.71) |

续表

| 变量 | (1) | (2) | (3) | (4) |
|---|---|---|---|---|
| | SA | PMK | ASY | PMK |
| Fsize | 0.2327*** | 0.0424*** | 0.5047*** | 0.0106* |
| | (13.18) | (7.40) | (12.78) | (1.91) |
| Fage | -0.1010*** | 0.0089 | -0.1484*** | 0.0308*** |
| | (-7.19) | (1.44) | (-4.25) | (5.06) |
| Fcash | 0.0848 | 0.0166 | 0.1009 | 0.0037 |
| | (1.60) | (0.92) | (0.87) | (0.21) |
| Flev | -0.0919** | 0.0576*** | 0.0980 | 0.0592*** |
| | (-2.13) | (3.25) | (0.97) | (3.29) |
| Froa | -0.3259*** | -0.0077 | -1.6282*** | 0.0230 |
| | (-2.91) | (-0.16) | (-6.26) | (0.46) |
| Fgro | -0.0109 | 0.0074 | 0.0487** | 0.0090* |
| | (-1.36) | (1.47) | (2.40) | (1.78) |
| Find | -0.0592 | 0.1223*** | -0.4361** | 0.1293*** |
| | (-0.75) | (4.68) | (-2.25) | (4.94) |
| Fpoe | -0.0561 | -0.0013 | 0.0683 | 0.0004 |
| | (-1.48) | (-0.12) | (0.94) | (0.03) |
| Cfdev | -0.2648 | 0.0188 | 1.7527** | 0.0209 |
| | (-0.80) | (0.15) | (1.96) | (0.16) |
| Cedev | 0.3575** | 0.3215*** | 1.1111** | 0.2143*** |
| | (2.18) | (4.24) | (2.42) | (2.78) |
| Cf200 | 0.0015 | 0.0125* | 0.1487*** | 0.0073 |
| | (0.10) | (1.83) | (3.12) | (1.06) |
| _cons | -0.3730** | -0.7528*** | -0.2628** | -0.2433* |
| | (-2.21) | (-5.47) | (-2.02) | (-1.86) |
| Fixed Effect | Yes | Yes | Yes | Yes |
| N | 3082 | 297708 | 3080 | 297698 |
| $R^2$ | 0.98 | 0.87 | 0.95 | 0.87 |

注：\*、\*\*和\*\*\*分别表示10%、5%和1%的显著性水平；Fixed Effect包括企业—目的国—产品固定效应和年份固定效应；括号内为经过城市聚类稳健标准误调整后的 t 值。

2. 信息不对称渠道

表8-5后两列汇报了以信息不对称（ASY）作为指标的中介效应检验结果。

第四列金融科技的估计系数与基准回归相比有所下降，意味着信息不对称在金融科技与企业出口产品加成率之间可能起着部分中介效应。故优化信息匹配是金融科技促进企业出口产品加成率提升的另一个渠道。

# 第三节　金融科技对企业出口产品加成率的异质性影响

本章着重从贸易方式、企业性质、企业规模三个方面进行异质性分析。

## 一、贸易方式

根据海关贸易数据库中记录的企业出口数据信息，按贸易方式划分为一般贸易、加工贸易和其他贸易。以其他贸易方式作为对照（杨晓亮，2022），分别构建金融科技与一般贸易企业、加工贸易企业的交互项 $FinTech \times Ford$、$FinTech \times Fpro$，估计结果见表8-6第一列。结果显示，相对于其他贸易方式，金融科技对一般贸易企业的出口产品加成率的促进作用更大，而加工贸易企业次之。其可能的原因是，一般贸易企业本身就拥有一定人力资本水平和研发创新能力，金融科技的"赋能"效应进一步提升了其研发创新投入水平，从而更能推动企业出口产品加成率的提升。

表8-6　异质性分析

| 变量 | (1) | (2) | (3) |
|---|---|---|---|
| | PMK | | |
| | 贸易方式 | 产权性质 | 企业规模 |
| FinTech | 0.4582*** | 0.1763*** | 0.2065*** |
| | (11.48) | (2.96) | (3.39) |
| FinTech×Ford | 0.0985*** | | |
| | (6.79) | | |

续表

| 变量 | (1) | (2) | (3) |
|---|---|---|---|
| | PMK | | |
| | 贸易方式 | 产权性质 | 企业规模 |
| FinTech×Fpro | 0.0662*** | | |
| | (6.18) | | |
| FinTech×POE | | 0.2908*** | |
| | | (8.69) | |
| FinTech×FOE | | 0.1688*** | |
| | | (4.02) | |
| FinTech×Large | | | 0.3619 |
| | | | (1.39) |
| FinTech×Midd | | | 0.2913*** |
| | | | (7.22) |
| Fsize | 0.0161*** | 0.0114** | |
| | (3.00) | (2.12) | |
| Fage | 0.0272*** | 0.0411*** | -0.0258*** |
| | (4.49) | (6.69) | (-2.70) |
| Fcash | -0.0001 | -0.0004 | -0.0264 |
| | (-0.00) | (-0.02) | (-0.95) |
| Flev | 0.0735*** | 0.0633*** | 0.0161 |
| | (4.17) | (3.59) | (0.56) |
| Froa | 0.0105 | 0.0305 | 0.0624 |
| | (0.21) | (0.62) | (0.81) |
| Fgro | 0.0099** | 0.0109** | 0.0222*** |
| | (1.97) | (2.15) | (2.93) |
| Find | 0.1388*** | 0.1565*** | 0.1872*** |
| | (5.30) | (5.93) | (4.53) |
| Fpoe | 0.0007 | | -0.0187 |
| | (0.06) | | (-1.08) |
| Cfdev | -0.0300 | 0.2600** | 0.1355 |
| | (-0.23) | (1.99) | (0.66) |
| Cedev | 0.2670*** | 0.2427*** | 0.2566** |
| | (3.54) | (3.21) | (2.08) |

续表

| 变量 | （1） | （2） | （3） |
|---|---|---|---|
| | PMK | | |
| | 贸易方式 | 产权性质 | 企业规模 |
| Cf200 | 0.0069 | 0.0062 | −0.0274*** |
| | （1.02） | （0.89） | （−2.63） |
| _cons | −0.2796** | −0.2380* | 0.0417 |
| | （−2.16） | （−1.83） | （0.20） |
| Fixed Effect | Yes | Yes | Yes |
| N | 297708 | 297708 | 297708 |
| R² | 0.87 | 0.87 | 0.85 |

注：*、**和***分别表示10%、5%和1%的显著性水平；Fixed Effect包括企业—目的国—产品固定效应和年份固定效应；括号内为经过城市聚类稳健标准误调整后的t值。

## 二、企业性质

国泰安上市公司数据库中按照股权性质的分类，企业类型主要包括国有、民营和外资三类。以国有企业作为对照（杨晓亮等，2021），分别构建金融科技与民营企业、外资企业的交互项 FinTech×POE、FinTech×FOE，估计结果见表8-6第二列。结果表明，相对于国有企业，金融科技对民营企业的出口产品加成率的促进作用更大，外资企业次之。其可能的原因是，对于民营企业而言，金融机构可以通过技术手段深入挖掘财务数据以精准评估其风险，进而助力其获得更多信贷支持（Lee等，2019），因而促进其出口产品加成率提升的作用更大。

## 三、企业规模

参考杨晓亮（2022）的方法，本书将全样本按照企业企业规模（Fsize）从低到高排序后划分为三等份，以小规模企业作为对照，分别构建金融科技与中等规模企业、大规模企业的交互项 FinTech×Large、FinTech×Midd，估计结果见表8-6第三列。结果发现，相对于小规模企业，金融科技对中等规模企业的出口产品加成率具有更显著的促进作用，但对大规模企业的促进作用不显著。

## 四、出口结构

结合海关数据库本书又进行了出口结构分析，进一步考察金融科技对企业出口产品加成率的影响机制。

（一）基于新产品与旧产品的考察

借鉴杨晓亮（2022）研究结果，以 2011 年为基期将所有产品划分为旧出口产品和新出口产品两个样本进行考察，分样本估计结果见表 8-7 第一列和第二列。

表 8-7　出口结构分析

| 变量 | （1） | （2） | （3） | （4） | （5） | （6） |
|---|---|---|---|---|---|---|
| | PMK | | | | | |
| | 旧产品 | 新产品 | 交互项 | 非核心产品 | 核心产品 | 交互项 |
| FinTech | 0.3928*** | 0.0220*** | 0.4571*** | 0.4690*** | 0.5118** | 0.4260*** |
| | (7.51) | (8.05) | (10.94) | (12.17) | (2.25) | (10.90) |
| FinTech×newhs | | | −0.0494*** | | | |
| | | | (−2.65) | | | |
| FinTech×corehs | | | | | | 4.3443*** |
| | | | | | | (38.92) |
| Fsize | 0.0054 | 0.2200*** | 0.0161*** | 0.0174*** | 0.0153 | 0.0164*** |
| | (0.93) | (4.02) | (3.00) | (3.34) | (0.38) | (3.13) |
| Fage | 0.0326*** | 0.0083 | 0.0285*** | 0.0248*** | −0.0573 | 0.0231*** |
| | (4.83) | (0.20) | (4.71) | (4.23) | (−1.33) | (3.93) |
| Fcash | 0.0033 | 0.2849* | 0.0022 | 0.0107 | 0.1279 | 0.0101 |
| | (0.16) | (1.81) | (0.12) | (0.61) | (1.25) | (0.58) |
| Flev | 0.0638*** | 0.0180 | 0.0735*** | 0.0765*** | 0.0081 | 0.0740*** |
| | (3.35) | (0.16) | (4.17) | (4.48) | (0.09) | (4.29) |
| Froa | 0.0053 | −0.6336** | 0.0079 | 0.0080 | 0.0619 | 0.0166 |
| | (0.10) | (−2.26) | (0.16) | (0.17) | (0.22) | (0.35) |
| Fgro | 0.0084 | −0.0573** | 0.0096* | 0.0103** | −0.0118 | 0.0111** |
| | (1.52) | (−2.03) | (1.90) | (2.10) | (−0.55) | (2.24) |
| Find | 0.1106*** | 0.0506 | 0.1338*** | 0.1219*** | −0.0250 | 0.1265*** |
| | (3.87) | (0.29) | (5.10) | (4.80) | (−0.15) | (4.93) |

续表

| 变量 | (1) | (2) | (3) | (4) | (5) | (6) |
|---|---|---|---|---|---|---|
| | *PMK* | | | | | |
| | 旧产品 | 新产品 | 交互项 | 非核心产品 | 核心产品 | 交互项 |
| *Fpoe* | -0.0211 | 0.1315 *** | 0.0013 | -0.0026 | -0.0011 | -0.0027 |
| | (-1.47) | (3.40) | (0.11) | (-0.25) | (-0.01) | (-0.25) |
| *Cfdev* | -0.2312 * | 2.6887 *** | 0.0471 | 0.0933 | -0.7039 | 0.0734 |
| | (-1.67) | (2.96) | (0.36) | (0.75) | (-0.82) | (0.58) |
| *Cedev* | 0.2546 *** | -0.6957 * | 0.2611 *** | 0.2539 *** | -0.3602 | 0.2390 *** |
| | (3.14) | (-1.75) | (3.46) | (3.47) | (-0.84) | (3.24) |
| *Cf200* | 0.0193 *** | -0.1596 *** | 0.0107 | 0.0127 * | 0.0543 | 0.0124 * |
| | (2.62) | (-2.72) | (1.57) | (1.93) | (1.29) | (1.87) |
| _cons | -0.0308 | -4.3889 *** | -0.3072 ** | -0.3696 *** | 3.1119 *** | -0.3086 ** |
| | (-0.22) | (-3.83) | (-2.37) | (-2.95) | (3.03) | (-2.44) |
| Fixed Effect | Yes | Yes | Yes | Yes | Yes | Yes |
| N | 253610 | 11515 | 297708 | 294717 | 1727 | 297708 |
| R² | 0.87 | 0.90 | 0.87 | 0.85 | 0.91 | 0.87 |

注：*、**和***分别表示10%、5%和1%的显著性水平；Fixed Effect 包括企业—目的国—产品固定效应和年份固定效应；括号内为经过城市聚类稳健标准误调整后的 t 值。

估计结果表明，金融科技对旧出口产品与新出口产品加成率皆具有提升作用，且对前者的作用更大。通过设定交互项再次检验的结论基本一致，结果见表8-7第三列。上述结果意味着金融科技主要通过促进出口旧产品加成率提升企业整体出口产品加成率。

（二）基于核心产品与非核心产品的考察

参考杨晓亮（2022）的研究，以出口额为标准将所有产品划分为非核心出口产品和核心出口产品两个样本进行考察，分样本估计结果见表8-7第四列和第五列。

估计结果表明，金融科技对非核心出口产品和核心出口产品加成率皆具有提升作用，且对后者的作用更大。通过设定交互项再次检验的结论基本一致，结果见表8-7第六列。上述结果意味着金融科技主要通过促进核心出口产品加成率提升企业整体出口产品加成率。

综上所述，基于出口产品结构分析，金融科技主要通过促进旧出口产品和核心出口产品加成率提升企业整体出口产品加成率。

# 第四节　企业内产品加成率的资源再配置效应

企业内各产品加成率的分布情况是衡量资源配置效率的一个重要方式。通常而言，企业内产品加成率分布越均匀，资源配置效率越高。接下来，将从企业层面考察金融科技对出口产品加成率分布的影响。

借鉴钟腾龙（2021）的方法，本书使用变异系数（Coefficient of Variation，CV）、泰尔指数（Theil Index，TI）、平均对数偏差（Mean Log Deviation，MLD）、相对均值偏差（Relative Mean Deviation，RMD）以及 90 与 10 分位数差值（90/10）五种方法测度企业内产品加成率分散度，估计结果见表 8-8。

表 8-8　企业内资源再配置效应

| 变量 | (1) | (2) | (3) | (4) | (5) |
| --- | --- | --- | --- | --- | --- |
| | PMK | | | | |
| | CV | TI | MLD | RMD | 90/10 |
| FinTech | -0.1446** | -0.1356** | -0.1401** | -0.1318** | -0.2050** |
| | (-2.00) | (-2.33) | (-2.36) | (-2.20) | (-2.06) |
| Fsize | 0.2302*** | 0.2312*** | 0.2309*** | 0.2285*** | 0.2153*** |
| | (12.19) | (13.10) | (13.09) | (12.79) | (9.67) |
| Fage | -0.0869*** | -0.0954*** | -0.0925*** | -0.0940*** | -0.0813*** |
| | (-5.48) | (-6.74) | (-6.48) | (-6.54) | (-4.20) |
| Fcash | 0.0072 | 0.0738 | 0.0747 | 0.0738 | 0.0905 |
| | (0.14) | (1.38) | (1.39) | (1.36) | (1.27) |
| Flev | -0.1146** | -0.0999** | -0.1010** | -0.1055** | -0.0738 |
| | (-2.38) | (-2.30) | (-2.32) | (-2.39) | (-1.32) |
| Froa | -0.4123*** | -0.3412*** | -0.3436*** | -0.3626*** | -0.5396*** |
| | (-3.34) | (-3.04) | (-3.05) | (-3.20) | (-3.82) |

续表

| 变量 | (1) | (2) | (3) | (4) | (5) |
|---|---|---|---|---|---|
| | PMK | | | | |
| | CV | TI | MLD | RMD | 90/10 |
| Fgro | −0.0063 | −0.0101 | −0.0103 | −0.0085 | −0.0047 |
| | (−0.67) | (−1.24) | (−1.25) | (−1.02) | (−0.38) |
| Find | −0.1043 | −0.0814 | −0.0915 | −0.0893 | −0.1508 |
| | (−1.23) | (−1.01) | (−1.13) | (−1.09) | (−1.34) |
| Fpoe | −0.0849** | −0.0561 | −0.0555 | −0.0575 | −0.0931** |
| | (−2.25) | (−1.50) | (−1.48) | (−1.54) | (−2.03) |
| Cfdev | 0.1498 | −0.1658 | −0.1477 | −0.1079 | 0.4267 |
| | (0.41) | (−0.50) | (−0.44) | (−0.32) | (0.91) |
| Cedev | 0.4236** | 0.3678** | 0.3583** | 0.3857** | 0.4715* |
| | (2.24) | (2.22) | (2.15) | (2.29) | (1.92) |
| Cf200 | −0.0131 | −0.0018 | −0.0022 | −0.0042 | −0.0128 |
| | (−0.74) | (−0.12) | (−0.14) | (−0.27) | (−0.51) |
| _cons | −4.9181*** | −5.1757*** | −5.1642*** | −5.0442*** | −4.3240*** |
| | (−10.36) | (−11.61) | (−11.60) | (−11.19) | (−7.80) |
| Fixed Effect | Yes | Yes | Yes | Yes | Yes |
| N | 3075 | 3075 | 3075 | 3075 | 3075 |
| $R^2$ | 0.97 | 0.98 | 0.98 | 0.98 | 0.95 |

注：*、**和***分别表示10%、5%和1%的显著性水平；Fixed Effect包括企业固定效应和年份固定效应；括号内为经过城市聚类稳健标准误调整后的t值。

估计结果表明金融科技对五类分散度指标皆产生了显著的负向影响，即金融科技有利于降低企业内产品加成率分散度，从而改善了企业内的资源配置效率。

# 第五节 本章小结

本章利用2011~2016年中国上市公司与海关贸易数据库的合并数据，考察了金融科技对企业出口产品加成率的影响及其作用机制。主要研究结论如下：

①总体上，金融科技显著地促进了企业出口产品加成率的提升，在经过内生性检验、核心指标替换、空间关联控制以及样本选择偏差处理后，本书结论依然稳健；②利用中介效应模型检验影响机制表明，缓解融资约束和优化信息匹配是金融科技促进企业出口产品加成率提升的两个可能渠道；③基于出口产品结构的作用机制分析表明，金融科技显著地促进了旧产品和核心产品加成率的提升，从而促进了整体出口产品加成率的提升；④异质性分析发现，金融科技对一般贸易企业、民营企业和中等规模企业的出口产品加成率提升作用尤为明显；⑤企业内资源配置效应研究表明，金融科技有利于降低企业内产品加成率分散度，从而改善了企业内的资源配置效率。

# 第九章　金融科技与中国企业出口国内增加值率

　　自世界经济进入全球价值链（Global Value Chains，GVC）时代，中国企业通过积极参与全球价值链生产分工体系实现出口规模迅猛增长。然而，以企业出口国内增加值率（Domestic Value Added Ratio，DVAR）衡量的我国真实贸易利益却仍处于较低水平（Kee 和 Tang，2016；Koopman 等，2012；Upward 等，2013）。国务院于 2019 年发布的《关于推进贸易高质量发展的指导意见》提出，要"强化科技创新，优化贸易结构，提高贸易发展的质量和效益"[1]。在探求贸易高质量发展驱动力的同时，数字技术创新与经济社会的各个领域正在不断融合，特别是数字技术在金融领域的应用步伐加快（Huang 等，2018），金融科技发展水平（FinTech）对经济高质量发展的影响日益得到关注。因此，在中国数字经济蓬勃发展和向全球价值链中高端环节攀升的过程中，金融科技如何赋能中国企业提高出口国内增加值率？打开二者作用机制的"黑箱"，对于增强金融服务实体经济的能力，推动中国贸易高质量发展具有重要的理论和现实意义。

---

[1]　中国政府网，https：//www.gov.cn。

# 第一节 "U形"关系之谜

金融科技是否提升了企业出口国内增加值率？是否具有非线性影响？是否存在非线性影响？影响效果是否显著？为了回答上述问题，本书利用中国工业企业数据库和海关贸易数据库，对 2011~2015 年金融科技与企业出口国内增加值率进行测算①后，首先，图 9-1 为金融科技与企业出口国内增加值率的时间趋势图。对比发现，金融科技曲线呈稳步上升趋势，而企业出口国内增加值率曲线呈"U形"变化趋势，故预期二者具有非线性的"U形"关系。

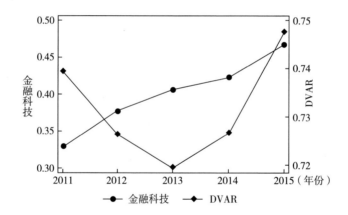

**图 9-1　金融科技与出口国内增加值率时间趋势**

资料来源：CSMAR 上市公司数据库、中国海关贸易数据库。

其次，图 9-2 为金融科技与所有企业出口国内增加值率关系非线性拟合图，研究发现地区金融科技发展水平对企业出口国内增加值率产生了"先抑制后促进"的非线性影响，即"U形"影响，推测二者之间可能存在非线性关系，与时间趋势相印证。但这一结果与现有文献中金融科技多为线性、正向影响不同，

---

　　① 详见本章第二节。

如金融科技促进企业创新（李春涛等，2020）与全要素生产率提高（宋敏等，2021）等。现有文献较少讨论金融科技对企业出口的影响，贸易方式异质性在其中的作用也没能得到关注。

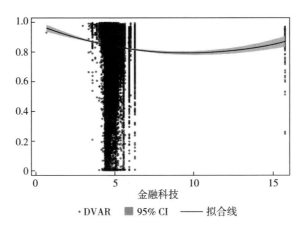

**图 9-2　金融科技与出口国内增加值率非线性拟合图**

资料来源：CSMAR 上市公司数据库、中国海关贸易数据库。

再次，图 9-3 为金融科技与一般贸易企业出口国内增加值率关系非线性拟合图，研究发现其具有微弱的"倒 U 形"特征，推测二者之间可能存在"倒 U 形"关系，与总样本的结果并不一致。

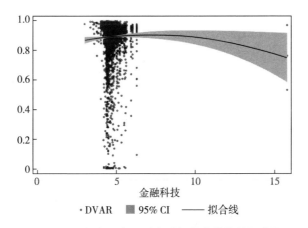

**图 9-3　一般贸易出口国内增加值率非线性拟合图**

资料来源：CSMAR 上市公司数据库、中国海关贸易数据库。

最后，图9-4为金融科技与加工贸易企业出口国内增加值率关系非线性拟合图，研究发现其具有明显的"U形"特征，与总样本的结果高度一致，推测金融科技与企业出口国内增加值率"U形"关系的取决于加工贸易企业，这可能是"U形关系"之谜的关键所在。接下来，本书将使用更为精确的计量方法检验金融科技与企业出口国内增加值率的关系。

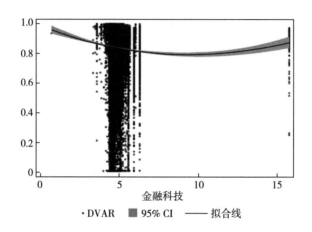

**图9-4　加工贸易出口国内增加值率非线性拟合图**

资料来源：CSMAR 上市公司数据库、中国海关贸易数据库。

# 第二节　金融科技的"增值效应"检验

### 一、计量模型设定

在前述理论分析和已有文献研究的基础上，本章设定如下计量模型以考察金融科技对企业出口国内增加值率的影响效应：

$$DVAR_{pcjit} = \alpha + \beta_1 \times FinTech_{pct} + \beta_2 \times qFinTech_{pct} + \gamma \times Controls + \varphi_j + \varphi_t + \varphi_p + \varepsilon_{pcjit} \quad (9-1)$$

式中，$p$、$c$、$j$、$i$ 和 $t$ 分别为省份、城市、行业、企业和年份；$DVAR$ 为企业出口国内增加值率；$FinTech$ 和 $qFinTech$ 分别为地区金融科技发展水平一次项和二次项；$Controls$ 为企业层面、行业层面以及城市层面控制变量集；此外，在模型中本章还控制了行业固定效应 $\varphi_j$、年份固定效应 $\varphi_t$ 和省份固定效应 $\varphi_p$；$\varepsilon_{jicht}$ 为随机扰动项；待估系数 $\beta_2$ 是本书最为感兴趣的部分，当 $\beta_2$ 显著大于 0 时，意味着金融科技与企业出口国内增加值率具有显著的"U形"关系。

### 二、变量选取与测度

#### （一）金融科技发展水平（$FinTech$）

已有研究关于金融科技的测度指标多为单一维度指标，如李春涛等（2020）通过网络爬虫技术用百度新闻高级检索金融科技相关关键词（包括大数据金融、人工智能金融、区块链金融和量化金融四个方面的 48 个关键词）的结果数量构建城市金融科技发展指数（以下简称热词指标）；宋敏等（2021）使用金融科技公司数量构建城市金融科技发展指标（以下简称科企指标），以及郭峰等（2020）使用北京大学普惠金融指数中的城市金融深度指数衡量（以下简称北普指标）。为了合理测度城市金融科技发展，本书综合考虑以上三类指标，参考赵涛等（2020）方法，对其标准化后利用主成分分析方法进行降维处理，获得 208 个城市的金融科技综合指标，记为 $FinTech$。

#### （二）企业出口国内增加值率（$DVAR$）

基于 Upward 等（2013）的研究，"同比例假设"处理一般贸易和加工贸易进口，使用 Ahn 等（2011）方法剔除贸易中间代理商对数据样本可能存在的干扰，本章测算企业出口国内增加值率的详细公式如下：

$$DVAR = 1 - \frac{IMP_a^p + IMP_{am}^o \cdot EXP^o / (SAL^d + EXP^o)}{EXP} -$$

$$\frac{5\%\left[M^{input} - IMP_a^p - IMP_{am}^o \cdot EXP^o / (SAL^d + EXP^o)\right]}{EXP} - \frac{D}{EXP} + RDV - PDC$$

$$(9-2)$$

式中，$IMP_a^p$ 和 $IMP_{am}^o$ 分别表示经贸易中间代理商调整后的加工贸易和一般贸易企业实际进口；$EXP^o$ 和 $EXP$ 分别表示一般贸易出口额和企业总出口额；$SAL^d$ 和 $M^{input}$ 分别表示经价格指数平减后的企业国内销售额和中间投入品总额。

根据 Koopman 等（2012）研究，设定 5% 为国内中间投入品中的国外成分所占比重；$D$ 表示企业在 $t$ 期的资本折旧累计额，采用单豪杰（2008）方法选取企业固定资产折旧率为 10.96%；高翔等（2018）考虑到企业层面可能忽略了返回并被本国吸收和纯重复计算的出口国内增加值（RDV 和 PDC），故参考王直等（2015）方法利用 WIOD 数据库进行计算。

（三）控制变量

1. 企业层面控制变量

①企业规模（$Fsize$），以年度就业人数的自然对数测度；②企业年龄（$Fage$），以当期年份减去企业开工年份后加 1 取自然对数衡量；③企业资本密集度（$Fkl$），采用企业年度固定资产净值与企业就业人数的比值，然后取自然对数表示；④企业全要素生产率（$Ftfp$），借鉴 Levinsohn 和 Petrin（2003）方法进行测算；⑤民营企业虚拟变量（$Fpoe$），根据"注册类型"划分，当企业性质为国有时取值为 1，否则为 0。

2. 行业层面控制变量

行业集中度（$HHI$），以四分位行业中企业销售额占行业销售额比重的平方和表示，取值为 0~1。

3. 城市层面控制变量

①城市规模（$Cemp$），使用城市就业人数取自然对数表示；②城市人均国内生产总值（$Cpergdp$），使用城市人均国民生产总值取自然对数表示。

（四）数据简介

1. 数据来源

本章实证分析所用数据共有四类：手动收集和计算的地区金融科技综合指标、中国工业企业数据库、海关贸易数据库以及《中国城市统计年鉴》，数据期限为 2011~2014 年。利用中国工业企业与海关贸易数据库匹配数据测度企业出口国内增加值率、企业和行业层面控制变量；使用《中国城市统计年鉴》测算城市层面控制变量。

2. 数据处理

对于中国工业企业数据库和海关数据库的合并，出于保证数据精度和质量的考虑，参考 Upward 等（2013）的做法，在匹配之前保留全部企业原始数据。首先，借鉴 Brandt 等（2012）"序贯识别"的方法对工业企业数据库进行重新编码；其次，综合借鉴毛其淋和许家云（2019）的合并方法，即"年份+企业名称""年份+邮编+企业电话号码后七位"以及"年份+企业法人代表姓名+邮编"，将上述三种方法合并的数据汇总并剔除重复数据；最后，对可能存在的异常值，参考 Feenstra 等（2014）的做法进行处理。

依据年份和地区代码，合并了企业和城市两个层面的四套数据，最终完成实证分析所需全部数据的采集工作。此外，参考既有文献，对连续型变量进行了前后 1%的缩尾（winsorize）处理。表 9-1 展示了主要变量的描述性统计，与已有文献基本一致。

表 9-1　主要变量的描述性统计

| 变量名 | 样本数 | 均值 | 标准差 | 最小值 | 最大值 |
|---|---|---|---|---|---|
| DVAR | 461090 | 0.731 | 0.068 | 0.272 | 0.894 |
| FinTech | 461090 | 0.413 | 0.131 | 0.059 | 0.843 |
| qFinTech | 461090 | 0.188 | 0.121 | 0.004 | 0.711 |
| Fsize | 461090 | 5.411 | 0.938 | 0.693 | 12.206 |
| Fage | 461090 | 2.178 | 0.641 | 0 | 7.606 |
| Fkl | 461090 | 3.898 | 1.396 | −6.805 | 14.006 |
| Ftfp | 461090 | 7.655 | 0.938 | −2.959 | 13.874 |
| Fpoe | 461090 | 0.012 | 0.107 | 0 | 1 |
| HHI | 461090 | 0 | 0.003 | 0 | 0.774 |
| Cemp | 461090 | 13.740 | 0.169 | 10.721 | 15.482 |
| Cpergdp | 461090 | 3.892 | 0.633 | 1.621 | 6.165 |

资料来源：笔者计算整理。

### 三、实证分析与结果汇报

（一）基准回归结果

首先，本书在表 9-2 第一列汇报了对核心变量之间可能存在的线性关系进行考察，发现金融科技显著地促进了企业出口 DVAR，这一结果与金祥义和张文菲（2022）的研究结果基本一致。但后者忽视了可能存在的"非线性"关系，从而可能误判金融科技对企业全球价值链攀升的"真实"效应。因此，本书在第二列加入了金融科技指标的二次项，估计结果显示金融科技指标的一次项和二次项估计系数皆在1%的水平上显著，符号分别为负和正，即表明金融科技与企业出口国内增加值率呈现出显著的"U形"关系。通过计算"U形"曲线的拐点值约为 $FinTech = 0.31$，约处于样本25分位，即约1/4的样本仍在拐点左侧下降区间，其影响难以忽略不计。基于前文的理论分析，金融科技与企业出口 DVAR 的"U形"关系可能与贸易类型密切相关，而且加工贸易企业的影响占主导地位。故本书利用中国海关贸易数据库提供的贸易类型信息，将企业划分为一般与加工贸易两个分样本。表9-2第三列和第四列显示了对贸易类型分样本的估计结果，发现对于一般贸易企业样本，金融科技显著地促进了企业出口国内增加值率；在加工贸易企业样本中，金融科技与企业出口国内增加值率呈现"U形"关系。使用SUEST进行组间差异显著性检验表明，两组样本具有可比性。综上所述，由于加工贸易企业在本书所使用样本中约占70%，故总体样本呈现"U形"特征，从而验证了本书假设7，即其他条件不变时，金融科技对于一般贸易企业出口国内增加值率为正向影响，对于加工贸易企业出口国内增加值率为"U形"影响，总体上取决于二者的综合影响。本研究的样本估计结果显示，总体上金融科技与企业出口国内增加值率之间为"U形"关系。

表9-2　金融科技对企业出口国内增加值率的影响

| 变量 | (1) | (2) | (3) | (4) |
|---|---|---|---|---|
| | 被解释变量：DVAR | | | |
| | 线性 | 非线性 | | |
| | 总样本 | 总样本 | 一般贸易样本 | 加工贸易样本 |
| Fintech | 0.1372*** | -0.2841*** | 0.1536*** | -0.3917*** |
| | (31.92) | (-34.01) | (7.57) | (-40.61) |
| qFintech | | 0.4557*** | 0.0066 | 0.5423*** |
| | | (59.41) | (0.30) | (61.67) |
| Fsize | 0.0037*** | 0.0041*** | 0.0074*** | 0.0027*** |
| | (14.86) | (16.40) | (13.04) | (9.20) |

续表

| 变量 | （1） | （2） | （3） | （4） |
|---|---|---|---|---|
| | 被解释变量：DVAR | | | |
| | 线性 | 非线性 | | |
| | 总样本 | 总样本 | 一般贸易样本 | 加工贸易样本 |
| Fage | −0.0005 | 0.0004 | −0.0017 | −0.0002 |
| | (−0.79) | (0.65) | (−1.31) | (−0.28) |
| Fkl | 0.0088*** | 0.0089*** | 0.0091*** | 0.0088*** |
| | (58.79) | (59.92) | (28.42) | (50.82) |
| Ftfp | 0.0255*** | 0.0257*** | 0.0252*** | 0.0252*** |
| | (110.28) | (111.59) | (51.72) | (93.65) |
| Fpoe | −0.0019 | −0.0023 | 0.0023 | −0.0038 |
| | (−0.70) | (−0.85) | (0.57) | (−0.98) |
| HHI | −0.0671 | −0.0528 | 0.0295 | −0.1223 |
| | (−1.10) | (−0.92) | (0.52) | (−1.30) |
| Cemp | 0.0101*** | 0.0116*** | 0.0084*** | 0.0475*** |
| | (34.22) | (37.77) | (26.18) | (15.56) |
| Cpergdp | −0.0011** | −0.0047*** | 0.0209*** | −0.0066*** |
| | (−2.54) | (−10.72) | (18.52) | (−12.83) |
| _cons | 0.2915*** | 0.3676*** | 0.2357*** | −0.0816* |
| | (53.44) | (63.37) | (26.06) | (−1.91) |
| Fixed Effect | Yes | Yes | Yes | Yes |
| SUEST | | 2046.05 | | |
| | | [0.0000] | | |
| N | 461090 | 461090 | 114906 | 322416 |
| $R^2$ | 0.59 | 0.60 | 0.49 | 0.67 |

注：*、**和***分别表示10%、5%和1%的显著性水平；小括号内为纠正了异方差后的t统计量值；标准误聚类到城市层面；Fixed Effects包括行业固定效应、年份固定效应和省份固定效应；SUEST检验汇报了卡方值（$\chi^2$）和概率值（中括号内）。

## （二）稳健性检验

### 1. 改变金融科技的测度方法

为了估计结果更具稳健性，本书使用熵值法（Entropy Method）对前文的"热词指标""北普指标"和"科企指标"计算综合分数获得指标 FinTechE，以替换前文基准回归所使用的综合指标对计量方程（9-1）重新估计，结果见表9-3第一列，表明熵值法金融科技指标与企业出口国内增加值率呈现高度显著的"U形"关系，即改变核心解释变量的测度方法不会实质性地影响本书估计结果，核心结论仍然稳健。

2. 改变出口国内增加值率的测度方法

将式（9-2）国外原材料成分调整为10%后重新测算指标（DVAR2）替换基准回归中的因变量，然后对计量方程（9-1）重新估计，结果见表9-3第二列。发现金融科技与企业出口国内增加值率在1%的显著水平上呈现"U形"关系，即改变被解释变量的测算方法并不会改变本章的核心结论。

表9-3　稳健性检验

| 变量 | （1）替换自变量 | （2）替换因变量 | （3）替换估计方法 |
|---|---|---|---|
| FinTechE | -0.1688*** (-23.31) | | |
| qFinTechE | 0.3367*** (53.53) | | |
| Fintech | | -0.3117*** (-37.32) | -0.1192*** (-26.32) |
| qFintech | | 0.4957*** (64.51) | 0.0468*** (9.65) |
| Fsize | 0.0041*** (16.16) | 0.0038*** (14.88) | -0.0056*** (-42.04) |
| Fage | 0.0004 (0.64) | 0.0001 (0.22) | -0.0015*** (-7.93) |
| Fkl | 0.0089*** (59.91) | 0.0089*** (60.00) | 0.0038*** (47.94) |
| Ftfp | 0.0258*** (112.04) | 0.0268*** (114.47) | 0.0180*** (143.61) |
| Fpoe | -0.0024 (-0.88) | -0.0026 (-0.94) | -0.0045*** (-4.05) |

续表

| 变量 | （1） | （2） | （3） |
|---|---|---|---|
| | 替换自变量 | 替换因变量 | 替换估计方法 |
| HHI | −0.0546 | −0.0580 | −0.1521*** |
| | （−0.94） | （−0.96） | （−4.60） |
| Cemp | 0.0116*** | 0.0115*** | 0.0034*** |
| | （38.18） | （37.12） | （6.52） |
| Cpergdp | −0.0047*** | −0.0049*** | −0.0132*** |
| | （−10.54） | （−10.88） | （−60.14） |
| Fixed Effect | Yes | Yes | Yes |
| N | 461090 | 461090 | 461090 |
| $R^2$ | 0.60 | 0.60 | — |

注：*、**和***分别表示10%、5%和1%的显著性水平；括号内为纠正了异方差后的t统计量值；标准误聚类到城市层面；Fixed Effects包括行业固定效应、年份固定效应和省份固定效应。

### 3. 改变计量方程估计方法

由于企业出口 DVAR 指标的取值范围在0~1，属于双边归并数据，因此也适用于面板 Tobit 模型。对计量方程使用该模型重新估计，结果见表9-3第三列，发现估计结果并未发生实质性变化，即变换模型估计方法仍未影响本书的核心结论。

### （三）内生性检验与样本选择偏差处理

#### 1. 内生性检验

内生性的重要来源为双向因果关系，在本章中表现为企业出口国内增加值率反过来影响地区金融科技发展水平。尽管现实中微观层面的变量很难对中观层面的变量产生影响，因而基本不会存在内生性偏误，但为了结论稳健起见，本章仍采用三类工具变量进行内生性检验：其一，借鉴谢绚丽等（2018）做法，使用当年各省互联网普及率作为城市金融科技的工具变量。一方面，互联网普及率作为金融科技的基础设施，与其变化存在着紧密的联系；另一方面，在控制当地经济水平以及行业企业等特征因素后，互联网普及率与企业出口国内增加值率并不存在直接的关联渠道。使用 IVTobit 方法进行估计，表9-4第一列的结果显示，金融科技与企业出口国内增加值率仍然显著地呈"U形"关系，核心结论未受影响。其二，参考李春涛等（2020）的方法，采取当年与目标城市接壤的所有城市金融科技均值为工具变量。就工具变量的相关性而言，接壤城市因其地理"邻近性"与目标城市经济联系紧密，并且经济结构相似、经济发展水平相当；就工具变量的外生性而言，基于企业的通常存在地域分割特征（李春涛等，2020），即使地理上接壤的城市也难以通过金融科技作用于借贷融资渠道影响目标企业出口国内增加值率。使用 IVTobit 方法进行重新估计，表 9-4 第二列估计结果显示，金融科技与企业出口国内增加值率依然显著地呈"U 形"关系。其三，借鉴 Ellis 等（2017）的思路，使用当年省内其他城市金融科技指标的均值作为工具变量。省内其他城市可以通过经济联系对该城市金融科技发展产生影响，但其他城市金融科技并不直接影响该城市内出口企业行为，因此满足了工具变量的基本要求。使用 IVTobit 方法进行重新估计，表 9-4 第三列估计结果显示，金融科技与企业出口国内增加值率仍然显著地呈"U 形"关系。

表 9-4　内生性检验与样本选择偏差处理

| 变量 | （1）互联网普及率 | （2）相邻城市均值 | （3）省内其他城市均值 | （4）样本选择偏差 |
|---|---|---|---|---|
| Fintech | -0.8324*** | -0.2362 | -0.4429*** | -0.2870*** |
| | (-8.58) | (-0.65) | (16.92) | (-33.14) |
| qFintech | 0.6563*** | 1.8481*** | 0.6913*** | 0.4586*** |
| | (18.33) | (5.03) | (31.44) | (58.07) |
| Fsize | 0.0053*** | 0.0063*** | 0.0051*** | 0.0041*** |
| | (18.93) | (15.47) | (19.28) | (16.41) |
| Fage | 0.0025*** | 0.0048*** | 0.0021*** | 0.0004 |
| | (4.14) | (5.30) | (3.54) | (0.61) |
| Fkl | 0.0084*** | 0.0087*** | 0.0085*** | 0.0089*** |
| | (50.67) | (42.97) | (54.42) | (59.92) |
| Ftfp | 0.0237*** | 0.0243*** | 0.0243*** | 0.0257*** |
| | (85.35) | (70.60) | (102.96) | (111.52) |
| Fpoe | -0.0054* | -0.0065** | -0.0046 | -0.0023 |
| | (-1.76) | (-2.03) | (-1.59) | (-0.84) |
| HHI | -0.0328 | 0.0049 | -0.0354 | -0.0527 |
| | (-0.72) | (0.10) | (-0.75) | (-0.92) |

续表

| 变量 | （1）<br>互联网普及率 | （2）<br>相邻城市均值 | （3）<br>省内其他城市均值 | （4）<br>样本选择偏差 |
|---|---|---|---|---|
| Cemp | 0.0132*** | 0.0171*** | 0.0131*** | 0.0116*** |
| | (29.01) | (13.42) | (31.68) | (37.77) |
| Cpergdp | -0.0106*** | -0.0203*** | -0.0097*** | -0.0047*** |
| | (-21.20) | (-6.94) | (-21.04) | (-10.61) |
| invmills | | | | 0.0223*** |
| | | | | (2.64) |
| _cons | | | | 0.3569*** |
| | | | | (52.12) |
| Fixed Effect | Yes | Yes | Yes | Yes |
| K-P LM | 1714.769 | 649.316 | 1.8e+04 | |
| | (0.0000) | (0.0000) | (0.0000) | |
| C-D F | 716.420 | 269.735 | 1.8e+04 | |
| | [7.03] | [7.03] | [7.03] | |
| K-P F | 633.901 | 189.014 | 8129.187 | |
| | [7.03] | [7.03] | [7.03] | |
| N | 461090 | 461090 | 461090 | 461090 |
| $R^2$ | 0.16 | 0.27 | 0.03 | 0.60 |

注：*、**和***分别表示10%、5%和1%的显著性水平；小括号内为纠正了异方差后的t统计量值；标准误聚类到城市层面；Fixed Effects包括行业固定效应、年份固定效应和省份固定效应。K-P LM表示无法识别检验的Kleibergen-Paap rk LM统计值；C-D F和K-P F表示弱工具变量检验Cragg-Donald Wald F和Kleibergen-Paap rk Wald F统计值；中括号内为Stock-Yogo在10%水平上的临界值。

## 2. 样本选择偏差处理

本章选取的被解释变量即企业出口国内增加值率"天然地"剔除了非出口企业的样本。然而，这一处理方式可能并不符合样本随机分布的原则，估计结果的准确性可能会因此受到影响，故使用Heckman两步法处理可能存在的样本选择偏差问题。表9-4第四列估计结果表明，金融科技与企业出口国内增加值率之间仍然保持"U形"关系，本章核心结论未有实质性变化。但逆米尔斯比率（invmills）的估计结果显示其在1%水平上显著为负，意味着控制样本选择偏差是有必要的。

（四）影响机制检验

1. 基于加成率与国内中间品价格的影响机制检验

基于前文理论机制分析表明，成本加成率与国内增加值率正相关，国内中间品价格与国内增加值率负相关，并且这一关系已被多数文献验证（诸竹君等，2018；毛其淋和许家云，2019）。因此，本章首先通过直接考察金融科技对成本加成率和国内中间品价格的影响进行机制检验。

对于企业成本加成率的衡量，本章借鉴 DLW（De Loecker 和 Warzynski，2012）方法并基于 LP 法（Levinsohn 和 Petrin，2003）和 ACF 法（Ackerberg 等，2015）的生产函数估计进行测算，取自然对数形式进入计量方程，数据来源于中国工业企业数据库。对于国内中间品价格的衡量难度较大，鉴于数据可获得性和已有研究，本章选择两个代理指标：一是参考诸竹君等（2018）方法，用进口中间投入品使用比例（imr）作为替代指标，数据来源于海关贸易数据库；二是借鉴毛其淋和许家云（2019）方法，用企业创新水平（patent）作为替代指标，使用企业专利申请总和测度（包含发明专利、实用新型和外观设计专利申请），加 1 取自然对数形式进入计量方程，数据来源于中国国家知识产权局的专利数据库。

表 9-5 为基于加成率与国内中间品价格的影响机制检验结果，表中第一列和第二列显示了金融科技对企业成本加成率影响的回归结果，发现二者之间呈显著"U 形"关系；第三列显示了金融科技对进口中间投入品使用比例影响的估计结果，结果显示二者之间呈显著"倒 U 形"关系；第四列显示了金融科技对企业创新水平影响的回归结果，表明二者之间呈显著"U 形"关系。综合上述检验结果与前文理论分析，本章验证成本加成率与国内中间品价格是金融科技影响企业出口国内增加值率的两个重要渠道。

表 9-5　基于加成率与国内中间品价格的影响机制检验

| 变量 | (1) | (2) | (3) | (4) |
| --- | --- | --- | --- | --- |
| | 成本加成率 | | 国内中间品价格 | |
| | LP 法 | ACF 法 | 进口中间品占比 | 企业创新 |
| *Fintech* | −0.3835*** | −0.2300*** | 0.3045*** | −0.4407*** |
| | (−20.57) | (−20.76) | (17.58) | (−7.27) |

续表

| 变量 | (1) | (2) | (3) | (4) |
| --- | --- | --- | --- | --- |
| | 成本加成率 | | 国内中间品价格 | |
| | LP 法 | ACF 法 | 进口中间品占比 | 企业创新 |
| qFintech | 0.2521*** | 0.1417*** | -0.1957*** | 0.4445*** |
| | (15.82) | (14.89) | (-13.69) | (7.05) |
| Fsize | -0.0032*** | -0.0020*** | 0.0015*** | 0.0114*** |
| | (-7.06) | (-7.37) | (3.48) | (6.99) |
| Fage | -0.0014 | -0.0008 | -0.0018* | -0.0059* |
| | (-1.23) | (-1.13) | (-1.92) | (-1.78) |
| Fkl | -0.0139*** | -0.0085*** | 0.0000 | 0.0102*** |
| | (-52.95) | (-54.50) | (0.17) | (11.74) |
| Ftfp | -0.0511*** | -0.0311*** | 0.0020*** | 0.0049*** |
| | (-100.56) | (-103.88) | (5.78) | (3.84) |
| Fpoe | 0.0087 | 0.0056* | 0.0043 | -0.0401* |
| | (1.60) | (1.74) | (0.68) | (-1.95) |
| HHI | 0.1368 | 0.0800 | 0.0161 | -0.6124 |
| | (0.77) | (0.77) | (0.33) | (-0.91) |
| Cemp | -0.0033*** | -0.0018*** | 0.0097*** | -0.0029 |
| | (-7.39) | (-6.78) | (22.11) | (-0.46) |
| Cpergdp | 0.0261*** | 0.0157*** | 0.0062*** | -0.0022 |
| | (32.93) | (33.08) | (9.57) | (-0.86) |
| _cons | 1.5343*** | 1.1387*** | -0.1171*** | 0.2160** |
| | (148.05) | (185.98) | (-12.82) | (2.36) |
| Fixed Effect | Yes | Yes | Yes | Yes |
| N | 461090 | 461090 | 223040 | 461090 |
| R² | 0.77 | 0.79 | 0.69 | 0.65 |

注：*、** 和 *** 分别表示 10%、5% 和 1% 的显著性水平；括号内为纠正了异方差后的 t 统计量值；标准误聚类到城市层面；Fixed Effects 包括行业固定效应、年份固定效应和省份固定效应。

## 2. 基于缓解融资约束与优化信贷资源配置的影响机制检验

前文理论分析中，本章认为金融科技具有缓解融资约束和优化金融资源配置的功能，当金融科技发展水平较低时，主要功能主要在于从"量"上缓解企业融资约束，即普惠金融；金融科技发展水平较高时，除普惠金融功能外更突出地表现在从"质"上优化信贷资源配置。为检验金融科技是否存在"量"与"质"效应，本章分别通过融资约束和信息不对称指标测度"量"与"质"的效应。前者参考 Hadlock 和 Piere（2010）以 SA 指数衡量融资约束，使用公式"$-0.737 \times Size + 0.043 \times Size^2 - 0.04 \times Age$"计算。SA 指数为负，取值越大，表明融资约束程度越高，测算数据来源于中国工业企业数据库；后者参考宋敏等（2021）的做法，基于个股详细交易数据来构建信息不对称程度的代理指标，该指标数值越大表示信息不对称越严重，数据来源于国泰安（CSMAR）上市公司数据库。

本章根据金融科技综合指标的均值划分为两个分样本，取小于等于均值为低水平（FinTech_low）样本，取大于均值为高水平（FinTech_high）样本。表 9-6 前两列显示了低水平和高水平金融科技对融资约束的影响。结果显示，在两个分样本中金融科技的估计系数皆在 1% 水平上显著为负，但低水平样本中估计系数绝对值更大，意味着对融资约束的缓解作用更大，即当金融科技发展水平较低时，主要功能主要在于从"量"上缓解企业融资约束。表 9-6 后两列显示了低水平和高水平金融科技对信息不对称的影响。结果显示，在两个分样本中金融科技的估计系数皆在 1% 水平上显著为负，但高水平样本中估计系数绝对值更大，意味着对信息不对称的缓解作用更大，即金融科技发展水平较高时，主要功能主要在于从"质"上优化信贷资源配置。

表 9-6　基于缓解融资约束与信息不对称的影响机制检验

| 变量 | (1) | (2) | (3) | (4) |
|---|---|---|---|---|
| | FC | | SA | |
| | FinTech_low | FinTech_high | FinTech_low | FinTech_high |
| Fintech | −0.2276*** | −0.0179 | −0.5942*** | −341.3111 |
| | (−5.34) | (−0.61) | (−5.40) | (−0.82) |
| Fsize | −0.0020 | −0.0018 | −0.0946*** | −261.5708 |
| | (−1.60) | (−1.41) | (−14.96) | (−1.04) |
| Fage | −0.0004 | 0.0041* | 0.0157 | −1.16e+03 |
| | (−0.14) | (1.81) | (1.14) | (−1.05) |

续表

| 变量 | （1） | （2） | （3） | （4） |
|---|---|---|---|---|
| | FC | | SA | |
| | FinTech_low | FinTech_high | FinTech_low | FinTech_high |
| Fkl | -0.0046*** | -0.0061*** | -0.0899*** | -27.1436 |
| | (-6.10) | (-8.55) | (-27.45) | (-0.95) |
| Ftfp | 0.0105*** | 0.0168*** | -0.1489*** | 109.0885 |
| | (11.28) | (16.93) | (-33.56) | (1.04) |
| Fpoe | -0.0042 | -0.0194 | 0.0158 | 151.2229 |
| | (-0.29) | (-1.30) | (0.23) | (1.02) |
| HHI | -0.1106 | 0.1769 | 0.6794 | 5994.8085 |
| | (-0.86) | (0.71) | (1.28) | (0.80) |
| Cemp | 0.0052 | 0.0295 | 1.5996*** | -20.1242 |
| | (1.53) | (1.11) | (8.26) | (-1.02) |
| Cpergdp | -0.0356*** | -0.0138*** | 0.2628*** | -15.3148 |
| | (-23.37) | (-7.92) | (19.44) | (-0.98) |
| _cons | 0.2548*** | -0.3157 | -20.8799*** | 3841.1056 |
| | (4.87) | (-0.85) | (-7.78) | (1.05) |
| Fixed Effect | Yes | Yes | Yes | Yes |
| N | 218349 | 220031 | 209122 | 212043 |
| $R^2$ | 0.65 | 0.63 | 0.53 | 0.20 |

注：＊、＊＊和＊＊＊分别表示10%、5%和1%的显著性水平；括号内为纠正了异方差后的t统计量值；标准误聚类到城市层面；Fixed Effects包括企业固定效应、年份固定效应和省份固定效应。

# 第三节 异质性影响的检验

前文实证分析结果表明，金融科技对中国企业出口国内增加值率的"U形"影响主要来自加工贸易企业。从所有制性质看，我国加工贸易的发展进程与"三资"企业密切相关，故加工贸易企业中相当大的比重是外资或合资企业（邵昱琛等，2017）；从区位特征来看，东部地区作为我国改革开放和对外经贸发展的先行区域，加工贸易企业占比也较高①。本章所使用的样本中，从事加工贸易的外资企业约占71%，东部地区加工贸易企业约占60%。据此，本章推测金融科技与企业出口国内增加值率之间的"U形"关系也可能存在于外资（合资）企业及东部地区中，故接下来基于所有制性质和地区差异进行异质性分析，以进一步检验贸易方式异质性分析结论。

## 一、企业性质

根据注册类型划分为国有、民营与外资企业三个分样本②，估计结果见表9-7第一列至第三列，发现外资企业分样本中金融科技与企业出口国内增加值率呈显著的"U形"关系，这一结果与前文推测基本吻合。

表 9-7　异质性拓展分析

| 变量 | (1) | (2) | (3) | (4) | (5) |
|---|---|---|---|---|---|
| | 所有制性质 | | | 区位特征 | |
| | 外企 | 国企 | 民企 | 东部 | 中西部 |
| Fintech | -0.0918*** | 0.1613*** | -0.3486*** | -0.3507*** | -0.2134*** |
| | (-4.87) | (7.45) | (-30.46) | (-38.51) | (-10.30) |
| qFintech | 0.3821*** | 0.0018 | 0.5045*** | 0.5174*** | 0.0731 |
| | (26.54) | (0.08) | (46.77) | (60.77) | (1.16) |
| Fsize | 0.0051*** | 0.0070*** | 0.0048*** | 0.0024*** | 0.0077*** |
| | (8.68) | (11.57) | (14.88) | (9.03) | (13.87) |
| Fage | -0.0078*** | -0.0025* | 0.0013* | 0.0005 | -0.0029** |
| | (-5.29) | (-1.75) | (1.67) | (0.90) | (-2.26) |
| Fkl | 0.0121*** | 0.0091*** | 0.0080*** | 0.0084*** | 0.0092*** |
| | (36.64) | (26.73) | (40.91) | (52.97) | (29.42) |
| Ftfp | 0.0333*** | 0.0255*** | 0.0217*** | 0.0233*** | 0.0245*** |
| | (70.24) | (49.68) | (66.60) | (96.03) | (51.37) |

---

①　尽管中国产业结构在东部与中西部地区之间正在深刻调整，梯度转移后加工贸易比重及分布已发生了显著变化，但本研究所揭示的经济规律性与政策启示意义仍然非常重要。

②　本章中的国有企业子样本包含集体企业，外资企业子样本包含港澳台投资企业。

续表

| 变量 | (1) | (2) | (3) | (4) | (5) |
|---|---|---|---|---|---|
| | 所有制性质 | | | 区位特征 | |
| | 外企 | 国企 | 民企 | 东部 | 中西部 |
| *Fpoe* | | | | -0.0040 | 0.0025 |
| | | | | (-1.10) | (0.61) |
| *HHI* | -0.7330*** | -0.1664 | -0.1285 | -0.0878 | 0.0371 |
| | (-4.05) | (-0.78) | (-0.57) | (-1.02) | (0.62) |
| *Cemp* | 0.0270*** | 0.0084*** | 0.0095*** | 0.4726*** | 0.0086*** |
| | (15.69) | (24.51) | (19.96) | (66.49) | (27.22) |
| *Cpergdp* | -0.0050*** | 0.0207*** | -0.0105*** | 0.0081*** | 0.0259*** |
| | (-6.25) | (17.44) | (-16.17) | (14.54) | (22.60) |
| *_cons* | -0.0061 | 0.2367*** | 0.4747*** | -5.9797*** | 0.2130*** |
| | (-0.23) | (24.76) | (56.26) | (-60.06) | (24.23) |
| Fixed Effect | Yes | Yes | Yes | Yes | Yes |
| N | 92214 | 105824 | 254687 | 347630 | 113460 |
| $R^2$ | 0.68 | 0.50 | 0.59 | 0.68 | 0.48 |

注：*、**和***分别表示10%、5%和1%的显著性水平；括号内为纠正了异方差后的 t 统计量值；标准误聚类到城市层面；Fixed Effects 包括行业固定效应、年份固定效应和省份固定效应。

　　然而，国有企业样本中金融科技一次项与二次项的估计系数皆不显著，其原因可能是国有企业在获取银行信贷和信息资源方面的独特优势，使金融科技缓解其融资约束和信息不对称的效应较小，因而对出口国内增加值率的影响不显著。此外，民营企业分样本中亦呈现出显著的"U形"关系。进一步观察数据发现，从事加工贸易的民营企业占比达39%，加之通常民营企业研发创新投入的资金缺口较大，外源性融资用于扩大生产规模的可能性较大，从而引致"U形"关系显著。

## 二、区位特征

　　基于企业所在省份划分为东部与中西部地区两个分样本。正如表9-7第四列和第五列所示，东部地区金融科技发展水平与企业出口国内增加值率呈显著"U形"关系，这一结果与前文预测基本一致。

然而，中西部地区样本中金融科技一次项与二次项的估计系数皆不显著。尽管中西部地区加工贸易企业样本占比达42%，但金融科技发展水平较低可能是其对企业出口国内增加值率影响不显著的重要原因。以金融科技综合指标为例，总样本均值为0.4665，中西部地区均值为0.4184，而东部地区均值为0.4702，即西部地区金融科技发展比总体水平低10个百分点，比东部地区低12个百分点。

## 第四节　本章小结

数字技术的迅猛发展推动了科技与金融的融合，顺应了数字经济发展趋势，是现阶段经济高质量发展的新引擎，而促进贸易高质量发展是建设现代化经济体系的重要内容。在这样的背景下，考察金融科技对企业出口国内增加值率的影响具有重要的现实意义。本章基于2011~2014年中国工业企业数据库和海关贸易数据库测算了企业出口国内增加值率，结合《中国城市统计年鉴》以及手动搜集整理的地区金融科技指数，实证检验了金融科技对企业出口国内增加值率的影响及作用机制。研究发现：①在一般贸易企业中，金融科技与出口国内增加值率正相关，而在加工贸易企业中呈"U形"关系，金融科技总体上对企业出口国内增加值率的影响呈现显著的"U形"关系。②金融科技通过成本加成率和国内中间品价格两个渠道作用于企业出口国内增加值率；金融科技能够缓解企业融资约束，高水平金融科技的金融资源配置功能更加凸显，才能推动加工贸易企业转型升级进而提升企业出口国内增加值率。③对所有制性质和地区的异质性分析发现，金融科技与企业出口国内增加值率的"U形"关系外资企业及东部地区尤为显著。也就是说，数字经济背景下的金融科技能够促进一般贸易企业提升出口国内增加值；但对于加工贸易，金融科技促进了贸易规模增长的同时却并未带来实际贸易利益同步增加，面临"丰产不丰收"的局面。当金融科技发展到较高水平时，优化金融资源配置功能更显著，增强国内中间品生产能力，并推动潜力大的加工贸易企业参与研发创新，实现转型升级，从而提升企业出口国内增加值率。

# 第十章　金融科技促进中国企业外贸高质量发展的对策建议

为了更好地发挥金融科技对中国企业外贸高质量发展的积极作用，本章拟从政府政策、产业结构和企业建设三个方面提出对策建议。

## 第一节　中央以及地方政府政策的支持

为了促进中国外贸的高质量发展，中央和地方政府可以采取以下政策措施来支持金融科技的应用和推动产业的升级：

第一，制定支持金融科技发展的政策和法规。

中央和地方政府可以制定相关政策和法规，鼓励金融科技的创新和应用。这些政策可以包括提供财政支持、税收优惠、创业孵化基金等，以吸引更多的金融科技企业和创新项目。同时，政府还可以加强对金融科技的监管，确保其发展在合规和风险可控的范围内。

第二，加强金融科技基础设施建设。

中央和地方政府可以加大对金融科技基础设施的投资和建设力度。包括完善数字支付系统、电子商务平台、大数据中心等基础设施，提升金融科技的运行效率和安全性。此外，政府还可以推动金融科技与实体经济的深度融合，促进金融科技的应用场景和创新模式。

第三，支持产业结构升级和转型。

政府可以通过财政支持、信贷政策、税收优惠等手段，鼓励企业进行产业结构升级和转型。例如，对于传统产业的转型升级项目，可以提供贷款担保、利息补贴等支持，帮助企业引入金融科技和先进技术，提升产品质量和附加值。

第四，推动金融科技与外贸结合发展。

政府可以促进金融科技与外贸的深度结合，推动跨境电商、供应链金融、跨境支付等领域的创新和发展。通过提供政策支持和服务保障，鼓励企业拓展国际市场，提升外贸的数字化、智能化水平。

第五，加强产业培训和人才支持。

政府可以加大对金融科技人才的培养和引进力度。通过设立专业培训机构、提供奖励政策等方式，吸引和培养金融科技领域的人才。同时，政府还可以加强与高校和研究机构的合作，推动金融科技的研发和创新。

总的来说，中央和地方政府应该制定一系列有针对性的政策，从政策环境、基础设施、产业支持、人才培养等方面支持金融科技的发展，推动中国外贸的高质量发展和产业结构的升级。


# 第二节  产业结构合理化、高级化的加持


## 一、产业结构合理化

金融科技对中国外贸高质量发展的促进作用与产业结构合理化密切相关。产业结构合理化指的是对各个产业部门的布局和组织进行优化和调整，以适应经济发展的需求和趋势。在金融科技的推动下，产业结构的合理化调整可以发挥以下作用：

第一，促进产业升级和转型。

金融科技的发展为传统产业提供了创新的机会。通过产业结构合理化调整，企业可以引入新技术、新模式，提升生产效率和产品质量，实现产业升级和转

型。例如，在制造业中，通过引入物联网、人工智能等技术，实现智能制造，提高生产效率和产品质量。

第二，提升产业竞争力和附加值。

产业结构合理化调整可以促进产业的专业化和集群化发展。通过集中资源和优势，形成产业集群，提升产业的整体竞争力和附加值。例如，在数字经济领域，通过打造数字产业园区和创新中心，促进数字经济产业的集聚和创新。

第三，推动新兴产业发展。

金融科技的发展为新兴产业提供了发展的契机。产业结构合理化调整可以有针对性地推动新兴产业的发展。例如，在新能源领域，通过政策支持和产业布局的调整，促进新能源产业的发展，推动可再生能源的应用和普及。

第四，优化外贸布局和拓展市场。

产业结构合理化调整可以帮助企业优化外贸布局，寻找适合自身发展的市场和领域。通过结合金融科技的创新应用，企业可以开拓新的市场和客户群体，提高外贸的质量和效益。

第五，提升供应链管理和金融支持能力。

产业结构合理化调整可以加强供应链管理和金融支持能力。通过引入供应链金融、物流金融等金融科技工具，企业可以优化供应链和物流的效率和可靠性，提升外贸交易的顺畅性和安全性。

综上所述，产业结构合理化调整在金融科技促进中国外贸高质量发展中扮演着重要的角色。通过合理调整产业结构，企业可以充分利用金融科技的优势，提升产业竞争力和附加值，推动新兴产业发展，优化外贸布局和拓展市场，提升供应链管理和金融支持能力，从而实现外贸的高质量发展。

### 二、产业结构高级化

金融科技对中国外贸高质量发展的推动作用与产业结构高级化密切相关。产业结构高级化指的是将传统产业向更高附加值、更高技术含量和更高创新能力的方向进行调整和升级。在金融科技的背景下，产业结构高级化的调整可以发挥以下作用：

第一，提升产业附加值和利润率。

金融科技的应用可以推动产业向高附加值方向发展。通过产业结构高级化的调整，企业可以提升产品的品质、技术含量和品牌价值，从而提高产业的附加值和利润率。例如，在制造业中，通过引入先进的生产技术和工艺，提升产品的质量和技术含量，实现产品的高附加值。

第二，促进产业的创新和技术进步。

产业结构高级化调整可以激发和推动产业的创新和技术进步。金融科技的创新应用可以帮助企业实现数字化转型、智能化生产和服务创新。通过引入先进的技术和管理模式，推动产业的创新和技术进步，提高产品的竞争力和市场份额。

第三，加强产业链的协同和合作。

产业结构高级化调整可以促进产业链的协同和合作。通过与金融机构、科技企业、供应商等建立紧密的合作关系，共同推动产业链的协同创新和优化。例如，在供应链金融领域，通过金融科技的支持，实现供应链各环节的协同合作，提高供应链的效率和稳定性。

第四，打造高技术含量的产业集群。

产业结构高级化调整可以推动高技术含量的产业集群的形成。通过集中资源和优势，形成产业集群，促进产业的集聚和创新。例如，在数字经济领域，通过建设数字产业园区和创新中心，集聚高科技企业和人才，推动数字经济产业的高级化发展。

第五，提升产业的国际竞争力。

产业结构高级化的调整可以提升产业的国际竞争力。通过引入金融科技的创新应用，企业可以提高产品质量、降低成本，增强产品的市场竞争力。例如，在新兴产业领域，通过引入人工智能、区块链等技术，推动产业的高级化发展，提升国际竞争力。

综上所述，产业结构高级化调整在金融科技促进中国外贸高质量发展中具有重要作用。通过高级化调整产业结构，企业可以充分利用金融科技的优势，提升产业的附加值和利润率，推动创新和技术进步，加强产业链的协同和合作，打造高技术含量的产业集群，提升国际竞争力，从而实现外贸的高质量发展。

# 第三节　外贸企业强化自身建设的坚持

为了应对金融科技促进中国外贸高质量发展的机遇和挑战，企业可以采取以下措施：

第一，积极采用金融科技工具。

利用金融科技工具，如跨境支付、供应链金融、区块链等，提升外贸交易的效率和安全性。通过数字化平台和智能化系统，实现贸易信息的透明和可追溯，降低交易成本和风险。

第二，拓展数字化营销渠道。

利用互联网和移动技术，积极开展数字化营销，拓展海外市场。通过建立电子商务平台、社交媒体营销、搜索引擎优化等手段，提升企业的品牌知名度和曝光度，吸引海外客户。

第三，加强数据分析和智能化决策。

利用大数据和人工智能技术，进行数据分析和智能化决策。通过深入了解市场需求和趋势，优化产品组合和定价策略，提高市场反应速度和精准度。

第四，加强供应链管理和风险防控。

优化供应链管理，提高物流和仓储效率。利用金融科技工具，如供应链金融和保险，提升供应链的流动性和稳定性。同时，加强风险防控，关注市场风险、信用风险等，确保外贸交易的安全和稳定。

第五，提升贸易融资能力。

利用金融科技工具，如供应链金融、跨境电子票据等，提升企业的贸易融资能力。积极与金融机构合作，寻求灵活的融资渠道，解决资金需求问题，支持企业的外贸发展。

第六，关注合规和隐私保护。

遵守相关法律法规和监管要求，加强数据隐私保护。建立健全的合规管理体系，确保企业的合法经营和信息安全。

第七，加强人才培养和创新能力。

注重人才培养和团队建设，提升员工的金融科技素养和创新能力。引进专业人才，加强技术研发和创新团队建设，推动企业的技术创新和应用落地。

通过以上措施的实施，企业可以充分利用金融科技的优势，提升外贸交易的效率和安全性，拓展市场和客户群体，加强供应链管理和风险防控，提升贸易融资能力，注重合规和隐私保护，加强人才培养和创新能力。这样可以使企业更好地应对金融科技对外贸发展的影响，实现外贸的高质量发展。

# 第四节　本章小结

为了应对金融科技促进中国外贸高质量发展的机遇和挑战，中央和地方政府可以采取的政策措施有：第一，制定支持金融科技发展的政策和法规；第二，加强金融科技基础设施建设；第三，支持产业结构升级和转型；第四，支持产业结构升级和转型；第五，加强产业培训和人才支持。

产业结构的合理化调整可以发挥的作用有：第一，促进产业升级和转型；第二，提升产业竞争力和附加值；第三，推动新兴产业发展；第四，优化外贸布局和拓展市场；第五，提升供应链管理和金融支持能力。

产业结构高级化的调整可以发挥的作用有：第一，提升产业附加值和利润率；第二，促进产业的创新和技术进步；第三，加强产业链的协同和合作；第四，打造高技术含量的产业集群；第五，提升产业的国际竞争力。

企业可以采取的措施有：第一，积极采用金融科技工具；第二，拓展数字化营销渠道；第三，加强数据分析和智能化决策；第四，加强供应链管理和风险防控；第五，提升贸易融资能力；第六，关注合规和隐私保护；第七，加强人才培养和创新能力的提升。

# 参考文献

［1］Ackerberg D, Caves K, Frazer G. Identification Properties of Recent Production Function Estimators ［J］. Econometrica, 2015, 83 (6): 2411-2451.

［2］Ahn J, Khandelwal A, Wei S. The Role of Intermediaries in Facilitating Trade ［J］. Journal of International Economics, 2011, 84 (1): 73-85.

［3］Altomonte C, Barattieri A. Endogenous Markups, International Trade, and the Product Mix ［J］. Journal of Industry Competition & Trade, 2007 (3): 205-221.

［4］Amiti M, Freund C. The Anatomy of China's Export Growth ［R］. Policy Research Working Paper Series 4628, 2008.

［5］Antoniades A. Heterogeneous Firms, Quality, and Trade ［J］. Journal of International Economics, 2015, 95 (2): 263-273.

［6］Baldwin R, Harrigan J. Zeros, Quality and Space: Trade Theory and Trade Evidence ［J］. American Economic Journal: Microeconomics, 2011, 3 (2): 60-88.

［7］Baron R, Kenny D. The Moderator-Mediator Variable Distinction in Social Psychological Research: Conceptual, Strategic, and Statistical Considerations ［J］. Chapman and Hall, 1986, 51 (6): 1173-1182.

［8］Bernard A, Redding S, Schott P, et al. Multi-Product Firms and Trade Liberalization ［J］. Quarterly Journal of Economics, 2011 (3): 1271-1318.

［9］Blonigen B, Liebman B, Wilson W, et al. Trade Policy and Market Power: The Case of the US Steel Industry ［R］. National Bureau of Economic Research, 2007.

［10］Brandt L, Van Biesebroeck J, Zhang Y. Creative Accounting or Creative Destruction? Firm-Level Productivity Growth in Chinese Manufacturing ［J］. Journal of Development Economics, 2012（2）: 339-351.

［11］Buchak G, Matvos G, Piskorski T, et al. Fintech, Regulatory Arbitrage, and the Rise of Shadow Banks ［J］. Journal of Financial Economics, 2018, 130（3）: 453-483.

［12］Cook D. Markups and the Euro ［J］. Review of Economics and Statistics, 2011（4）: 1440-1452.

［13］Crowley F, Mccann P. Firm Innovation and Productivity in Europe: Evidence from Innovation-driven and Transition-driven Economies ［J］. Applied Economics, 2017, 50（11）: 1203-1221.

［14］De Loecker J, Goldberg P, Khandelwal A. Prices, Markups, and Trade Reform ［J］. Econometrica, 2016（2）: 445-510.

［15］De Loecker J, Warzynski F. Markups and Firm-Level Export Status ［J］. The American Economic Review, 2012（6）: 2437-2471.

［16］Dean J, Fung K, Wang Z. Measuring Vertical Specialization: The Case of China ［J］. Review of International Economics, 2011（4）: 609-625.

［17］Eaton J, Kortum S, Kramarz F. An Anatomy of International Trade: Evidence from French Firms ［R］. New York University, 2004.

［18］Ellis R, Martins B, Zhu W. Health Care Demand Elasticities by Type of Service ［J］. Journal of Health Economics, 2017（55）: 232-243.

［19］Fan H, Li Y, Yeaple S. On the Relationship Between Quality and Productivity: Evidence from China's Accession to the WTO ［J］. Journal of International Economics, 2018, 110（1）: 28-49.

［20］Feenstra R, Li Z, Yu M. Exports and Credit Constraints under Incomplete Information: Theory and Evidence from China ［J］. Review of Economics and Statistics, 2014（4）: 729-744.

［21］Feenstra R, Romalis J. International Prices and Endogenous Quality ［J］. Quarterly Journal of Economics, 2014, 129（2）: 477-527.

［22］ Fuster A, Plosser M, Schnabl P, et al. The Role of Technology in Mortgage Lending ［J］. Review of Financial Studies, 2019, 32 (5): 1854-1899.

［23］ Girma S, Gong Y, Gorg H, et al. Can Production Subsidies Explain China's Export Performance? Evidence from Firm-level Data ［J］. Scandinavian Journal of Economics, 2010 (4): 863-889.

［24］ Gomber P, Koch J, Siering M. Digital Finance and FinTech: Current Research and Future Research Directions ［J］. Journal of Business Economics, 2017, 87 (5): 537-580.

［25］ Gorg H, Halpern L, Murakozy B. Why do Within Firm-Product Export Prices Differ across Markets? ［J］. World Economy, 2010 (1003): 59-86.

［26］ Gorg H, Warzynski F. The Dynamics of Price Cost Margins: Evidence from UK Manufacturing ［J］. Revue de L'OFCE, 2006 (5): 303-318.

［27］ Hadlock C, Pierce J. New Evidence on Measuring Financial Constraints: Moving Beyond the KZ Index ［J］. Review of Financial Studies, 2010, 23 (5): 1909-1940.

［28］ Hall B, Mairesse J, Mohnen P. Measuring the Returns to R&D ［J］. Handbook of the Economics of Innovation, 2010, 2 (79-80): 1033-1082.

［29］ Hallak J, Sivadasan J. Productivity, Quality and Exporting Behavior under Minimum Quality Requirements ［R］. NBER Working Paper, 2009.

［30］ Halpern L, Koren M, Szeidl A. Imported Inputs and Productivity ［J］. American Economic Review, 2015, 105 (12): 3660-3703.

［31］ Hausmann R, Hidalgo C. Country Diversification, Product Ubiquity, and Economic Divergence ［R］. CID Working Paper, 2010.

［32］ Hausmann R, Hwang J, Rodrik D. What You Export Matters ［J］. Journal of Economic Growth, 2007 (1): 1-25.

［33］ Hoekman B, Kee H, Olarreaga M. Mark-ups, Entry Regulation and Trade: Does Country Size Matter? ［R］. CEPR Discussion Papers, 2001.

［34］ Huang Y, Lin C, Sheng Z, et al. FinTech Credit and Service Quality ［R］. Working Paper of the University of Hong Kong, 2018.

[35] Kee H, Tang H. Domestic Value Added in Exports: Theory and Firm Evidence from China [J]. The American Economic Review, 2016, 106 (6): 1402-1436.

[36] Konings J, Van Cayseele P, Warzynski F. The Effect of Privatization and Competitive Pressure on Firms' Price-Cost Margins: Micro Evidence from Emerging Economies [J]. Review of Economics and Statistics, 2005 (1): 124-134.

[37] Konings J, Vandenbussche H. Antidumping Protection and Markups of Domestic Firms [J]. Journal of International Economics, 2005 (1): 1-165.

[38] Koopman R, Wang Z, Wei S. Estimating Domestic Content in Exports When Processing Trade is Pervasive [J]. Journal of Development Economics, 2012, 99 (1): 178-189.

[39] Koopman R, Wang Z, Wei S. Tracing Value-Added and Double Counting in Gross Exports [J]. American Economic Review, 2014 (2): 459-494.

[40] Lee H, Yang S, Kim K. The Role of Fintech in Mitigating Information Friction in Supply Chain Finance [R]. ADB Economics Working Paper Series, 2019.

[41] Levinsohn J, Petrin A. Estimating Production Functions Using Inputs to Control for Unobservables [J]. The Review of Economic Studies, 2003, 70 (2): 317-341.

[42] Lin M, Prabhala N, Viswanathan S. Judging Borrowers by the Company They Keep: Friendship Networks and Information Asymmetry in Online Peer-to-Peer Lending [J]. Management Science, 2013, 59 (1): 17-35.

[43] Lu L. Promoting SME Finance in the Context of the Fintech Revolution: A Case Study of the UK's Practice and Regulation [J]. Banking and Finance Law Review, 2018, 33 (3): 317-343.

[44] Luo S, Sun Y, Yang F, et al. Does Fintech Innovation Promote Enterprise Transformation? Evidence from China [J]. Technology in Society, 2022 (68): 101821.

[45] Mayer T, Melitz M J, Ottaviano G, et al. Market Size, Competition, and the Product Mix of Exporters [J]. American Economic Review, 2014 (2): 495-536.

[46] Melitz M, Ottaviano G. Market Size, Trade, and Productivity [J]. The Re-

view of Economic Studies, 2008, 75 (1): 295-316.

［47］Melitz M. The Impact of Trade on Intra-Industry Reallocations and Aggregate Industry Productivity ［J］. Econometrica, 2003 (6): 1695-1725.

［48］Sedunov J. Does Bank Technology Affect Small Business Less Efficient? ［J］. The Journal of Financial Research, 2017, 40 (1): 5-32.

［49］Simonovska I. Income Differences and Prices of Tradables: Insights from an Online Retailer ［J］. Review of Economic Studies, 2015, 82 (4): 1612-1656.

［50］Sutherland A. Does Credit Reporting Lead to a Decline in Relationship Lending? Evidence from Information Sharing Technology ［J］. Journal of Accounting and Economics, 2018, 66 (1): 123-141.

［51］Tybout J. Plant - and Firm-Level Evidence on "New" Trade Theories ［R］. National Bureau of Economic Research, 2003.

［52］Upward R, Wang Z, Zheng J. Weighing China's Export Basket: The Domestic Content and Technology Intensity of Chinese Exports ［J］. Journal of Comparative Economics, 2013 (2): 527-543.

［53］Van Assche A, Gangnes B. Electronics Production Upgrading: Is China Exceptional? ［J］. Applied Economics Letters, 2010 (5): 477-482.

［54］Xu B, Lu J. Foreign Direct Investment, Processing Trade, and the Sophistication of China's Exports ［J］. China Economic Review, 2009 (3): 425-439.

［55］巴曙松, 白海峰, 胡文韬. 金融科技创新、企业全要素生产率与经济增长——基于新结构经济学视角 ［J］. 财经问题研究, 2020 (1): 46-53.

［56］鲍晓华, 陈清萍. 反倾销如何影响了下游企业出口?——基于中国企业微观数据的实证研究 ［J］. 经济学 (季刊), 2019, 18 (2): 749-770.

［57］陈梅, 周申, 何冰. 金融发展、融资约束和进口二元边际——基于多产品企业的研究视角 ［J］. 国际经贸探索, 2017, 33 (6): 85-101.

［58］陈雯, 孙照吉. 劳动力成本与企业出口二元边际 ［J］. 数量经济技术经济研究, 2016, 33 (9): 22-39.

［59］陈晓华, 金泽成, 余林徽. 外需疲软会降低中国出口型企业的价格加成吗——来自2000-2007年持续出口企业的经验证据 ［J］. 国际贸易问题,

2017（4）：14-26.

［60］陈中飞，江康奇．数字金融发展与企业全要素生产率［J］．经济学动态，2021（10）：82-99.

［61］陈紫若，刘林青．企业跳跃距离、出口多样性对出口二元边际的影响研究［J］．国际贸易问题，2022（2）：140-157.

［62］程悦，于梦菲，李波．金融科技如何促进企业资本结构优化［J］．金融监管研究，2024（2）：77-97.

［63］戴魁早，黄姿，王思曼．创新型城市政策、要素市场一体化与出口技术复杂度［J］．国际贸易问题，2023（12）：114-131.

［64］戴觅，余淼杰，Madhura Maitra.中国出口企业生产率之谜：加工贸易的作用［J］．经济学（季刊），2014，13（2）：675-698.

［65］戴觅，余淼杰．企业出口前研发投入、出口及生产率进步——来自中国制造业企业的证据［J］．经济学（季刊），2012（1）：211-230.

［66］戴翔，金碚．产品内分工、制度质量与出口技术复杂度［J］．经济研究，2014，49（7）：4-17+43.

［67］单豪杰．中国资本存量K的再估算：1952～2006年［J］．数量经济技术经济研究，2008（10）：17-31.

［68］邸俊鹏，韩雨飞．数字服务发展是否影响了中国制造业出口技术复杂度？［J］．世界经济研究，2023（12）：28-41+132-133.

［69］丁娜，金婧，田轩．金融科技与分析师市场［J］．经济研究，2020，55（9）：74-89.

［70］董晓林，熊健，张晔．金融科技发展对商业银行信贷供给的影响——市场竞争和技术赋能的视角［J］．财贸研究，2023，34（12）：51-63.

［71］范冬梅，李莹．工业机器人应用对出口企业加成率的影响研究［J］．当代财经，2023（12）：1-14.

［72］方杰炜，施炳展．知识产权保护"双轨制"与企业出口技术复杂度［J］．经济理论与经济管理，2022，42（12）：77-93.

［73］冯学良，周桢，戚馨雨．金融科技发展与科技中小企业成长——来自专精特新"小巨人"企业的证据［J］．技术经济，2023，42（11）：103-112.

[74] 冯智杰，刘丽珑．金融科技、固定资产投资与区域金融风险——基于空间计量模型的研究［J］．商业研究，2021（6）：65-72.

[75] 高翔，黄建忠．政府补贴对出口企业成本加成的影响研究——基于微观企业数据的经验分析［J］．产业经济研究，2019（4）：49-60.

[76] 高翔，刘啟仁，黄建忠．要素市场扭曲与中国企业出口国内附加值率：事实与机制［J］．世界经济，2018，41（10）：26-50.

[77] 高翔，袁凯华．清洁生产环境规制与企业出口技术复杂度——微观证据与影响机制［J］．国际贸易问题，2020（2）：93-109.

[78] 高瑜，李响，李俊青．金融科技与技术创新路径——基于绿色转型的视角［J］．中国工业经济，2024（2）：80-98.

[79] 耿伟，王亥园．制造业投入服务化与中国出口企业加成率［J］．国际贸易问题，2019（4）：92-108.

[80] 耿伟，王筱侬，李伟．数字金融是否提升了制造业企业出口产品质量——兼论金融脆弱度的调节效应［J］．国际商务（对外经济贸易大学学报），2021（6）：102-120.

[81] 耿伟，杨晓亮．互联网与企业出口国内增加值率：理论和来自中国的经验证据［J］．国际经贸探索，2019b，35（10）：16-35.

[82] 耿伟，杨晓亮．最低工资与企业出口国内附加值率［J］．南开经济研究，2019a（4）：188-208.

[83] 郭峰，王靖一，王芳，等．测度中国数字普惠金融发展：指数编制与空间特征［J］．经济学（季刊），2020，19（4）：1401-1418.

[84] 郭娟娟，杨俊．高铁开通、经济集聚与中国制造业企业出口二元边际［J］．国际商务（对外经济贸易大学学报），2022（3）：1-18.

[85] 韩丰泽，戴金平．金融科技与对外直接投资——基于企业金融化与生产率视角的研究［J］．国际经贸探索，2022，38（4）：68-86.

[86] 韩民春，袁瀚坤．服务业对外开放、人民币实际汇率和出口企业加成率［J］．国际贸易问题，2022（1）：75-92.

[87] 韩亚峰，王全良，赵叶．价值链重塑、工序智能化与企业出口产品质量［J］．产业经济研究，2022（4）：114-126.

［88］郝能，刘德学，吴云霞．数字产品进口对企业出口国内附加值率的影响研究［J］．国际贸易问题，2023（7）：70-86.

［89］何涌，林敏．金融科技与企业非效率投资——基于内部创新能力与外部市场公平竞争的视角［J］．云南财经大学学报，2023，39（9）：48-63.

［90］何涌，王坤，张影，等．金融科技影响企业创新投资的效应与机制研究［J］．财经理论与实践，2024，45（2）：25-32.

［91］侯层，李北伟．金融科技是否提高了全要素生产率——来自北京大学数字普惠金融指数的经验证据［J］．财经科学，2020（12）：1-12.

［92］胡国晖，朱露露．金融科技对商业银行全要素生产率的影响及作用机制［J］．科技管理研究，2023，43（22）：175-182.

［93］胡浩然，李坤望．企业出口国内附加值的政策效应：来自加工贸易的证据［J］．世界经济，2019，42（7）：145-170.

［94］胡婧，张璇．金融科技能降低银行的风险承担吗——基于150家商业银行年报的文本分析［J］．金融监管研究，2023（10）：1-21.

［95］黄先海，王煌，陈航宇．人口集聚如何影响出口企业加成率：理论机制与经验证据［J］．国际贸易问题，2019（7）：1-18.

［96］黄先海，诸竹君，宋学印．中国出口企业阶段性低加成率陷阱［J］．世界经济，2016，39（3）：95-117.

［97］贾盾，韩昊哲．金融科技与商业银行竞争性负债［J］．世界经济，2023（2）：183-208.

［98］蒋殿春，鲁大宇．外资自由化与本土企业出口国内附加值率——基于中间品市场的新发现［J］．南开经济研究，2023（5）：38-55.

［99］蒋灵多，陈虹曦，陆毅，等．消费结构升级与出口产品质量提升［J］．数量经济技术经济研究，2024（5）：5-26.

［100］金祥义，张文菲．数字金融发展能够促进企业出口国内附加值提升吗［J］．国际贸易问题，2022（3）：16-34.

［101］孔令池，郝少博，刘志彪．我国企业出口产品质量升级的本地市场效应［J］．南开经济研究，2022（10）：3-18.

［102］寇宗来，刘学悦．中国企业的专利行为：特征事实以及来自创新政策

的影响 [J]. 经济研究, 2020 (3): 83-99.

[103] 李兵, 李柔. 互联网与企业出口: 来自中国工业企业的微观经验证据 [J]. 世界经济, 2017, 40 (7): 102-125.

[104] 李春涛, 闫续文, 宋敏, 等. 金融科技与企业创新——新三板上市公司的证据 [J]. 中国工业经济, 2020 (1): 81-98.

[105] 李海奇, 张晶. 金融科技对我国产业结构优化与产业升级的影响 [J]. 统计研究, 2022, 39 (10): 102-118.

[106] 李宏, 王云廷, 刘珅. CEO 特征对企业出口技术复杂度的影响——来自制造业上市公司的证据 [J]. 河南社会科学, 2019, 27 (10): 47-56.

[107] 李惠娟, 蔡伟宏. 离岸生产性服务中间投入对中国制造业出口技术复杂度的影响 [J]. 世界经济与政治论坛, 2016 (3): 122-141.

[108] 李建军, 姜世超. 银行金融科技与普惠金融的商业可持续性——财务增进效应的微观证据 [J]. 经济学 (季刊), 2021, 21 (3): 889-908.

[109] 李俊青, 苗二森. 不完全契约条件下的知识产权保护与企业出口技术复杂度 [J]. 中国工业经济, 2018 (12): 115-133.

[110] 李坤望, 邵文波, 王永进. 信息化密度、信息基础设施与企业出口绩效——基于企业异质性的理论与实证分析 [J]. 管理世界, 2015 (4): 52-65.

[111] 李胜旗, 毛其淋. 制造业上游垄断与企业出口国内附加值——来自中国的经验证据 [J]. 中国工业经济, 2017 (3): 101-119.

[112] 李文芳, 胡秋阳. 金融科技"赋能"能否打破中小企业融资的"空间壁垒"——来自银行业空间布局变动的微观证据 [J]. 财经科学, 2024 (4): 15-37.

[113] 李昕, 徐滇庆. 中国外贸依存度和失衡度的重新估算——全球生产链中的增加值贸易 [J]. 中国社会科学, 2013 (1): 29-55+205.

[114] 李长英, 王曼. 中欧班列提升了企业出口产品质量吗 [J]. 国际经贸探索, 2023, 39 (5): 16-35.

[115] 李昭华, 方紫薇. 环境信息披露与中国出口企业加成率: 影响机制与资源配置效应分析 [J]. 国际贸易问题, 2021 (11): 90-105.

[116] 林文玲, 杨贵兴. 互联网普惠金融、融资成本与投资效率 [J]. 财会

通讯，2023（7）：48-53.

[117] 刘方，祁迹，胡列曲．金融科技与银行信贷配置效率——我国143家商业银行的经验证据 [J]．哈尔滨商业大学学报（社会科学版），2022（4）：54-68.

[118] 刘会政，张靖祎，方森辉．贸易数字化与企业出口国内附加值率 [J]．国际商务（对外经济贸易大学学报），2022（5）：69-88.

[119] 刘啟仁，黄建忠．异质出口倾向、学习效应与"低加成率陷阱" [J]．经济研究，2015，50（12）：143-157.

[120] 刘晴，程玲，邵智，陈清萍．融资约束、出口模式与外贸转型升级 [J]．经济研究，2017，52（5）：75-88.

[121] 刘少波，张友泽，梁晋恒．金融科技与金融创新研究进展 [J]．经济学动态，2021（3）：126-144.

[122] 刘文革，耿景珠，杜明威．数"政"强贸：数字化政府建设与中国出口产品质量升级 [J]．数量经济技术经济研究，2024（6）：1-22.

[123] 刘信恒．数字经济、资源再配置与出口国内附加值率 [J]．国际经贸探索，2023，39（1）：36-51.

[124] 刘玉海，廖赛男，张丽．税收激励与企业出口国内附加值率 [J]．中国工业经济，2020（9）：99-117.

[125] 吕越，吕云龙，包群．融资约束与企业增加值贸易——基于全球价值链视角的微观证据 [J]．金融研究，2017（5）：63-80.

[126] 吕越，盛斌，吕云龙．中国的市场分割会导致企业出口国内附加值率下降吗 [J]．中国工业经济，2018（5）：5-23.

[127] 毛其淋，方森辉．创新驱动与中国制造业企业出口技术复杂度 [J]．世界经济与政治论坛，2018（2）：1-24.

[128] 毛其淋，许家云．跨国公司进入与中国本土企业成本加成——基于水平溢出与产业关联的实证研究 [J]．管理世界，2016（9）：12-32+187.

[129] 毛其淋，许家云．贸易自由化与中国企业出口的国内附加值 [J]．世界经济，2019，42（1）：3-25.

[130] 毛其淋，许家云．中间品贸易自由化提高了企业加成率吗？——来自

中国的证据 [J]. 经济学（季刊），2017，16（2）：485-524.

[131] 彭国华，夏帆. 中国多产品出口企业的二元边际及核心产品研究 [J]. 世界经济，2013，36（2）：42-63.

[132] 齐俊妍，王永进，施炳展，等. 金融发展与出口技术复杂度 [J]. 世界经济，2011，34（7）：91-118.

[133] 钱学锋，范冬梅. 国际贸易与企业成本加成：一个文献综述 [J]. 经济研究，2015，50（2）：172-185.

[134] 卿陶. 国外技术引进与企业出口产品质量升级 [J]. 财贸研究，2023，34（10）：16-29.

[135] 邵朝对，苏丹妮. 产业集聚与企业出口国内附加值：GVC 升级的本地化路径 [J]. 管理世界，2019，35（8）：9-29.

[136] 邵昱琛，熊琴，马野青. 地区金融发展、融资约束与企业出口的国内附加值率 [J]. 国际贸易问题，2017（9）：154-164.

[137] 盛斌，毛其淋. 进口贸易自由化是否影响了中国制造业出口技术复杂度 [J]. 世界经济，2017，40（12）：52-75.

[138] 盛斌，王浩. 银行分支机构扩张与企业出口国内附加值率——基于金融供给地理结构的视角 [J]. 中国工业经济，2022（2）：99-117.

[139] 盛斌，朱鹏洲，吕美静. 服务业开放如何促进企业出口国内附加值率提升——两业融合的视角 [J]. 国际经贸探索，2024，40（2）：4-23.

[140] 盛天翔，范从来. 金融科技、最优银行业市场结构与小微企业信贷供给 [J]. 金融研究，2020（6）：114-132.

[141] 盛天翔，邵小芳，周耿，俞震. 金融科技与商业银行流动性创造：抑制还是促进 [J]. 国际金融研究，2022（2）：65-74.

[142] 施炳展，曾祥菲. 中国企业进口产品质量测算与事实 [J]. 世界经济，2015，38（3）：57-77.

[143] 施炳展，邵文波. 中国企业出口产品质量测算及其决定因素——培育出口竞争新优势的微观视角 [J]. 管理世界，2014（9）：90-106.

[144] 施炳展. 互联网与国际贸易——基于双边双向网址链接数据的经验分析 [J]. 经济研究，2016，51（5）：172-187.

［145］史本叶，马晓丽．国内价值链、全国统一大市场与企业出口产品质量［J］．国际经贸探索，2023，39（4）：4-18.

［146］宋灿，孙浦阳．市场可达性、中间品替代与企业出口国内附加值率［J］．国际贸易问题，2023（4）：124-141.

［147］宋敏，周鹏，司海涛．金融科技与企业全要素生产率——"赋能"和信贷配给的视角［J］．中国工业经济，2021（4）：138-155.

［148］宋清华，周学琴．金融科技能提升城市包容性绿色全要素生产率吗？［J］．中南财经政法大学学报，2024（2）：67-80.

［149］宋跃刚，郑磊．中间品进口、自主创新与中国制造业企业出口产品质量升级［J］．世界经济研究，2020（11）：26-44+135.

［150］孙俊成，叶陈刚，贾瑞哲．双边关系如何影响企业进口产品质量升级？［J］．南京财经大学学报，2023（6）：12-21.

［151］孙浦阳，侯欣裕，盛斌．服务业开放、管理效率与企业出口［J］．经济研究，2018，53（7）：136-151.

［152］孙天阳，许和连，王海成．产品关联、市场邻近与企业出口扩展边际［J］．中国工业经济，2018（5）：24-42.

［153］孙玉红，于美月，王媛．知识产权保护对中国技术密集型产品进口二元边际的影响分析［J］．国际商务（对外经济贸易大学学报），2020（3）：35-52.

［154］孙志娜．中非合作论坛框架下中国对非洲实施零关税产生的贸易效应——基于进口二元边际视角评估［J］．国际商务（对外经济贸易大学学报），2019（2）：37-49.

［155］唐松，赖晓冰，黄锐．金融科技创新如何影响全要素生产率：促进还是抑制？——理论分析框架与区域实践［J］．中国软科学，2019（7）：134-144.

［156］唐松，伍旭川，祝佳．数字金融与企业技术创新——结构特征、机制识别与金融监管下的效应差异［J］．管理世界，2020，36（5）：52-66+9.

［157］唐宜红，俞峰，林发勤，等．中国高铁、贸易成本与企业出口研究［J］．经济研究，2019，54（7）：158-173.

［158］佟家栋，赵思佳，张俊美．外部市场需求规模对企业出口国内附加值

率的影响研究——基于企业生命周期视角［J］.山东大学学报（哲学社会科学版），2024（1）：93-107.

［159］童伟伟.技术性贸易壁垒及其合作与中国进口边际［J］.国际商务（对外经济贸易大学学报），2020（1）：44-58.

［160］王冠宇，马野青.信息化建设能否助力企业出口产品质量升级——来自中国制造业企业的经验证据［J］.国际贸易问题，2023（12）：95-113.

［161］王红建，过江明，吴甜甜.金融科技能够提升实体企业产能利用率吗？［J］.审计与经济研究，2023a，38（6）：86-96.

［162］王红建，王靖茹，曹瑜强.金融科技、结构性去杠杆与债务市场竞争中性——基于资本结构动态调整视角［J］.统计研究，2024，41（1）：59-70.

［163］王红建，张科，李青原.金融科技的经济稳定器作用：金融加速器理论的视角［J］.经济研究，2023b，58（12）：4-21.

［164］王珊珊，张梦婷，张萌.产品质量对出口价格的影响研究——基于我国对"一带一路"沿线国家出口数据的实证分析［J］.价格理论与实践，2021（3）：43-46+95.

［165］王小彩，杨涛.银行系金融科技公司对商业银行的作用机制——基于技术创新预算软约束视角的实证检验［J］.科技管理研究，2024，44（2）：88-97.

［166］王小梅，李炎峰，张岩.金融科技与商业银行技术效率［J］.金融论坛，2023，28（12）：3-15.

［167］王小燕，张俊英，王醒男.金融科技、企业生命周期与技术创新——异质性特征、机制检验与政府监管绩效评估［J］.金融经济学研究，2019，34（5）：93-108.

［168］王永进，盛丹，施炳展，等.基础设施如何提升了出口技术复杂度？［J］.经济研究，2010，45（7）：103-115.

［169］王直，魏尚进，祝坤福.总贸易核算法：官方贸易统计与全球价值链的度量［J］.中国社会科学，2015（9）：108-127+205-206.

［170］魏浩，郭也.中国进口增长的三元边际及其影响因素研究［J］.国际贸易问题，2016（2）：37-49.

［171］魏浩，李晓庆.知识产权保护与中国企业进口产品质量［J］.世界经

济，2019，42（6）：143-168.

［172］魏浩，王超男．不确定性、市场边际与中国企业的进口增长［J］．经济学动态，2023（5）：92-109.

［173］魏浩，周亚如．国际人才流入与中国企业出口产品质量［J］．国际贸易问题，2024（2）：158-174.

［174］吴楚豪，唐婧．数字技术竞争、基础设施与企业出口国内附加值率［J］．世界经济研究，2024（3）：47-63+136.

［175］吴飞飞，唐保庆，张为付．地区制度环境与企业出口二元边际——兼论市场取向的供给侧结构性改革路径［J］．国际贸易问题，2018（11）：31-44.

［176］吴非，丁子家，车德欣．金融科技、市场化程度与企业数字化转型［J］．证券市场导报，2023（11）：15-31.

［177］夏飞，肖扬，朱小明．出口退税对企业出口技术复杂度的影响［J］．税务研究，2020（4）：89-94.

［178］项松林，刘昌龙．数字化投入对出口增长二元边际的影响［J］．现代经济探讨，2022（9）：85-93.

［179］谢杰，陈锋，陈科杰，等．贸易政策不确定性与出口企业加成率：理论机制与中国经验［J］．中国工业经济，2021（1）：56-75.

［180］谢绚丽，沈艳，张皓星，郭峰．数字金融能促进创业吗？——来自中国的证据［J］．经济学（季刊），2018，17（4）：1557-1580.

［181］辛大楞，邓祥莹．金融科技对制造业企业嵌入全球价值链的影响研究——基于世界银行调查数据的实证分析［J］．国际商务（对外经济贸易大学学报），2021（3）：112-126.

［182］徐大策，李磊．中国对外直接投资能否提高进口产品质量——基于工业企业的微观证据［J］．国际商务（对外经济贸易大学学报），2021（6）：50-68.

［183］徐照宜，巩冰，陈彦名，等．金融科技、数字化转型与企业突破性创新——基于全球专利引用复杂网络的分析［J］．金融研究，2023（10）：47-65.

［184］许和连，成丽红，孙天阳．制造业投入服务化对企业出口国内增加值的提升效应——基于中国制造业微观企业的经验研究［J］．中国工业经济，

2017（10）：62-80.

［185］许家云，毛其淋．人民币汇率水平与出口企业加成率——以中国制造业企业为例［J］．财经研究，2016，42（1）：103-112.

［186］许家云，徐莹莹．政府补贴是否影响了企业全球价值链升级？——基于出口国内附加值的视角［J］．财经研究，2019，45（9）：17-29.

［187］许明，邓敏．产品质量与中国出口企业加成率——来自中国制造业企业的证据［J］．国际贸易问题，2016（10）：26-37.

［188］许明，邓敏．劳动报酬如何影响出口企业加成率：事实与机制［J］．财经问题研究，2018（9）：122-130.

［189］许明，李逸飞．最低工资政策、成本不完全传递与多产品加成率调整［J］．经济研究，2020，55（4）：167-183.

［190］闫林楠，邰鹿峰，钟昌标．互联网如何影响企业出口二元边际——基于贸易成本与本地市场效应视角［J］．国际经贸探索，2022，38（4）：38-52.

［191］晏景瑞，朱诗怡．金融科技能够降低银行风险承担吗？——基于银行成立金融科技子公司的多期 DID 检验［J］．统计研究，2024，41（5）：1-11.

［192］杨继军，李艳丽．工业机器人应用与企业出口扩展边际［J］．财贸研究，2023，34（10）：1-15.

［193］杨菁菁，罗梁丽，吴凯茜．金融科技的现金股利效应——基于中国A股上市公司的实证研究［J］．投资研究，2024，43（3）：43-65.

［194］杨青龙，张欣悦．行政审批制度改革与中国制造业企业出口技术复杂度［J］．国际贸易问题，2022（2）：106-124.

［195］杨松令，刘梦伟，张秋月．中国金融科技发展对资本市场信息效率的影响研究［J］．数量经济技术经济研究，2021，38（8）：125-144.

［196］杨晓亮，耿伟，李冬．资本市场开放与中国上市公司出口边际——基于沪深港通交易制度实施的准自然实验［J］．财贸研究，2021，32（3）：14-27.

［197］杨晓亮．金融科技与出口产品质量——来自中国上市公司的经验证据［J］．国际经贸探索，2022，38（6）：103-116.

［198］杨晓亮．最低工资标准与出口企业绩效［D］．天津财经大学博士学位论文，2020.

［199］于欢，姚莉，何欢浪．数字产品进口如何影响中国企业出口技术复杂度［J］．国际贸易问题，2022（3）：35-50.

［200］于蔚，汪淼军，金祥荣．政治关联和融资约束：信息效应与资源效应［J］．经济研究，2012（9）：125-139.

［201］余娟娟，余东升．政府补贴、行业竞争与企业出口技术复杂度［J］．财经研究，2018，44（3）：112-124.

［202］余丽霞，李政翰．金融科技对商业银行盈利能力和经营风险的影响研究——基于文本挖掘的实证检验［J］．金融监管研究，2023（4）：62-79.

［203］余壮雄，韩佳容，董洁妙．国内贸易壁垒与企业出口二元边际［J］．经济科学，2022（6）：74-92.

［204］岳文，许思雨．区域贸易协定条款深度对进口二元边际的影响研究［J］．北京工商大学学报（社会科学版），2022，37（5）：71-84.

［205］岳云嵩，李兵．电子商务平台应用与中国制造业企业出口绩效——基于"阿里巴巴"大数据的经验研究［J］．中国工业经济，2018（8）：97-115.

［206］张本照，杨园园，张燕．经济政策不确定性、对外直接投资和企业出口二元边际［J］．国际商务（对外经济贸易大学学报），2022（4）：71-87.

［207］张兵兵，陈静，朱晶，闫志俊．人工智能与企业出口技术复杂度提升［J］．国际贸易问题，2023（8）：143-157.

［208］张德茂，蒋亮．金融科技在传统商业银行转型中的赋能作用与路径［J］．西南金融，2018（11）：13-19.

［209］张帆，刘嘉伟，施震凯．数字经济与出口贸易高质量发展——基于二元边际的视角［J］．统计与决策，2024，40（4）：114-118.

［210］张国峰，王永进，李坤望．产业集聚与企业出口：基于社交与沟通外溢效应的考察［J］．世界经济，2016，39（2）：48-74.

［211］张杰，陈志远，刘元春．中国出口国内附加值的测算与变化机制［J］．经济研究，2013，48（10）：124-137.

［212］张杰，郑文平，束兰根．融资约束如何影响中国企业出口的二元边际？［J］．世界经济文汇，2013（4）：59-80.

［213］张杰，郑文平，翟福昕．中国出口产品质量得到提升了么？［J］．经

济研究，2014（10）：46-59.

[214] 张杰，郑文平．政府补贴如何影响中国企业出口的二元边际[J]．世界经济，2015，38（6）：22-48.

[215] 张鹏杨，李众宜，毛海涛．产业政策如何影响企业出口二元边际[J]．国际贸易问题，2019（7）：47-62.

[216] 张晴，于津平．投入数字化与出口产品质量结构升级——来自中国多产品出口企业的经验证据[J]．经济科学，2024（2）：74-90.

[217] 张夏，汪亚楠，施炳展．汇率制度变迁会影响企业进口产品质量吗？[J]．国际金融研究，2022（1）：85-96.

[218] 张夏，汪亚楠，施炳展．事实汇率制度、企业生产率与出口产品质量[J]．世界经济，2020（1）：170-192.

[219] 赵涛，张智，梁上坤．数字经济、创业活跃度与高质量发展——来自中国城市的经验证据[J]．管理世界，2020，36（10）：65-76.

[220] 郑丹青．全球价值链嵌入、自主创新与企业出口技术复杂度[J]．世界经济与政治论坛，2021（6）：55-84.

[221] 钟腾龙，祝树金，段凡．中国出口二元边际的多维测算：2000-2013[J]．经济学动态，2018（5）：86-101.

[222] 钟腾龙．贸易自由化与多产品企业内产品加成率离散度[J]．国际贸易问题，2021（8）：70-84.

[223] 周科选，韩永辉，余林徽．跨境电商产业政策对中国进口产品质量的影响研究[J]．兰州学刊，2023（2）：41-58.

[224] 朱亚君，孙楚仁，覃卿．碳减排政策是否提升了企业出口产品质量——基于低碳城市试点政策的研究[J]．国际贸易问题，2023（10）：144-159.

[225] 诸竹君，黄先海，王煌．产品创新提升了出口企业加成率吗[J]．国际贸易问题，2017（7）：17-26.

[226] 诸竹君，黄先海，余骁．出口模式与企业加成率效应研究：基于中国企业层面数据的理论与实证[J]．世界经济研究，2019（1）：105-120+137.

[227] 诸竹君，黄先海，余骁．进口中间品质量、自主创新与企业出口国内增加值率[J]．中国工业经济，2018（8）：116-134.

［228］祝树金，刘莹，钟腾龙．融资约束、产品排序与多产品出口企业产品加成率［J］．国际贸易问题，2019（6）：1-15.

［229］祝树金，申志轩，段凡．数字化转型能提升企业出口产品质量吗［J］．经济学动态，2023（11）：72-87.

［230］祝树金，钟腾龙，李仁宇．中间品贸易自由化与多产品出口企业的产品加成率［J］．中国工业经济，2018（1）：41-59.